Pro Populo germanico.

Von

E. M. Arndt.

Saró che fue, vivró com' ho vissuto.
Petrarca.

Berlin.
Druck und Verlag von Georg Reimer.
1854.

Inhalt.

Vorrede und Einleitung.

„Geist der Zeit wie? woher, du grauer ja „schneeweißer Alter? und wohin mit dir?" So ruft man mir zu und fragt mich, und billig soll ich mich selbst so fragen. Denn gewahre ich nicht, indem ich die Gesichter der Männer und Jünglinge um mich her betrachte, ihre Töne vernehme und ihre Reden höre, daß ein gar anderes Menschenalter da ist, ein ganz anders lebendes, empfindendes, denkendes Menschengeschlecht, als die da vor fünfzig sechszig Jahren auf Erden weideten? gewahre ich nicht, daß jene Tage, in welchen ich frisch und muthig einherpilgerte, längst verlebt und überlebt und aus dem Gedächtniß der Menschen verschollen sind? Kann es anders sein bei dem Geschwindschritte der Zeit, die jetzt ganz andre Stiefeln an hat als jene fabelhaft geglaubten Siebenmeilenstiefeln, welche jetzt zu Pantoffeln für Greise verschlissen sind? Dürfte ich wünschen, daß es anders wäre? Wahrlich nein, nicht ich. Und doch und doch — immer wieder flattern meine alten Geister um mich her, ja fliegen, als wenn sie Schnellflieger wären, klatschend und knallend vor mir auf wie eine Kette aufgejagter Repphühner. Sie drängen, und eine Stimme in mir, eine zugleich warnende und drohende Stimme des Gewissens, treibt und mahnt: Auf! und thu deinen letzten Dienst, ehe du deine irdischen Augen auf immer schließest.

So muß ich denn, und will ich denn, und gehe ans Werk, und spreche mir selbst Lust und Muth ein, die nicht ganz in mir sind, daß es mir doch vielleicht gelingen könnte, aus dieser Zeit und aus ihren Erscheinungen heraus, wenn gleich in meinen Gefühlen, Gedanken und Ansichten fast gleich einem Fremdling aus fernsten Landen, oder einem gespenstischen Wiederumläufer gleich unter den Jetztlebenden umwandelnd, mich ihnen doch bis zu einem leidlichen Verständniß durchzusprechen und durchzudenken. Das weiß ich freilich von vorn herein, ich werde meistens das Gesicht meiner Zeit tragen, das Gesicht des Menschenalters von 1790 bis 1820: also eine Erscheinung, die über ein Menschenalter hinter der Gegenwart liegt; aber ich hoffe, wenn Ehrlichkeit und Wahrhaftigkeit mich nicht verlassen haben, der alte ins Leben zurücklaufende Rundwandler wird nicht bloß von Gespenstern einer öden und verschollenen Vergangenheit umschwirrt scheinen.

Ich gehe denn frisch ans Werk und nehme meinen ersten Ueberblick, und lasse darin die schwebenden und flatternden Gestalten, Geister und Geisterchen der Zeit, nämlich dieser Mitte des neunzehnten Jahrhunderts, wie sie meinem Gesichte natürlich erscheinen müssen, mit ihren Leiden und Freuden, Schrecken und Hoffnungen, wie sie heute von den Lebendigen geschaut und empfangen werden, einherschreiten und vorüberschreiten.

Wie sie meinem Gesichte natürlich erscheinen müssen. Diese Worte sage ich, und spreche damit ein Geständniß und Bekenntniß aus. Ich bin ein Deutscher, habe deutsche Augen und ein deutsches Herz. Aus dem Gesichtspunkt und Lichtpunkt Deutschlands würde ich die Welt schauen und beleuchten müssen, auch wenn ich nicht wollte. Ich fürchte hier keine schlimme Folgen der Verleitung und Verführung der Welt; meine lieben Landsleute, die Deutschen, besonders die kosmopolitischen und judaisirenden Allerweltdeutschen, werden da schon helfen und sorgen, und was etwa zu eng und einseitig oder zu weit und zu großdeutsch gesehen und gezeigt worden ist, in ächt deutscher

Weise bessern und berichtigen. Amen. Wir nehmen uns nun einen kleinen Vorblick.

Also bald sind es vierzig Jahr, als mein armer vierter Geist, der mir in seinen Tagen so viel Ungemach bereitet hat, in die deutsche Welt hinaus trat, und wie ich nun, nicht ohne manche trübe und schmerzliche Erinnerungen in jenes Jahrvierzig zurückzublicken versuche, gewahre ich, selbst nicht ohne eine Art Schrecken und Grausen, die ungeheuren Spalten und Abgründe, welche die Zeiten auseinander reißen, oder zu welchen und in welche sie von dem Aeltesten der Tage auseinander gespalten und gerissen werden. Müssen mir jene verlaufenen vierzig Jahre nicht fast wie ein unterdeß verlaufenes Jahrhundert vorkommen? Denn vierzig Jahre, rufe ich, welche ganz andere und neue Welt! Sie steht fast neu und kaum anders vor uns, als vor siebenzig Jahren die französische Umwälzung vor ihren Zeitgenossen stand. Ja ich rufe: Welche ganz andere und neue Welt! welche veränderte, erweiterte, erleuchtete, durchleuchtete, aber auch mit allen Lichtern und Schrecken des Neuen überblitzte und hie und da mit ganz eigenen Wehen und Schrecken durchdonnerte und durchblitzte Welt! Indessen wer sich ein ächter Pro=

metheussohn fühlt, der schaut unerschrocken zu seinem Kaukasus und zu den Klauen seines Sonnenvogels, des Adlers hinauf, und sagt den dritten Vers des ersten Buchs Moses aus dessen erstem Kapitel Es werde Licht! beherzt und fröhlich auf.

Erweiterte Welt, erweiterter Weltblick, erweitertes Glück für den Prometheussohn. So ist es, so muß es bleiben und fortschreiten!

Hier schauen wir uns ein wenig um, schauen in unsern erweiterten Gesichtskreis hinaus, und erblicken und überblicken die Welterweiterung, wie Noth, Fleiß, Erfindsamkeit und Kunst und Wissenschaft der Menschen sie geschaffen haben, wie wir Europäer in politischer, gewerblicher, wissenschaftlicher und also in recht menschlicher Erkenntniß seit dem Ablauf des jüngsten halben Jahrhunderts gemehrt und erhöht worden sind.

Voran und zuerst nenne ich die politische Erweiterung und Verbesserung der Erkenntniß unsers Geschlechts, welche freilich von Manchen eine Verschlimmerung oder gar Verdunkelung gescholten wird. Diese Erweiterung beginnt vorzüglich mit der französischen Umwälzung, dauert also jetzt schon über zwei Menschenalter. Wir haben durch die mancherlei pariser Verfassungsversuche und durch die Nachmachungen derselben in Spanien, Italien u. s. w. und auch bei uns, freilich durch viele schlimmste Proben und durch schwerstes Lehrgeld, die Weltgeschichte wie durch einen schönsten Commentarius perpetuus deuten und verstehen gelernt, und können unsern Thucydides, Tacitus, Suetonius, Macchiavelli und Montesquieu mit ganz anderer Erleuchtung und Erlustigung lesen, als dies unsern Vätern möglich war.

Und das Gewerb und die Kunst und Wissenschaft was haben sie in dem äußeren Leben und Weben der menschlichen Arbeiten und Geschäfte für eine fast unglaubliche Umwälzung geschaffen! Ich weise nur auf die neuen Webstühle und Maschinen und auf den Dampf und auf die Fernschrift durch elektrische Funken und Gase hin. Voran steht hier billig der Dampf, der große Weltzusammenschüttler und Weltveränderer. Weil diese Erfindung und ihre Anwendung mir für das Menschenleben und Staatsleben noch viel bedeutender und folgenreicher scheint als die Erfindung des Schießpulvers und weil von Vielen über sie eben so geklagt und geflucht wird, als weiland über das unritterliche und mordliche Schießpulver', so setze ich hier ein Curiosum her, welches der europäischen Kunde bisher gleichsam entschlüpft scheint. Wir finden den Dampf in der heutigen gewaltigen Weise weder von der alten noch von der mittleren Welt nicht gekannt und benutzt, und heute noch zanken sich die Wissenschaftsleute welcher Kopf zuerst den praktischen Blick auf diese mächtige Kraft gerichtet habe, welche Männer (Franzosen, Amerikaner, Engländer) zuerst die Anwendung gewiesen und versucht haben — und siehe! ich weise euch hier einen Mann, der schon weit vor einem Jahrtausend die Dampfkraft vollkommen verstand und übte. Hört!

Vor ungefähr 1300 Jahren, in den Jahren 556 und 557 unsrer Zeitrechnung, unter Kaiser Justinian, war über einen großen Theil des Erdballs, über viele Lande Asiens und Europas, in Begleitung von Hunger und Pest, ein fürchterliches Erdbeben ergangen, welches die herrlichsten Tempel und Paläste in den Staub niederwarf und viele blühende Städte verödete. In jenen Tagen blühte in Konstantinopel eine Art asiatischer Zauberer, ein berühmter und gefürchteter Mathematiker und Baumeister Namens Anthemius, aus Tralles in Lydien gebürtig, von dessen kunstreicher Hand in der Hauptstadt und rings umher viele prächtige Häuser und Denkmäler aufgeführt standen, und dessen auch der Kaiser Justinian sich zur Wiederherstellung des vom Erdbeben Zerstörten und unter Anderm auch zum Wiederaufbau der vom Pöbel angezündeten und abgebrannten Sophienkirche bediente. Von diesem erzählt Agathias (Buch 7. Kap. 6—8) folgende hübsche Kunststücke, wodurch er bei seinen Zeitgenossen wohl die Meinung von Zauberei verdiente.

Anthemius wohnte Haus an Haus und fast unter demselben Dache mit einem berühmten und bei dem Kaiser vielgeltenden Staatsmann und Rechtslehrer Namens Zeno, mit welchem er aber, wie zu geschehen pflegt, in nachbarliche Zwiste gerathen war, worin er dem großen Rechtsgelehrten nicht anders als durch seine geheimen Künste zu Leibe gehen konnte. Was that Anthemius? Er stellte unterst in seinem Hause (im Keller) mehrere große Kessel neben einander, deren Oeffnungen er rings mit dickem Leder umfaßt und vernäht hatte. Aus dieser Lederdecke lief ein gewaltiger lederner Schlauch, unten weit, und je weiter nach oben, desto enger gleich einer Trompete auslaufend und mit seiner Oeffnung durch die gemeinsame Wand der Häuser unter das Dach des Nachbars gerichtet. Als alles so fertig gerüstet war, füllte er die Kessel mit Wasser, zündete ein mächtiges Feuer darunter an und führte das erhitzte Wasser als gewaltigen Dampf bis unter das Dach hinauf. Natürlich that der Dampf seinen Dienst, die Sparren, Latten und Bretter des Daches begannen so zu zittern und zu krachen, daß Zeno und seine Leute voll Angst und mit dem Geschrei

Erdbeben! Erdbeben! auf die Gasse hinausliefen. Zeno selbst ging bald darauf ins kaiserliche Schloß und fragte die Hofleute, welche er traf, wie es ihnen mit dem Erdbeben gegangen und ob sie auch Schaden gelitten. Jene aber sahen und hörten den Mann verwundert an, als kurzweile und scherze er mit unglücklichen und bösen Dingen, so daß Zeno fast beschämt wegging und kaum wußte, was er aus der Sache machen sollte. Zuletzt kam er auf den Gedanken, es könne wohl ein Schelmstreich seines tausendkünstlerischen und zauberischen Nachbars sein, und dabei fielen ihm andre Dinge von demselben ein, auf welche er bis dahin wenig Acht gegeben hatte: daß nämlich der Anthemius einen Hohlspiegel verfertigt hatte, worin er die Masse der Sonnenstralen sammelte und sie nach Belieben auf die Gesichter der Nachbarn richtete und ihnen die Augen blendete, daß er auch durch künstliche und geheime Mittel und Vorrichtungen heftig zusammenschlagendes Krachen und Donnern und Blitzen erregen konnte. Zeno ging nun zum Kaiser und verklagte den bösen Nachbar, indem er halb scherzend sagte: „mir einem „bloßen Sterblichen ist es unmöglich zugleich mit dem „Blitzschleuderer und Donnerer Zeus und dem Erd„erschütterer Poseidon es durchzufechten." Weiter wird nichts erzählt. Wahrscheinlich hat der Kaiser sie zur

Ruhe verwiesen, weil er den zauberkünstlerischen Baumeister für seine Werke nicht entbehren konnte.

Dies hier sei ein für alle Mal genug von dem ersten Dampfheitzer. Was der Dampf und seine Begleiterin die Fernschrift durch ihre elektrischen Schläge und Blitze zuerst in der äußerlichen Erscheinung sonst bedeuten, das fliegt, blitzt, saust und braust auf allen Straßen und Gassen der Welt fort und kann seiner innerlichen Bedeutung nach von der Bewunderung und Freude und von dem Erstaunen und Schrecken der Gegenwart noch immer nicht ganz ermessen werden. Die Länder ja die Welttheile sind jetzt mit einer Leichtigkeit verbunden und mit einer Geschwindigkeit erreicht, welche an die Fabel gränzt; hunderte von Meilen werden mit Vogelflug durchflogen, Nachrichten und Botschaften mit Blitzesschnelle versandt. Alles Geheimniß des Lebens scheint aus der Welt verschwunden, und mit der Geschwindigkeit der Geister fliegen auch die Leiber der Menschen zu einander und durch einander. Es ist eine unermeßliche Mischung, Regung, Reibung und Zerreibung der Kräfte. Viele Weise und Fromme schreien weissagend und warnend drein — aber was hilft's? — „Was ihr als die Erweiterung und Erhö„hung des Menschengeschlechts preist, ist der wahre „Tod alles gemüthlichen, innerlichen, göttlichen und

„schöpferischen Lebens, es ist der wahre Satan der „Zeit, die Herrschaft der Schlange, die vom Stoffe, „Staube und Dunst lebt.“ Kurz sie beten uns den horazischen Spruch „Wir streben in Vermessenheit him„melhoch und lassen wegen unsrer Verruchtheit Gott „die Donnerstralen des Zorns nicht ablegen“ tausendfältig vor. Und wird nicht auch die Luftsegelung einmal fertig werden, und viele neue Erfindungen und Wagnisse, da Chemie, Physik, Statik u. s. w. einmal auf das Praktische und Nützliche gerichtet sind?

Wenig vorzeitig diesem Dampfe und seiner Anwendung und theils auch mitzeitig und immer noch tagtäglich gleichzeitig mit ihm sind die auf alle Gewerbe und Künste des Lebens angewandten Erfindungen und Maschinen für geschwindere und wohlfeilere Arbeitung und Verfertigung künstlicher Erzeugungen der Zeit dritten und vierten Grades aus den Rohstoffen der Natur: aus Metall, Holz, Wolle, Seide, Baumwolle u. s. w. Es ist verwunderlich ja wundersam, wie in vielen Geschäften die Maschine mehr als die Hand ja fast tausend Händen gleich arbeitet und wirkt und durch den Menschengeist fast Kopf, Leben und Geist bekommen zu haben scheint. Dies sind bei allem dem nur erst gleichsam europäische Anfänge, wiewohl theils schon über ein Menschenalter zurückreichend, und schon ist das häusliche und sittliche wie das ganze bürgerliche und politische Leben der europäischen Bürger in allen seinen Gestalten und Beziehungen auf hundertfache und tausendfache Weise davon ergriffen und umgestaltet. Wir werden das weiterhin an andern Stellen mehr betrachten und erörtern. Ich sage mit gutem Vorbedacht dies sind gleichsam nur Anfänge. Es ist, wie die Weissager und Verkläger der Gegenwart die tagtäglich tiefer fallende Versinkung unsers Geschlechts aus dem Himmel der Idee in den Jammer des Staubes darzustellen belieben, jetzt ja aller Sinn und jeder Gedanke der unruhigen und frevelhaften Sterblichen auf irdischen Gewinn und Genuß und auf geschwindeste Wegkehrung der zeitlichen Noth des Augenblicks gerichtet, und jede mittlere und höhere Kunst und Wissenschaft ist auf dieses gemeine Streben als auf das Gewinnreichste und Würdigste hingewiesen, und wenn wir über Vieles uns wundern und erstaunen müssen, was werden die Enkel zu bewundern und zu bestaunen haben, wann die glänzenden Geburten, welche Statik, Mechanik, Chemie und Physik noch in petto haben, ans Licht der Welt heraustreten werden? Dies wird einst als Wahrheit gelten für alle Künste und Gewerbe des Lebens, nicht allein für den Landflug und Wasserflug und künftigen Luftflug, sondern von dem Pflugeisen und Webstuhl an für den Schiffer und Krieger ja selbst für den Sternschauer, dem bisher noch kaum geahnete Ferngläser werden geschliffen werden.

Welche Erwartungen, Hoffnungen und Aussichten für die Zukunft, ja welche gewaltige Wirkungen und Erfolge schon für die Gegenwart! und Solches wirklich schon in den Anfängen und Vorübungen dieser Dinge. Wie hin und wieder die Klage und der Tadel auch falle, wie es ja bei großen Wandelungen und Umschlägen der menschlichen Dinge von jeher getönt hat, der Zufall, der Fleiß, die Erfindsamkeit und der Gedanke des Menschen — schaut man seine Felder, Häuser, Städte und Dörfer an — hat im jüngsten Menschenalter nicht allein viel Neues und Seltsames, sondern auch viel nützliches und schönes Neues erschaffen. Immer mehr muß der große Pulsschlag unsers Erdballs für die Welttheile und Länder desselben als ein allgemeiner Pulsschlag schlagen, immer mehr müssen sie lernen einander zu dienen und zu fördern und ihre Güter und Schätze einander abzugeben und mitzutheilen. Da haben wir den Naturwissenschaften Unvergeltliches zu danken und werden ihnen noch viel Mehres zu verdanken haben. Die Gaben der verschiedensten Länder den Sterblichen gemeinsam zu machen, Thiere, Pflanzen, Blumen u. s. w. zu verpflanzen und zu akklimatisiren für Nützlichkeit, Fröhlichkeit und Schönheit des Lebenshaushalts — viel ist da schon gethan, aber viel mehr ist noch zu thun und wird noch gethan werden. Was das Gewerbe und der Ackerbau, das frommste und menschlichste aller Geschäfte, in den letzten beiden Menschenaltern in vielen Ländern Europas durch bewußte Thätigkeit und frische Versuche gewonnen haben, will ich hier nur andeuten. Selbst einzelnes Spielen, worüber zuerst gelacht wird, gehört hieher. Wie einst bei der Einführung des Schruthahns aus Amerika und des Pfau's und Fasans aus Asien gespielt worden, wie die Tulpenzwiebeln weiland in Rotterdam und Amsterdam einen unbeschreiblichen Börsenschwindel erregten, so tönt uns eben von den Ufern der Themse herüber das Spiel mit den kochinchinesischen Hähnen und Hühnern, deren einzelne Exemplare der stattlichen Gestalt und vorzüglich der Doppelgröße der Eier wegen von den Liebhabern mit fünfzehn bis zwanzig Pfd. Sterl. bezahlt werden. Das gehört ganz in die Zeit, wie der arabische Hengst, der mit tausend, zweitausend Pfund, und der ächte Merinowidder, der mit zweihundert oder dreihundert Thalern bezahlt wird.

Dies Alles gehört zur Naturgeschichte und ist auch Naturgeschichte und eine ihrer unendlich wohlthätigen

Wirkungen; aber wie viel Anderes, wie viele herrliche Gaben, wie viele Erlustigungen, Verschönerungen und Befreiungen des Menschengeschlechts seit Keppler, Galilei und Newton verdanken wir den erhabenen Naturwissenschaften! wie ist, trotz aller Blitzbannschleuderungen aus den Sälen des Vatikans, durch sie am meisten der Blick über die Welt und über und in die Geschichte und also auch in und über Gott und seine Weltschöpfung und Weltregierung erhellt und erweitert worden! Sehen wir die großen Arbeiten unten und oben an, die der Sternschauer oder die der Erdwühler, der Astronomen wie der Geologen, wir müssen mit allen unsern alten Zahlen von Moses und Herodotus an einpacken und viele Jahrtausende ja Myriaden Jahrtausende in eine unbekannte dunkle Vergangenheit zurück datiren, und keiner wird künftig mehr fragen, wie Herodot vielfältiglich fragt und wie der gelehrte und würdige Gatterer vor fünfzig Jahren noch gefragt hat: wer der erste Bäcker und Waffenschmidt gewesen und wer zuerst die Saiten über die Schildkrötenschale gespannt habe? Ich frage, wenn wir auch nicht an jede Rechnung mit den Myriaden- oder Millionen-Zahlen glauben wollen, sollen uns die verschollenen von keiner Geschichte erzählten und gemeldeten Jahrtausende der Welt, die Myriadenjahrtausende Gottes erschrecken?

Wachen wir lieber zu erhabeneren und schöneren Gefühlen und Gedanken auf als zu den Gedanken der Trauer, daß auch Moses und die Propheten haben irren können und daß der Pabst zu Rom mit freiwilligem Eigensinn bis auf diesen Tag auf dem Irrthum besteht ja den Irrthum befiehlt.

Und wie schön, wie im schönsten Einklange mit den gewaltigen und kühnen Strebungen unsrer Tage, was auf diesem Felde und in den Umkreis dieses Feldes einschlagend Zufall, Gewinnsucht und Forschungsgeist in dem letzten Menschenalter gearbeitet, geworben und gefunden haben! die Bestätigung uralter Bildung und Gesittung, wo auf dem Staube und den Gräbern und Denkmälern vieler vergangenen Völker und Menschengeschlechter rohe Barbaren jetzt wohnen und weiden. So liegt seit einem Jahrdreißig durch Champollion, Bunsen u. s. w. das alte Aegypten aufgedeckt vor uns, so die Gräber und Denkmäler Vorderasiens und Lyciens; so ist des Propheten Jonas Ninive mit unendlichen Räthseln und Zeichen vergangener Größe und Herrlichkeit aus der Erde ans Licht heraufgewühlt und wirft große und weite Schatten der verflossenen Jahrtausende auf uns; ja vielleicht wird zu recht orthodoxer Freude das Gerippe des Prophetenwallfisches noch gefunden. Das müßte dann als Wonne der Anglikaner in einem der großen Kollegienpaläste des großbritannischen Vatikans, des orthodoxesten Oxford, aufgestellt werden. O darf bei solcher Freude ein loser Scherz und leiser Schmerz spielen? Wir Historiker, besonders solche wie Unsereiner, die nur so an den Außenthoren und Nebenpförtchen der unendlichen Wissenschaft stehend lauschen und horchen, müssen wohl erbeben bei allen den neuen Findungen und Entdeckungen. Wir vergehen schon in der Masse, und wie soll es erst werden, wenn die amerikanischen oder englischen Kanonen uns Japan, China, Hinterindien u. s. w. mit allen ihren Verborgenheiten und Geheimnissen aufschließen? Wie viele neue Völkergeschichten und Literaturen dann und o wie viele nothwendige neue Professuren auf unsern Hochschulen! Dies ist ein Gedanke, der schwindeln macht.

1. Deutschland und die Deutschen.

Das Vorhergehende war gleichsam ein Vorwort und ein Vorblick. Jetzt zu dem Einzelnen und Besonderen. Mit diesem Einzelnen und Besonderen meine ich aber nur mein Deutschland und meine lieben Deutschen. Es gebärdeten sich jene vorläufigen Worte zwar, als wollte ich mich eines Blicks über die weite Welt hinaus und in alle Zukunft der Länder und Völker hinein erkühnen; aber das waren gleichsam jugendliche Aufwallungen und Anspielungen, und ich will mich aus der Weite in ein Engeres zurückziehen. Aus Deutschland heraus und aus einem deutschen Herzen und mit deutschen Augen muß ich ja doch über die Welt blicken. Ich will also, der Schwäche des Alters eingedenk, diesmal bei der Anschauung und Betrachtung des Vaterlandes meist allein stehen bleiben und die übrigen Völker und ihre Weltstellung nur in sofern berühren, als sie in unsre deutschen Dinge eingreifen und die Verhältnisse der Gegenwart und die Entwickelungen und Hoffnungen der Zukunft zeigen oder weissagen. Also zuerst und meist aus Deutschland heraus und über uns Deutsche zu uns Deutschen soll die Rede ergehen. Im Beginn des Gedankens und seines Beschlusses däucht uns solche Rede so leicht und klar, als die ja an Verstehende und Gernvernehmende gerichtet werde; aber bei näherer Erwägung schwindet dieses leichte Dünken, und wenn man das Gemurr und Gebrause der verschiedensten Stimmen aus den vier oder acht Hauptwinden um sich tosen und in Gebeten, Wünschen, Klagen und Flüchen durch einander brausen und sich entladen hört, vorzüglich aber, wenn man dieses in der Art einzige Volk in der Welt hört, und bedenkt, daß es — das Wort in einem andern Sinn genommen — wenig Art und viel Unart hat, vorzüglich die Unart, sein Bestes leicht zu verkennen und das Fremde mehr zu loben und nachzuahmen, als gut und recht ist, und in Nachbeterei und Nachäfferei der Fremden ewig und immer zu verschütten und zu vergessen, was es einst war und was es bei treuer und gerechter Entwickelung und Benutzung seiner leiblichen und geistigen Vortheile, Anlagen und Vorzüge heute wieder sein könnte — dann muß man es wohl anders empfinden.

Weil dem nun so ist, weil mein liebes deutsches Volk ein solches ist, daß es durch falsche, lügenhafte Vorspiegelungen der Fremden sich selbst tagtäglich von dem Wege seines Glückes und Ruhms in die Irre und Wirre führen läßt und durch diese Vorspiegelungen wie ein zur Hinrichtung und Abmachung in der Weltgeschichte Verurtheilter in Selbstverzweiflung versinkt, so muß ich schon noch einmal, zum zehnten und wahrscheinlich zum letzten Mal, in einem kurzen Umriß ein Stück seiner Geschichte vor ihm aufrollen, damit es sich über sich selbst und seine Vergangenheit und über seinen Stand in der Gegenwart ein wenig besinne. Denn das ist die Lüge und Hinterlist oder vielmehr noch die Unwissenheit und Unkunde der Fremden, daß sie Deutschland gern als einen abgelebten Greis, die Deutschen gern als ein verwittertes, ausgebautes und verwelktes Volk, aus welchem nimmermehr etwas sprießen noch grünen könne, hinstellen, und daß deutsche Tröpfe und Schelme ihnen dieses hoffnungslose Urtheil gelegentlich nachbeten. Gegen dieses sogenannte deutsche Greisenalter habe ich mich früherhin oft und vielfältiglich ausgesprochen und verwahrt, und thue es hier zum dritten und vierten Male. Ich habe bewiesen, daß in einem gewissen Sinn und nach natürlichem Verständniß der Weltgeschichte und ihrer Entwickelung nur zwei Völker in Europa jung und jugendlich zu nennen sind, nämlich die Germanen und die Slaven und allenfalls noch die Magyaren und der kleine Bruch von Tataren und Osmanen, die aber unter uns keine Europäer geworden sind: alle andere Hauptvölker sind Mischlinge, meistens aus Bruchstücken und Resten verwelkter älterer Völker und aus germanischen Stämmen zusammengerollt. Der Deutsche zeigt in Einfalt wie in Dummheit, in Unschuld wie in Rohheit und in hundert dahin spielenden Zeichen mehr als irgend ein Volk Europas noch alle verschiedenen Stufen des Knaben- und Jünglings-Alters, ja ich wage zu sagen, er ist als Volk noch kein Mann geworden, geschweige denn ein Greis; ja ich möchte sagen, wodurch ich eine gewisse Hoffnungsfülle für seine Zukunft ausspräche: er läuft noch etwas wild in seinen Schlingeljahren herum. Selbst sein Nebenläufer oder Gleichläufer, der Slave, der ein halbes Jahrtausend später als er mit einem Namen auf der großen Weltbühne aufgetreten ist, hat die gleichsam schon eingebornen und eingelebten Listen und Künste eines schlaueren und schon früher durchgebildeten Zustandes vor ihm voraus. Viel mehr noch haben dies aber die sogenannten Mischvölker der Romanen, die neuen Griechen und die neuen und alten Hebräer und Armenier.

Will ich mit diesen Worten etwa ein deutsches Lob aussprechen? Keineswegs, sondern sie sollen eben seine Natürlichkeit bezeichnen, wie sie noch steht und besteht, und für diejenigen, die noch deutsche Zukunft hoffen und glauben können, auf Hoffnungen hinweisen, wie man sie von hoffnungsvollen Knaben und Jünglingen zu haben pflegt. Denn — daß ich es noch einmal recht laut und zornig ausspreche — von allem Geschwätz und Mißverständniß oder vielmehr von aller Verachtung und Schmähung, welche die Fremden (Engländer, Franzosen, sogar Russen u. s. w.) über uns ausgießen, und was unsre eigenen unwissenden und gleichgültigen Dummköpfe in allen Tagesblättern und Zeitungen ihnen nachschwatzen und nachschimpfen, empören mich die beiden folgenden Urtheile am meisten:

1) Der Deutsche ist ein grübelnder Fantast, ein bei hellem Sonnenlicht herumwandelnder Träumer und Nachtwandler, der nach dem Himmel greift und die Erde unter den Füßen verliert oder sie von Gescheidteren und Muthigeren sich unter den Füßen weggraben läßt;
2) der Deutsche ist ein verkommenes abgelebtes Volk, aus welchem nichts mehr werden kann, sondern welches als geschichtlicher Samen oder als Dünger für die glücklicheren, lebenvolleren Völker

verbraucht werden wird und verbraucht werden muß —

und grade diese Empörung rückt und zückt mir die Schreibfeder in die Hand, und darum male ich hier noch ein Wenig von Geschichte her, und suche ein kurzes übersichtliches Bild sowohl unsrer bürgerlichen und politischen als geistigen und sittlichen Gegenwart zu entwerfen.

Also ein wenig Geschichte.

Beinahe zwei Jahrtausende tönt der Name Germanen oder Deutsche (Teutonen) durch die Weltgeschichte. Dieses sein erstes Tönen war wie ein Tönen des Donners von Verderben und Vernichtung. Wie viele Jahrhunderte, Jahrtausende früher, ehe er donnergleich bis zum Süden hinauftönte, dieser große Name schon über seinem großen Genossen dem Celten im Norden Europas gewohnt hat, wird wohl immer ungewußt bleiben. Im vierten, fünften Jahrhundert unsrer Zeitrechnung tritt dieser Germane als der große Umwandler und Neugestalter Europas auf. Im achten und neunten Jahrhundert ward Karl der Große der Stifter eines gewaltigen deutschen Reiches, aus welchem unser Deutschland um die Mitte des neunten

Jahrhunderts sich als ein eignes besonderes deutsches Reich abspaltete und in den folgenden drei Jahrhunderten gegen Osten längs den Gränzen der Magyaren und Polen den Umfang gewann und abründete, welchen es in jener Windgegend bis auf unsre Tage erhalten und hin und wieder erweitert hat. Die Deutschen waren und wurden damals ein gewaltiges Land und Reich durch den Umfang ihrer Länder, durch die Weite ihrer Herrschaft und durch den Glanz und die Majestät ihres Namens. Diese Majestät ist durch den Titel Römischer Kaiser zu der ersten und höchsten Würde in der Christenheit erhöht worden, welche bis vor einem halben Jahrhundert unser Land noch getragen hat. Aber grade diese Würde, welche Otto der Große um die Mitte des zehnten Jahrhunderts auf immer an Deutschland geheftet hat, ist der Nessusrock geworden, durch dessen Gift wir uns bis diesen Tag krank und meist wie mit zerrissenen und blutigen Gliedern bewegen müssen. Wegen dieses Nessusrocks des Römischen Purpurmantels zucken die beiden herrlichen Mittelländer Europas, Italien und Deutschland, oft in allen ihren Gliedern und können keine ruhige Lage und keine lustige ihnen passende und bequeme Stellung finden. Das hat beiden der vierhundertjährige Kampf zwischen Kaiser und Pabst bedeutet und eingetragen.

Die Deutschen waren in vollem Aufschritt und Vorschritt ein Staat zu werden, wie England vor tausend und Frankreich und Spanien vor vierhundert Jahren auch nach langen blutigen Wechseln und Kämpfen es geworden sind; Deutschland war schon ein Anfang von Staat, ein werdender populus bis zur Mitte des dreizehnten Jahrhunderts; seit dem Untergange der Hohenstaufen konnte von einem populus, von einem Volk als Staat, kaum noch die Rede sein: es war wieder wie zu einer natio und gens geworden, ja der werdende populus war wieder zur gens, schlimmer als die Merovinger und Karlinger ihn gefunden hatten, immer tiefer und tiefer herab und auseinander gesunken. Es war das Interesse und das Endziel des Pabstes und der Römischen Kirche die Kaisermacht zu mindern und schwächen und alle Kleinherrschaft und Vielherrschaft zu fördern. Ich führe hier die alte Klage, die keine Anklage sein soll. Wer will die christliche Kirche anklagen wegen so gewaltiger von Gott gewollter Durchläufe und Durchschnitte, als sie in Deutschland und Italien genommen und gemacht hat? Das deutsche Wesen, dessen Folgen und Nachgeburten noch vor unsern Augen und Füßen liegen, ist vorzüglich durch die Geistlichkeit geboren und gezeugt, ganz mit vollem höchstpriesterlichem Beifall und Bewußtsein; in Italien hat der Pabst die geistlichen Fürstenköpfe neben sich nicht zu hohen Häuptern aufwachsen lassen, sondern die Erzbischöfe von Mailand, Ravenna, Florenz u. s. w. immer innerhalb des Umschlags und Umgriffs des Hohenpriestermantels gehalten und keine Städte und Lande als ihre Gebiete erfassen lassen. In Deutschland wurden die Erzbischöfe und Bischöfe durch ihn die höchsten Fürsten und die ersten mächtigen Landesherren und Gebietiger, welche zuletzt meist die Kaiser machten, die Kaiserkapitulationen entwarfen und bereiteten und die übrigen sogenannten kaiserlichen Oberherrlichkeiten und Rechte und Gebiete zuerst für ihre Stifter ausbeuteten, und dann nach diesem Vorgang und Beispiel auch den weltlichen Fürsten und Hohen die Mehrung und Ausbreitung befestigen halfen. Ich brauche dies keinem Wissenden weiter zu erklären, ich habe nur auf England, Frankreich und Spanien als auf ein Gegenbild hinzuweisen. Dort war in gleichartiger europäischer Entwickelung bei Weltlichkeit und Geistlichkeit begreiflicher Weise dasselbe Streben zur Erhebung und Unabhängigkeit von der königlichen Obermacht, aber diese Länder lagen der päbstlichen Heiligkeit und Herrlichkeit nicht so nahe und so gefährlich im Wege, waren auch wegen der größeren Ferne weniger zugänglich; aber das Meiste und Größte für die königliche Obermacht haben dort lange und sichere Kämpfe und Kriege gewirkt, in welchen das königliche Schwerdt und Scepter in der Hand gleichsam festwachsen konnte. In Italien und Deutschland war die ganze Weltstellung und also auch der ganze Entwickelungskampf seit dem Untergange der Hohenstaufen durchaus anders.

Es war also in Italien und Deutschland eine Vielherrschaft, in Deutschland zugleich geistliche und weltliche Vielherrschaft, unter einem machtlosen Oberhaupt mit dem glänzenden Kaisertitel an der Spitze; der große Zwischenspieler und Ober- und Ueberspieler blieb noch Jahrhunderte der Pabst in Rom, immer der gewaltigste Mann, wenn es den Kardinälen gelungen war, den mit dem lichtesten Geist begabten auszufinden und zu erkiesen. Es fehlte also Jahrhunderte lang der mächtig gebietende, zusammentreibende und zusammenhaltende König und Herr; die Lande, mit Hunderten kleiner Fürsten und Herren gesegnet, steuerten meist in mittelmäßigen Zuständen ohne außerordentliche Welterschütterungen ziemlich herrenlos fort, oder sie trieben meist hin, wie ein Schiff ohne Steuermann bei stillem Wetter treibt. Blicken wir in diese Jahrhunderte vom dreizehnten bis zum Ende des fünfzehnten auf Deutschland unser Vaterland und von Deutschland auf das in vielen Beziehungen, Verhältnissen und Entwickelungen mit ihm so verbundene und verwandte Italien hin, so konnten durch den Lauf der Weltgeschicke und durch die Stellung der damaligen Welttheile gegen einander diese beiden reichen und herrlichen Mittelländer damals mit Recht der lebendigste, edelste und blühendste Mittelpunkt der Christenheit genannt werden, der in Mitten aller Bewegungen und Empörungen im Kriege und im Frieden, ja in Mitten aller Raufereien und Fehden in einer Fülle des Wohlstandes und der Macht blühte, welche uns, aus der Ferne der Zeiten von den Schwungfedern der Fantasie getragen, überliefert und geschildert, oft als ein orientalisches Mährchen dünken will. Ein wirklich wunderbarer und bei aller scheinbaren Wunderbarlichkeit doch erklärlicher Zustand. Denn erstlich Deutschland hatte während Jahrhunderten keinen gewaltigen und gefährlichen Nachbar, keine Kriege um Dasein und Bestand; der dicke gefürchtete deutsche Riesenklumpen lag von fremden Völkerstößen unangefochten da; durch wirkliche Reichsgefahren wäre das Schwerdt in des Kaisers Hand nicht bloß Zeichen der höchsten Macht gewesen, sondern hätte diese Macht auch wieder zur wirklichen Macht und Majestät gemacht, wie die Mohrenkriege die Könige Spaniens, und die Engländerkriege die Könige Frankreichs zu mächtigsten Oberherren gemacht haben; und zweitens neben dieser eben nicht glücklichen Ungestörtheit des oft schnarchenden Riesen erklärt der Lauf des Welthandels was durch seine größte Bedeutung jede Verwunderung abschneidet. Dieser Welthandel hatte damals seinen Hauptzug über und durch Italien und Deutschland. Wer sich ein kleines Bild jenes Zustandes machen will, gehe jetzt nach London, Liverpool, Newyork, Havre, Hamburg, Manchester u. s. w. und sehe, wie da gelebt, getummelt und gearbeitet wird. Von hier schaue er dann nach Venedig, Genua, Florenz, Mailand, Wien, Augsburg, Nürnberg, Straßburg, Köln, Brügge, Antwerpen, Lübeck, Stralsund, Danzig und Riga zurück. Mitten in dieser mächtigen Weltbewegung und Weltblüthe trieb doch in beiden Ländern bei dem Verfall und der Ohnmacht der kaiserlichen Majestät oft die wildeste und wüsteste Gesetzlosigkeit und Herrenlosigkeit ihr Wesen, und zwischen den zahllosen Fürsten, Baronen, Großstädten, Freistädten und Freistaaten rissen Kriege, Fehden und Räubereien nimmer ab. Man kann sagen, es war eine Zeit, wo eines Jeden Faust und Schwerdt gegen des Nachbars Faust und Schwerdt immer geballt und gezückt stand, aber durch alle die Erschütterungen, Aufruhre, Fehden und Verheerungen schritt und wirkte das lebendige und schaffende Leben doch immer unverdrossen und frisch fort, Arbeit, Thätigkeit und Fertigkeit in Künsten und Gewerben wuchsen und Wohlstand und Reichthum und vorzugsweise der Glanz und die Macht der Städte hoben sich mit jedem Jahrhundert. Es war doch nicht unaufhörliche Räuberei und Fehde, und die äußerste Verwilderung in Rohheit und Barbarei ward in Deutschland wenigstens durch eine gewisse angeborne kühlere Langmüthigkeit und Menschlichkeit seiner Bewohner im Ganzen sehr gemäßigt und gemildert, die christliche Einwirkung der Geistlichen nicht zu vergessen, welche doch gegen verruchte Grausamkeit und Wildheit zuweilen ihr heiliges Strafamt übte.

Es sind nun in diesem unsern laufenden neunzehnten Jahrhundert noch beide ehrliche und listige Fantasten und Enthusiasten, auch der verkappten pfaffischgesinnten Fanatiker sind noch genug, welche uns jene wilde Herrenlosigkeit vom dreizehnten bis sechszehnten Jahrhundert als einen Glanz christlicher und priesterlicher Milde, Barmherzigkeit und Schönheit, als einen königlichen, fürstlichen und ritterlichen Glanz des Lebens malen, und selbst die unaufhörlichen Fehden und Räubereien mehr als einen ritterlichen Scherz zur Pflegung und Uebung des alten germanischen Kriegsgeistes, denn als einen blutigen und grausamen Ernst schildern, als ob in jenen Tagen Feuer nicht gebrannt und Eisen nicht verwundet hätte. Da haben wir uns aber sehr in Acht zu nehmen vor sogenannter frommer Leichtgläubigkeit christlicher Einfalt, uns mit eignen Augen hell umzuschauen, und das deutsche Sprichwort Es ist nicht alles Gold was gleißt uns wohl dreimal vorzubeten. Zwar zu südlicher, italiänischer, französischer Leidenschaftlichkeit und Grimmigkeit wird der deutsche Mensch selten fortgerissen, aber in der Wüstheit und Verwilderung der Sitten der Großen, in der Unterdrückung und Verknechtung des schutzlosen und hülflosen Volkes, in der Unwissenheit und Ueppigkeit der entarteten Geistlichkeit, deren Häupter jetzt meist nicht nach der Würdigkeit von Tugend und Gelehrsamkeit, sondern nach den Stammbäumen und Ahnen der Geschlechter erlesen wurden, erscheint doch so viel Schwarzes und Düsteres, daß wir die glänzenden Farben, womit die Enthusiasten und Fantasten uns dieses unser Mittelalter malen, oft sehr mit grauen Aschenfarben zu überstreichen haben. Denn betrachten wir den politischen Zustand, so war nicht allein die Kaiserwürde fast ein leeres, bleiches Bild der Majestät geworden und das liebe arme Volk unter den blutigen Sporen der geharnischten Ritter meistens ganz schutzlos der ersten besten Gewalt hingegeben, sondern offene Untreue und schaamloser Vaterlandsverrath und Feilschung und Schändung der Ehren und der Majestät des Reichs und des Volks durften häufig mit ungescholtener Gewissenlosigkeit und unverhüllter Frechheit vor den Einheimischen und Fremden am hellen Tageslichte auftreten. Wir lesen im vierzehnten, fünfzehnten, sechszehnten Jahrhundert in den Berichten und Schriften der Fremden (Petrarca, Aeneas Sylvius, Machiavelli) von der Pracht und Herrlichkeit der deutschen Städte an der Donau, Rhein und Nordsee, von dem Reichthum und der Macht und Streitbarkeit ihrer Bürger, wir lesen von der wimmelnden Volksmenge und von der unüberwindlichen Rüstigkeit und Tapferkeit der deutschen Ritter und Krieger; wir haben die heimischen Nachrichten der Stadtbücher und Kroniken, die zum Theil erst in den letzten Jahrzehenden zu Tage gekommen sind — und wir freuen uns dieser herrlichen Wirklichkeit und Wahrheit; aber doch schon ist mehr als Ein Aber dabei. Soviel bleibt stehen: die Deutschen waren damals in ihrer Stellung, in dem Umfang ihres Reichs und in der Fülle der Kräfte und Hülfsmittel das mächtigste, unüberwindliche Volk Europas; sie waren beides in der Wirklichkeit und in der Meinung der Menschen — und alle Fremden sprechen es aus: die ganze Welt könne sich verbinden, sie werde solche Volkskraft nicht rücken können. Aber wie prächtig dies auch klinge und des Ururenkels Brust noch mit

Stolz schwellen könne, lange schon war der Schein größer und prächtiger als die Wirklichkeit. Ich habe oben schon auf den plumpen Leib des Riesen hingewiesen, der doch nicht zu gehöriger Zeit zum rechten Leben aufgerüttelt ward und deswegen seine glücklichen Stunden verschlafen und versäumen sollte. Nicht allein in Deutschland und Italien, nicht allein vor dem Pabst und den für sich und ihre Vortheile eigenwillig und eigensüchtig wollenden und entscheidenden Fürsten war die Kaisermacht oft schon zum Gespött geworden, sondern schon begannen die Völker und Reiche der Nachbarn auf den Herrn der Welt, den König aller Deutschen wie auf den todten Klotz der Fabel herabzusehen, der da ein starrer und todter Riese im Sumpfe liege und mit gebundenen Gliedern sich nicht mehr in eigner Kraft bewegen könne. Nicht nur südlich und westlich den Alpen, nicht nur in Italien und Gallien lösten sich — was eben kein großer Verlust war — wälsche Theile des weiland burgundischen und lombardischen Reichs von dem deutschen Reichskörper ab, sondern schon rissen slavische Barbarenstaaten an den schönen weiland gothischen, durch tapfre deutsche Ritterschaft wieder germanisirten Landen der südlichen Ostsee zwischen der Weichsel und Newa. Riefen diese bedrängten Lande nun des Vaterlandes Hülfe an, mahnten und boten der Kaiser oder irgend ein edler deutscher Fürst oder Rittersmann, der für die Ehre seines Vaterlandes brannte, die Deutschen zu Rüstung und Auszug auf, so hatten alle reichen und glänzenden Städte, so hatten die mächtigsten Fürsten und prächtigsten und streitbarsten Ritterschaften zu solcher Hülfe und Reise weder Lust noch Waffen und Geld. Wohl aber war die älteste Art und Unart der deutschen Stämme bis zu jener Verwilderung und Vaterlands- und Kaiser-Vergessenheit zu immer Schlimmeren und Böseren herausgewachsen und entartet, daß, wo irgend die Kriegstrompete erklang und der Lohn des fremden Söldnerdienstes ausgerufen ward, der deutsche Fürst, Ritter und Kriegsknecht zu Tausenden und Zehntausenden für die Reise feil und gerüstet war, gleichviel, ob für oder gegen die Ehren und Vortheile von Kaiser und Reich. Das ist ja so geblieben und fortgesetzt durch alle folgende Jahrhunderte fort und bis in die blutigen und mordreichen Tage Napoleons des Ersten, bis in unser jüngstes Gedächtniß dieses neunzehnten Jahrhunderts hinein; noch leben deutsche Prinzen und Officiere, die sich mit stolzer Brüstung in ihren napoleonischen Orden beschauen, noch feiern sie Schlachten und Erinnerungsfeste des Ueberlisters und Schänders des Vaterlandes. Kein Kampf stand diesseits und jenseits des Meers, kein Kampf in Italien, Polen, England, Frankreich, Skandinavien, wo der deutsche Söldner nicht Leben und Blut feil bot. So haben vor allen die Engländer und Franzosen und später die Schweden und Holländer von den Schwerdtern der deutschen Krieger sich die schönsten Blumen ihrer Siegeskränze mähen lassen. Keine Schlacht von Bedeutung und Entscheidung, wo nicht zu Zehntausenden und Dreißigtausenden deutsche Krieger mitfochten. Der erste große, bis heute von allen französischen Posaunen ausgeblasene Sieg über die bis dahin als unüberwindlich gepriesenen Schweizer, der Sieg Franz des Ersten bei Marignano im Jahr 1515, von wem ward er blutig durchgefochten? Von Deutschen gegen Deutsche. Es standen, wie uns in jüngst ausgegebenen wälschen Jahrbüchern und Denkbüchern erzählt wird, in dem französischen Heere gegen die Schweizer nicht weniger als 26,000 deutsche Reiter und Landsknechte. Dies hatten die Schweizer wohl verdient, und hätten es von ihren deutschen Brüdern bis auf unsre Tage wohl reichlich verdient; denn keiner hat unter Napoleon gleich ihnen bis zu allerletzt treu gegen die deutschen Brüder ausgehalten. In eben beschriebener Weise stand es leider in jener drei bis fünf Jahrhunderte hinter uns liegenden deutschen Vergangenheit; wie nun — fragen wir auf diesem großen Scheidepunkte der Geschichte — wie stand es nun mit der deutschen Christlichkeit und Sittlichkeit? mit jener von den oben verklagten Enthusiasten und Fanatikern vielgepriesenen Gläubigkeit, Einfalt und Frömmigkeit? O! o! Einzelnen geistlichen und weltlichen Herren, einzelnen würdigsten Fürsten und Rittern alle gebührende Ehre und Ehrfurcht! aber wer von uns, der nicht mit freiwilliger und bewußter Schalkheit sich den lügenhaften Scheinbart umhängt und für falsche Spiegelungen die farbengaukelnde Brille aufsetzt, möchte jetzt doch in den schlechtesten Theilen Deutschlands, Frankreichs und Englands jene vielgepriesenen Tage gegen die unsrigen eintauschen? Wie gesagt, einzelnen höheren und edleren Erscheinungen jener mittelaltrigen Zeit bleiben die Ehren ihres Andenkens unverkümmert! aber das Ganze? das Ganze? das ganze Treiben und Leben und Wesen jener Zeit? Mit unsrer Gegenwart verglichen, selbst alle Mängel, Gebrechen und Verbrechen derselben voll und ehrlich gegengerechnet, war jene Zeit, im Ganzen genommen, auf dem Lande wie in den Städten, eine Zeit der adlichsten, übermüthigsten, gewaltthätigsten und gesetzlosesten Aristokratie, eine Schätzung des Menschen bloß von oben nach unten betrachtet und gewogen, tausendmal mehr, als es jetzt bei uns irgendwo noch sein dürfte. Wo in den meisten Landen war der alte, freie, deutsche Mann und Bauer geblieben? wohin verschollen? jener freie Bauer, für dessen Selbstständigkeit und Freiheit die Kapitularien Karls des Großen vor siebenhundert Jahren so weise hatten fürsehen und sorgen wollen? Wahrlich überblickte man Deutschland von einem Ende zum andern, so gab es der freien Männer und Bauern auf dem Lande hie und da nur noch einzelne Flecke, wie grüne Oasen in einer weiten allgemeinen Wüste, die große Menge des Landvolks ward unter tausend verschiedenen Namen und Titeln von Pflichtigkeit, Hörigkeit und Dienstbarkeit bis zur willkürlichsten Leibeigenschaft hinunter von Jahrhundert zu Jahrhundert immer mehr geknechtet und unterdrückt, und ein guter Theil derselben ist erst seit dem jüngsten Menschenalter von jenen Fesseln niedrigster Sklaverei gelöst worden. Bei diesem schwarzen Kapitel könnte ich Vieles erzählen, was ich noch mit eigenen Augen gesehen habe, wovon Wenige der Jetztlebenden sich gottlob kaum eine Vorstellung machen können; aber wir haben über jene Vergangenheit, von welcher ich hier spreche, Nachrichten und Urkunden und in Gesetzen, Jahrbüchern und Reisebeschreibungen

Zeichen und Bilder genug, wie die große Menge des unterdrückten, verknechteten Volks behandelt werden durfte und wie einzelne barbarische Ungeheuer von Herren dasselbe mißhandeln durften. In den romantischen Schildereien von dem Leben der frommen Priester und Ritter jener Tage ist es gar rührend zu lesen, wie etwa Bürgermeister und Rathsherren die Aebte, Mönche und widerspänstigen Pfarrer, die sie aus den Thoren gejagt hatten, bei geschlossenem Frieden unter feierlichen Aufzügen und Läuten aller Glocken in ehrerbietiger Stellung an den Stadtthoren empfingen und ihnen knieend die heiligen Hände küßten, wie jetzt noch auf gut Russisch *) den Popen

*) Es begab sich im Sommer des Jahres 1813, daß ich zu Reichenbach in Schlesien vor dem Schweidnitzer Thore spazieren ging und folgendes Stück Russenthum mit ansah: Der Oberst eines Regiments ließ mir nichts dir nichts einen besoffenen Popen, der durch die Soldaten hintaumelte, fassen, ihm sein Priestergewand ausziehen und etwa zwanzig Hiebe auf den schallenden Rücken aufzählen. Als dies vollbracht war, that man ihm mit einer gewissen Feierlichkeit, bei welcher sich die umstehenden Soldaten verneigten, seinen Rock wieder an, und derselbe Oberst und einige Officiere küßten ihrem durchgeprügelten Priester demüthig die Hand.

geschieht; wie edle Frauen und Jungfrauen die verwundeten gefangenen Ritter und Prinzen in ihrem schönsten Schmuck empfingen, sie in weiche und warme Betten legten, ihre blutigen Hemder wohl mit den eigenen wechselten, ihnen die Wunden wohl mit den eigenen zarten Händen verbanden und über den Schmerzen und Plagen der edlen Gefangenen die Nachtwachen hielten. Solches ist rührlich und sieht gar fein und menschlich und christlich aus; aber von welcher Christlichkeit der siegreichen Fürsten und Ritter hatten die Weiber und Bräute der armen Bauern und Knechte in Schwaben im Jahr 1307 ein Liedlein zu singen, als dem länderdurstigen Albrecht von Oesterreich, Rudolfs von Habsburg ältestem ähnlichen Sohn, sein Schwabenheer in Thüringen niedergelegt ward und vielen Gefangenen von den Siegern die edelsten Theile des Mannes abgeschnitten wurden? Ward der gefangene Prinz und Ritter auf Burgen und Schlössern von dem Feinde und seinen Frauen oft mit zartesten Ehren empfangen und gepflegt, bis er sich lösen konnte, so entmannte man die Gemeinen zuweilen zu Tausenden und ließ sie mit verstümmelten Armen und Beinen wie Aas der Raben auf den Schlachtfeldern liegen. Das waren auch Sitten jener Zeit. — Und stand es mit der öffentlichen Zucht und

Ehrbarkeit besser? waren die keuscher und christlicher als unser so vielfältiglich angeklagtes und verleumdetes Zeitalter? O leset! leset und horchet! Leset die Geschichten eurer großen Städte, die Geschichten von Basel, Regensburg, Straßburg, Köln, Stralsund! leset die Urkunden, Gesetze und Berichte aus den Archiven und in den Kroniken jener Städte! Beginnt an der Donau und am Rhein und lauft so zur Nordsee und Ostsee von Brügge und Antwerpen bis zu Danzig und Riga an das äußerste Meer hinab! Wie viele üppige schaamloseste öffentliche Reigen, Lustbarkeiten, Scherze und Spiele, von den Fastnacht- ja selbst von den Kirchen-Spielen an bis zu den Reigen und Tänzen auf Gassen und Märkten, wovor ein ausgelassenstes Paris und Brüssel heute fast noch erröthen würde! Nur statt vieler Ein Zeichen, wie es um die öffentliche Sitte und ihre Schätzung bei dem Volke stand: Wenn edle vornehme Herren (Fürsten, Ritter, Bürgermeister, Sendeboten der Fürsten u. s. w.) als Gäste oder als Unterpfänder zum Einlager in eine Stadt einritten, mußte, als wenn ein Mann keine Nacht allein durchschlafen könne, auf Kosten der Gemeinde für Jeden eine gemeine Dirne besorgt werden. Solche Ausgaben finden wir alle Augenblicke in den Rechnungen großer Reichsstädte, (zum

Beispiel Regensburg bei Gmeiner) aufgeführt. Aehnliches haben unsre Tage wieder in dem Budget mancher deutschen Stadt aufgeführt lesen können, wie etwa ein französischer General oder Kommandant bei Besetzung einer Stadt auf öffentliche Kosten nebst andern Artikeln auch eine Dirne geliefert verlangt hat. Dergleichen Mittelaltriges wieder zur Uebung und Geltung zu bringen, möchten die Wälschen wohl die besten Lehrmeister sein.

Doch von Diesem und von ähnlichen Zeichen und Herrlichkeiten des Mittelalters genug zur Bespiegelung und Vergleichung der Zeiten, und damit die Zeitgenossen vor Aerger und Jammer nicht aus der Haut fahren wollen, selbst wenn diese Haut auch von mancher juckenden Krätze des Tags sich unbehaglich und krank fühlt. Es muß ja so bleiben bei dem armen Menschengeschlecht, welches schon David und Homer als die Kranken und Mühseligen besungen haben, daß wir, wie die Kinder mit kindischen Erinnerungen ihre ersten Blumen, Kirschen und Singvögel sich paradiesisch vorgaukeln, eben so die vergangenen Jahrhunderte immer gern glücklicher und besser wähnen als die Tage, worin wir leben. Genug, das starke mächtige, von Muth, Kraft und Reichthum schwellende und wimmelnde Deutschland war doch fern davon, ein wirkliches gemeinsames Volk und Staat zu sein und sich als ein solches Volk und als ein Staat zu fühlen, wie Karl der Große, Otto der Große, Heinrich der Schwarze (der zweite der Salier) und Friedrich Barbarossa sie gemeint hatten. Es war bei allem damaligen Glück und Reichthum keine stolze feste Gemeinsamkeit; Ohnmacht und herrenlose Unordnung walteten zu sehr. Die Salier und ihre Erben die Hohenstaufen hatten neben der Kaiserwürde eine große durch das Oberland und die Niederlande hin weit erstreckte Hausmacht und die, wie es schien, seit vielen Geschlechtern angeerbte Liebe und Treue vieler der größten und bedeutendsten rheinischen und niederländischen Städte besessen. Alles dies war bei ihrem Hingang oder vielmehr Ausrottung durch Kirchenbann und Pfaffenlisten aus einander gerissen und zersplittert und nicht als irgend eine Stärkung wieder an Kaiser und Reich, sondern an die verschiedensten Zugreifer und Ausbeuter ihres Untergangs gekommen. Es war für lange Zeit kein einziges sehr mächtiges deutsches Haus übrig, in welchem wie gleichsam in einer Unvermeidlichkeit und Unübergänglichkeit der Wahlkaiser gesucht werden mußte. Zwar der erste Habsburger Rudolf, der kluge und listige Ergreifer und Zulanger, hatte eine schöne Herrschaft in Süddeutschland zusammengeworben, aber auch er war noch nicht bis zum Gedanken der Untheilbarkeit des Besitzes vorgeschritten, und auch seine Söhne und Enkel theilten und zersplitterten vielfältiglich das große durch Gewalt und List gewonnene Gut. Habsburg war durch solche schlechte Haushaltung und auch durch den unkriegerischen und wunderlichen Charakter des vierten Kaisers aus seinem Stamm, Friedrichs des Dritten, der von allen Kaisern am längsten, nämlich über ein halbes Jahrhundert, auf dem Thron gesessen hat, doch auch schwach und ohnmächtig geworden. Erst unter seinem Sohn Max gegen den Ausgang des funfzehnten Jahrhunderts hob sich Habsburgs Herrlichkeit vor allen deutschen Häusern durch eine Hochzeit, durch die Vermählung des Fürsten mit der Maria der Erbin des großen burgundischen Staates am Niederrhein und an der Nordsee. Zu dieser Vermählung, welche ein wirklich edelgesinnter und ritterlicher deutscher Fürst schloß, konnte das Vaterland ein fröhliches Hochzeitlied singen, weil sie die herrlichen burgundischen Lande, welche nahe an Wälschland leicht immer mehr zu den Franzosen hätten hinübergezogen werden können, wieder zum Reiche brachte. Das war das erste mit Freuden begrüßte habsburgische Hochzeitglück; es ging nun mit dem Sohn und den Enkeln

Maxens so fort, und man hat hinfort den lateinischen Vers Tu, felix Austria, nube! den Oesterreichern im Reiche so nachgesungen; aber bei der zweiten epochemachenden habsburgischen Welthochzeit Philipps von Burgund, des Sohns von Max und der burgundischen Maria, darf ein Deutscher schwerlich einen Päan und ein Hymen Hymenaee! singen. Seine Vermählung mit einer spanischen Prinzessin machte Maxens Enkel zu Erben großer Reiche in Spanien und Italien und zugleich in Indien und Amerika. Wie rissen sich im Anfange des sechszehnten Jahrhunderts die Augen der erstaunten und erschrockenen Welt ob solchem weiten Glücke auf! aber was im Anfange Habsburgs Macht schien, ist in den deutschen Gränzen weder seine dauernde Macht noch irgend ein deutsches Glück geworden, sondern dem Vaterlande vielmehr zu vielfältigem Unheil und vielfacher neuer Schwächung und Zersplitterung ausgeschlagen. Wir werden sehen.

Mit Maxens Enkel Karl dem Fünften, Erzherzog von Oesterreich, Herzog von Burgund und König mehrerer Reiche in Hispanien und Italien, wird der Gipfel der Macht der Habsburger erstiegen, welche hinfort als das mächtigste deutsche und als eines der mächtigsten europäischen Königshäuser bis in den Anfang unsers neunzehnten Jahrhunderts fast ununterbrochen und fast wie mit einem erblichen Recht auf dem deutschen Kaiserthron gesessen hat. Karls Regierungsantritt im Jahr 1519 und die ganze Zeit seiner Gewalt bis zu seinem Tode macht einen natürlichen großen Abschnitt und Wendepunkt in der Weltgeschichte. Große Entwickelungen und die außerordentlichsten Erfindungen und Entdeckungen, so wie allgemeiner Gebrauch und Anwendung früherer Erfindungen, Findung neuer Welttheile und Schifferstraßen, kurz mannigfaltigste Neuerungen und Umwälzungen schlossen das lange Mittelalter, welches man vom fünften bis zum sechszehnten Jahrhundert über ein volles Jahrtausend rechnen kann, und begannen die jetzt schon viertehalb Jahrhunderte zählende Zeit. Ich setze die Titel her, welche den großen Wendepunkt bezeichnen: Schießpulver, Buchdruckerkunst, Umsegelung des Kaps, Findung von Amerika, Reformation Luthers.

In diese neue Weltepoche fällt denn die Regierung Karls des Fünften, deutschen Kaisers seit dem Tode seines Großvaters Max, und nach ihm die Regierung seines Bruders Ferdinand des Ersten, Erzherzogs von Oesterreich und Burgund und Königs von Ungarn und Böhmen. Zwischen Karls deutschem Antritt und Luthers erstem Auftritt zu Wittenberg liegen nur zwei Jahre. Martin Luther, der Sohn eines armen mansfeldischen Bergmanns, und Karl der Fünfte, Sohn und Enkel großer Kaiser und Könige, sollten die beiden Hauptgestalten des sechszehnten Jahrhunderts werden, und von ihrem Ja oder Nein in weltlichen und kirchlichen Dingen sollte für Jahrhunderte Deutschlands und Europas Entwickelung und Schicksal abhangen. Hier ist nicht der Ort, über den großen Kaiser und sein Leben und Wirken sich weit auszulassen; wir wollen bloß versuchen, aus seinem Charakter und seiner Weltstellung heraus den Lauf seiner Wirksamkeit für unser Vaterland kurz anzudeuten. Karl war ein Mann von nicht geschwindem aber doch scharfem Verstande und von jener Bedächtigkeit und Zähigkeit, welche den meisten Menschen, die um die Schelde und den Niederrhein geboren werden, von der Natur mitgegeben sind; Klugheit, Ausdauer und, wo es sein mußte, Hartnäckigkeit waren seine Mitgift, nicht die Geschwindigkeit des Genies, aber die Standhaftigkeit des Muthes und kühnen und festen Aufsegelns gegen die Stürme des Schicksals. Er war ein geborner Herrscher und vereinigte mit Festigkeit und Entschlossenheit in seinem Gange Dankbarkeit und Treue gegen seine Freunde, Feldherren und Minister, und fühlte sich — was keinen gewöhnlichen Mann bezeichnet — so groß, daß er die Tugend und den Ruhm seiner glänzendsten Diener nie beneidete oder aus ihren Kränzen Blätter für seinen Lorbeerkranz abriß.

Dies von Karl, nun ein Wort von Luthers Reformation. Ich bin ein Kind und ein Angehöriger derselben und lebe nach dem Bekenntniß Doktor Martin Luthers, und hege nach meinen Ansichten das Gefühl und das Urtheil, daß diese martinische Reformation für die ganze Zeit eine Nothwendigkeit und für die Kirche und für unser Vaterland eine große That und Wohlthat gewesen ist, und eben für unser Vaterland ein unermeßliches Glück und die ritterlichste Stärkung und Belebung des Volks und Reichs geworden wäre, wenn sie wie in Skandinavien und England, mit dem Willen und mit dem mitfließenden ja mitbrausenden Strom des Volks ganz hätte durchgeführt werden können; wie sie aber von Karl und den meisten seiner Nachfolger zurückgestoßen und verfolgt ist, hat sie auf eine fürchterliche ja entsetzliche Weise zur Schwächung, Zerrüttung, Zerspaltung und endlichen Zersplitterung des Vaterlandes ausschlagen müssen. Aus welchen Trieben und Gründen die auf der Höhe der Menschheit Thronenden (Herrscher, Helden, Religionsstifter, Seher und Propheten) gehandelt und gewirkt haben, darüber entsteht meistens schon bei ihrem Leben, gewiß aber immer hinter demselben vielfältiger und unschlichtbarer Streit. Ich für meinen Theil meine, wie Karls fünfunddreißigjähriges Thun und Wirken vor mir liegt, er würde dem Doktor Martin und dem Pabst und Deutschland gegenüber seine Lebensrolle ganz anders durchgespielt haben, wenn er bloß der mächtigste deutsche Fürst, Erzherzog von Oesterreich und Herzog von Burgund gewesen wäre und die Kronen Hispaniens und Italiens nicht getragen hätte. Hiedurch befand er sich sein Lebenlang in einer schlimmsten unnatürlichen und oft unmöglichen Stellung, gleich dem Laufe eines Schiffes, welches, indem es von einem Orkan gefaßt wird, der zugleich von Norden und Süden den Sturm losläßt, zwischen entgegengesetzten Winden durchsegeln soll. Wenn wir auf des großen Kaisers lange Laufbahn zurückblicken, können wir uns nicht verhehlen, mit welchen Schwierigkeiten und Gefahren, mit welchen verschiedensten Wendungen, Schwenkungen und Schwankungen er sein schwerbelastetes Schiff durch die Untiefen, Klippen und Orkane seiner Tage hat durchbringen müssen, und wie ihm, als er mit zerrissenen Segeln und zerschellten Flanken das Schiff endlich in dem Hafen zur Ruhe gelegt hat, doch beide von den Zeitgenossen und Nachgebornen zum Dank begegnet ist, daß die Einen ihn tückischer Falschheit, die Andern unentschlossener Wankelmüthigkeit geziehen haben. Es wird überhaupt in Lagen und Stellungen, wo in voller Ganzheit nicht gehandelt werden kann, die Beschuldigung unentschlossener Halbheit von den Menschen nur zu leicht und leichtfertig ausgesprochen, eben wie über den Doktor Martin bis auf den heutigen Tag von seinen Feinden geschimpft wird, er habe in wilder Heftigkeit und hoffärtig vermessenem Satansstolz in der Christenheit ein verderbliches unauslöschliches Feuer angezündet. Die Reformation war allerdings der gefährliche Brand fürchterlicher Flammen und entsetzlicher Kriege des europäischen Menschengeschlechts, und was hilft es darüber hin und her zu klügeln, wie sie auch anders hätte beginnen und in ihrem Laufe und Verlaufe geleitet und gelenkt werden können? Sie war eine Weltumwälzung und sollte eine Welterschütterung werden und eine Neugeburt der Zeiten herbeiführen, eine Arbeit, mit welcher sie bis in unsre Tage hinein noch vollauf beschäftigt ist. Alle Umwälzungen haben ihre unendlichen unvermeidlichen Wehen und Schmerzen, und gewöhnlich fliegen mehr Flüche und Verwünschungen als Gebete und Lobpreisungen hinter ihren Urhebern her. Aber die Urheber? Da eben steht die Frage: welche sind die Anfänger und Urheber? Diese Frage zu beantworten das ist der Knoten; da liegt der Stein der gehoben werden soll. Dieser wird aber gewöhnlich in eine Menge Steinchen zerklopft, mit welchen man nach den sogenannten Urhebern und Ursachern wirft. Bleiben wir hinsichtlich der Lutherschen Reformation bei dem Wörtlein Umwälzung stehen, und betrachten uns die Umwälzungen, die wir ja reichlich erlebt haben. Betrachten wir uns die beiden großen Umwälzungen, welche die Freistaaten Amerikas und die wunderlichen französischen Republiken erschaffen haben, und fragen wir dann auch nach den eigentlichen tieferen Gründen, nach den vulkanischen Lagern, woraus diese Erschütterungen hervorgebraust sind; kurz fragen wir nach den Grundstoffen und Menschen, welche darin gespielt haben, wie verschiedene Urtheile und Meinungen begegnen uns da! wie wird man uns zurückweisen und mit Recht zurückweisen, wenn wir die ersten an die Namen Franklin, Adams, Washington, und die zweiten etwa an Sieyes, Mirabeau, Robespierre, Baboeuf und Ledru Rollin hängen wollten! Der tiefere Grund solcher Durchbrüche und Erdbeben der Menschheit ist doch die Arbeit so vieler Menschengeschlechter und die langsame, verborgene

Geburt und Ausbruch ihrer Gebrechen und Tugenden durch tausend Dinge, die nur der älteste Gründer, Lenker und Fortschneller der Zeiten kennt, so daß wir endlich vor solchen Erlebnissen wie vor einem Schicksal und einer unerklärlichen Nothwendigkeit stehen bleiben müssen. So ist auch Martin Luther allerdings der schuldige Anfänger und Anzünder des Scheiterhaufens, den Jahrhunderte zusammengetragen hatten und wozu er bloß die Funken trug. Aber freilich er wußte, warum er diese Funken in den Scheiterhaufen warf, und in sofern war er ein Beginner aber kein Urheber. Ich meine hier diese Beschränkung oder vielmehr Einwendung in dem geschichtlichen Sinn, daß Veränderungen und Durchschnitte der Zeiten, die über eine Welt hinlaufen, oft als die Schuld oder das Glück und die That eines Einzelnen aufgeführt werden, der ihrer unsichtbaren und dunkeln Bereitung und Geburt, wie sie im verborgenen Schooße der Zeit empfangen und gebrütet sind, den Namen geben muß. Hiemit soll auch das Geständniß abgelegt werden, daß die Reformation nicht von dem einzelnen kleinen Mönch Doktor Luther gemacht worden, daß der einzelne Karl, welch ein gewaltiger Kaiser und König vieler Reiche er immer sein mochte, doch nicht starke Hand genug hatte, der Feuerfluth des lutherschen Lavastroms ihren beliebigen Lauf anzuweisen noch sie sanft und gelind verlaufen und erlöschen zu lassen, viel weniger, sie mit Gewalt zu dämpfen und zu ersticken. Aber Karl hätte doch, statt Dämpfer und Ersticker des Brandes sein zu wollen, ein Mitleiter und Ableiter sein können, und kein Zweifel ist, wäre er der Mitgänger und Begleiter — daß ich nicht sage Mitläufer — gewesen, Deutschland würde heute völlig anders aussehen, Oesterreich würde einen ganz anderen, einen viel höheren und festeren Stand in und über Deutschland haben, wenn er dem oben angespielten mitfließenden und mitbrausenden Strom des Volks gefolgt wäre.

Volk, mitbrausender Strom des Volks, was meinst du da? Soll die Geschichte nach dem Zulauf und Beifall der Menge ihr Urtheil finden und Urtheil sprechen? Das Volk, die blinde Menge, wie tobt und braust und läuft sie toll und blind hin und her und wechselt ewig unstät und unsicher wie Schaum auf dem Wasser und Sand im Sturm ihr Ja und ihr Nein. Dies ist ganz richtig, wenn man nur die Aufwallungen, Bewegungen und Getümmel der Tage und Monate zählt und wägt, aber nicht mehr richtig, wenn die Aufruhre und Erschütterungen der Menschen die Probe von Jahren und Jahrzehenden aushalten, wenn das Getose der Stimmen zur Stimmung wird und das wilde Donnergeroll und die Blitzleuchtungen zur fortdauernden sanfteren Himmelsröthung werden — ich will ein Gleichniß brauchen — wenn der Pan der unsichtbaren Waldtöne und Waldschrecken doch immer noch mit sanfteren Flöten sich hören läßt. Verständigen wir uns ein wenig über das Wort Volk und Volkswillen und Volksstreben. Es verhält sich so in der Geschichte, es verhält sich so in unserm gemeinen Tagesleben: wir sprechen, wenn wir so mächtige, so allgemeine Worte aussprechen, in unbewußter Täuschung und doch mit einem Instinkt der Wahrheit mit ihnen Zahlen aus, wo die Fünfe gleich Fünftausend oder wohl Funfzigtausend geltend gedacht werden muß. Die Menge — was man die Menge nennt, ich meine die Vielen gleichviel, ob hoch oder niedrig, nicht bloß die Kleinen und Unwissenden im Volk — bleibt immer und ewig ein blindes, wetterwendisches, zufälliges, elementarisches Ding, das in Andern, in den Hellen, Klugen, Listigen seine Führer sucht und findet; sie ist die unbewußte elementarische Kraft, die ihre Gestalt sucht und, wie die Zeit und Gott es giebt, ihre guten oder bösen Geister findet, die sie erfassen und treiben. Betrachten wir uns nun die Reformation, betrachten wir uns die deutschen Zustände, wie sie von dem Jahr

1519 bis 1555 in dem Zeitalter Karls des Fünften waren, betrachten wir uns die Krankheiten und Mißgestalten der Kirche, für welche seit einem Jahrhundert und länger so viele Synoden und Koncilien vergeblich den Arzt gesucht hatten, so dürfen wir doch wahrlich nimmer behaupten, daß der böse Geist, daß in einem großen herrlichen Volke die bösen Geister die Anfänger und Führer gewesen wären. Es begann dieses Getümmel, das freilich ein europäisches Getümmel werden sollte, nicht von unten auf, nicht, wie man sagen möchte, aus dem Bauche und dem dicken Gedärm des Volks, sondern war im eigensten Sinn ein Kind des deutschen Kopfes und Herzens. Nicht um die Plagen und Klagen der Erdennoth, nicht um politische Triebe und Gelüste von Freiheit oder Herrschaft, nein um die höchsten menschlichen und göttlichen Fragen, um den Himmel und die himmlischen Anfänge und Enden ward der Streit geöffnet. Man darf kühnlich sagen, ganz Deutschland, das heißt, was in Deutschland Athem und Geist für höhere Bildung und edlere Freiheit hatte, fiel dem Luther bei. Die Menge ward hier zuletzt freilich von den Gebildeten und Wissenden geführt wie immer in allen Umwälzungen. Das Volk, das, was in der Geschichte wirklich Volk heißen darf, lief nicht sondern ging mit Luther, der durchaus kein Stürmer war, sondern in der Kirche und im Reiche, was der Besserung und Belebung irgend noch fähig war, bessern und erhalten wollte. Die große Mitte, was unter den Hohen und Höchsten und über den Untersten stand, was bei großen Erschütterungen und Verwandlungen der Dinge immer die Hauptstimme und das Hauptgewicht hat, der ganze große Mittelstand der Deutschen, die Bürger der herrlichen Städte und die wenigen noch übrigen Gemeinfreien auf dem Lande, die Reichsritter, der kleine und mittlere Reichsadel — diese gingen zuerst und allgemein mit der mächtigen Bewegung und machten das kleine Wittenberg in der nördlichen Sandebene der Elbe zu einem weitklingenden Namen. Durch diesen Kern des Volks, durch die freien und reichen Bürger der Städte und durch die Ritterschaften ist die große, dumme, blinde Menge, die immer geführt werden muß, die nur Fäuste und keine Augen hat, die damals noch viel blinder war, als sie jetzt ist, da fast keine Seele von ihr der kleinsten Kunst fähig war und wirklich weder schreiben noch lesen sondern bloß hören und horchen konnte, geführt und für das Neue verführt worden.

Verführt sagen die Feinde Luthers, ich sage geführt: weil die Pfeile, welche Luther auf die ausgeartete und verdorbene alte Kirche abgeschossen hatte, recht mitten in das Herz des deutschen Volks getroffen und eingeschlagen hatten. Alle Deutschen und die ganze germanische Art hatten sich von Anfang an erwiesen als gemacht und geschaffen wie ein Volk des Weges zum Lichte und zur Wahrheit und als der Anbetung Gottes im Geist und in der Wahrheit bedürftig. Dies weist sich ganz und voll aus der Geschichte nach. Hört!

Als die Römer über die Berge durch die dichtverwachsenen Wälder der Deutschen tiefer ins Land eindrangen, verwunderten sie sich, wie Tacitus erzählt, daß sie fast nirgends einen Tempeldienst und keine Altäre erblickten, und daß viele germanische Stämme ihre Götter wie in der unsichtbaren und nur durch das Rauschen der Ströme und Sausen der Haine vernehmlichen Allmacht und Erhabenheit anzubeten schienen. Wie dem auch sei und obgleich wir bekennen müssen, daß hie und da auch Tempel und Altäre und den Göttern geweihte Bäume, Quellen u. s. w. bei ihnen gefunden worden, daß sie selbst blutige Menschenopfer gebraucht haben, jedoch nur, wie es scheint, in gefährlichen Zeitläuften und in über ihr Dasein entscheidenden Kriegen, wir bleiben hier nur bei der Reformation stehen und behaupten, daß sie die Herzen und Nieren der europäischen Völker wie ein schneidendes Schwerdt geprüft und ihren innersten Sinn und Geist offenbart hat. Mit Deutschland anzufangen, dort fiel ihr in allen Landen und Stämmen der lebendigste, freieste und edelste Theil des Volks fast allgemein und mit größter Einmüthigkeit und Freiwilligkeit zu, und mit wenigen Ausnahmen hat es in seinem Südosten, wo die alte Römische Kirche jetzt fast wieder mit Allgemeinheit herrscht, der längsten und härtesten Rücktreibungen, der blutigsten Verfolgungen, Aechtungen und Hinrichtungen bedurft, um die gefallene und sinkende alte Kirche wieder aufzurichten. Luther ist einer der deutschesten Männer gewesen, wie deren jemals gelebt haben, und seine Empörung gegen Leo den Zehnten und Rom die christlichste, deutscheste Bewegung. — Und die übrige ächte, meist verwandte germanische und gothische Art, sie ist fast allenthalben des christlichen Weges gegangen, den er der Welt gewiesen hatte. So ist ganz Skandinavien, so ist England und Schottland fast durchaus protestantisch geworden. Bei andersartigen und gemischten Völkern, wo die germanische Beigabe zur Masse die geringere ist, hat es sich gar anders erwiesen. Auch wo unter Fremden — man könnte sagen in partibus Infidelium — ein germanisches oder deutsches Element vorwog oder dichter beisammen lag, schlug der Protestantismus sogleich Wurzeln; so zum Beispiel bei den deutschen Siebenbürgern, und in Frankreich allenthalben, wo die Nachkommen germanischen Stammes wohnten. Da ist er aufgesproßt und, obgleich oft mit Feuer und Schwerdt unterdrückt und ausgerottet, beginnt er in unseren freieren und glücklicheren Tagen wieder zu grünen. Ich nenne nur das Languedoc, wo Gothen, Burgund, wo die Burgunden, die Normandie und die nördlichen Gränzlande, wo Skandinaven und Franken sich zahlreicher niedergelassen hatten. Der Protestantismus scheint einmal die Religion der klaren und hellen Menschengeschlechter zu sein, welche von irdischen Trieben und Leidenschaften weniger durchströmt und von sinnlichen Gefühlen und Anschauungen weniger geleitet sind, kurz, die der animalischen Schwere weniger in sich tragen; er scheint weniger die Religion der Slaven und der romanischen Völker sein zu können. Wir können da auf große geschichtliche Zeichen und Zeugnisse hinweisen. Ich weise hier nur auf zwei leichte und dünne Völker hin, auf die Gallier und auf die Polen, auf die levitas gallica oder celtica und die weltbekannte levitas polonica. — Zuerst die levitas celtica begegnet uns in Frankreich und in Großbritannien. Ein Drittel jenes letzten Reichs, die schöne Insel Irland, ist in dem jammervollen Hader verschiedener Bekenntnisse durch seine Beharrlichkeit in dem alten christkatholischen Glauben bis diesen Tag ein unglückliches Land, weil seine Celten nicht mit dem mehr nüchternen und hellen Bekenntniß der Angelsachsen gehen können. Die unglücklichen Menschen werden wegen dieser Feindschaft und ihrer fortdauernden Folgen endlich alle die Heimath verlassen und in fremden Welttheilen leben. — In Frankreich hatte der luthersche und kalvinische Glaube selbst in manchen gallischen Landschaften und auch in den Hauptsitzen des Gallicismus, in Paris und Orleans, im sechszehnten Jahrhundert weit um sich gegriffen. Wir lesen bei de Thou und in den Denkbüchern jenes Jahrhunderts, daß es eine Zeit gab, wo in Paris selbst dreißig, vierzig luthersche oder kalvinische Kapellen standen und der Protestantismus bei dem leichtsinnigen Volke gleichsam Mode geworden war; aber er hielt sich dort nicht und bei öffentlichen Aufruhren der unseligen französischen zweiten Hälfte jenes Jahrhunderts sind jene Kapellen, nicht durch königliche Gebote und Dragonaden und Jesuitenhetzereien, sondern durch die Fäuste des wetterwendischen pariser Pöbels in demselben Sinne zerstört worden, wie in unsern jüngstverflossenen sechszig, siebenzig Jahren die Altäre und Freiheitsbäume der wechselnden Verfassungen heute aufgerichtet und morgen niedergerissen sind. — Und die levitas polonica. Durch die Nähe des nördlichen protestantischen Deutschlands und durch die deutschen Universitäten, welche der zahllose polnische Adel schon Jahrhunderte fleißig besucht hatte, war der Protestantismus ringsum im Königreich Polen weit ausgebreitet worden; ja er war von der Bedeutung im Volke, daß in der ersten Hälfte des siebenzehnten Jahrhunderts die Hälfte der zu den Reichstagen gewählten Landboten aus Protestanten bestanden. Es haben hier freilich habsburgisch-österreichischer Einfluß und die rastlose Thätigkeit der Jesuiten gegen diese Ausbreitung öffentlich und geheim zu wirken und zetteln gesucht, aber zu wirklicher blutiger Gewalt hat es in Polen weder Kerker noch Dragonaden gegeben. Es hat hier der natürliche Trieb, die ursprüngliche Anlage des Volks gefehlt, die Zahl der Protestanten hat sich deswegen nimmer gemehrt, sondern seit jener Zeit mit jedem Jahrzehend, nicht so sehr durch Verfolgung und Unterdrückung als durch eigne Absterbung und Erlöschung, abgenommen.

Nach diesem grade an unserm Wege liegenden Ablauf kommen wir auf unsern Kaiser Karl zurück. Er hat bei dem unvermeidlichen Zusammenstoß der Verhältnisse und Beziehungen seiner Zeit bei weitem mehr den König von Spanien gefühlt als den deutschen Kaiser und den Erzherzog von Oesterreich und Burgund. Es war das wohl das Natürliche und Unvermeidliche. Was war bei allen Titeln, Ansprüchen und Vorurtheilen der Deutsche Kaiser damals noch? Wir haben oben gesehen, was er in der That war; und selbst der mächtige und gewaltige Karl hat aus ihm nicht viel machen und durch ihn bei allen seinen Arbeiten und Unternehmungen wenig thun und wirken können. Wie sollte er denn nicht den in jener Zeit herrlichsten und mächtigsten König der Welt, der in drei Erdtheilen herrschte und in dem vierten, in Afrika, zu herrschen versuchte, den König von Spanien, hoch über den deutschen Kaiser gestellt und gehalten haben, jenen König, dem eben die Gold- und Silber-Lande Peru und Mexiko mit allen möglichen Fabeln, Hoffnungen und Aussichten einer noch viel prächtigeren Zukunft gewonnen wurden? Er schaute also viel mehr als auf Deutschland und dessen Angelegenheiten und Verhältnisse und mögliche Zukunftentwickelungen und Hoffnungen auf seinen goldenen

Südwesten, auf Spanien und Italien hin. Er ist mit dieser seiner Richtung und Hinblickung hier der habsburgische Beginner, gleichsam das Vorbild gewesen, welchem seine Söhne und Enkel haben folgen müssen, und fast wie ein Schicksal und Zauberbann ist seine Richtung auch bei den Enkeln seines Bruders Ferdinand, bei den deutschen Habsburgern, unverrücklich geblieben. Ihnen sind wie durch einen bösen verderblichsten Zauber die deutschen Augen verdreht und von allen ihren nächsten Verhältnissen und Vortheilen weg fast viel mehr und fast immer und bis auf den heutigen Tag gegen Südwesten statt auf Deutschland und gegen Osten hin gewandt worden. Das schlimmste Erbstück aber und Beispiel, welches der große Kaiser seinem Stamm hinterlassen hat, ist ein religiöser Fanatismus gewesen, den man einen spanischen Fanatismus nennen könnte. Karl war gewiß nicht fanatisch, er hat seinen langen Weg, wie er ihn gelaufen ist, politisch in dem Geleise der alten Kirche laufen gemußt. Der König von Spanien hätte schwerlich ein Lutheraner sein können, viel eher, obgleich so nahe dem Sitz des heiligen Stuhls zu Rom, der König von Neapel und Sicilien und der Herzog von Mailand. Ich muß hier die Bedeutung des Worts spanischer Fanatismus erklären.

Kein Volk ist im Kampf mit dem Heidenthum — auch der Islam hieß im Mittelalter Heidenthum — so durch die Bluttaufe gegangen und im ältesten römischen Christenglauben gleichsam gestählt und gehärtet worden als die Spanier. Sie haben im sechszehnten Jahrhundert die Belegung der Lutheraner mit den Namen Ketzer und Heiden im vollsten Sinn genommen und verstanden, und tragen größtentheils wohl heute noch dieselben Gefühle und Ansichten wie in Karls des Fünften und Philipps des Zweiten Zeit; man wird sie wohl heute noch das katholischeste Volk nennen können, wie die Schweden das lutherischeste. So dauren leuchtendste Erinnerungen der Dinge und Namen durch die Jahrhunderte fort. Dieser Fanatismus, dieser spanische böse Blick ist dem Hause Habsburg in Deutschland und seinen östlichen Erbreichen höchst verderblich, dem deutschen Vaterlande aber das Allerverderblichste geworden. Unser Faden muß nun an diesem karlischen Erbtheil und an seinem Verderben weiter fortlaufen.

Außer diesem Unglück ward die Hochzeit des Habsburgers Philipp mit einer spanischen Infantin schon an ihr selber dadurch ein deutsches Unglück, daß bei Karls Abdankung die schönsten und reichsten rheinischen und oceanischen deutschen Lande, Belgien und

Niederland, und die gewaltsam und ungerecht durch Karl hinzugerissenen deutschen Landschaften Geldern, Bisthum Utrecht u. s. w. als eine abhängige Provinz einem entferntesten fremden Volke, den Spaniern, zugetheilt wurden und hinfort von ihnen regiert werden durften. Diese Regierung mußte in jedem Sinn eine spanische werden, auf jeden Fall eine übertriebene spanischrömischkatholische undeutscheste Regierung. Sie ward es nach Karls Tode in doppeltem Maaße, jemehr Karls Sohn Philipp König von Spanien mit dem wachsenden Alter von doppelt fanatischem spanischem falschen Eifer besessen ward. Eine andre spanische Geburt, welche in der zweiten Hälfte des sechszehnten Jahrhunderts mit allmächtiger Thätigkeit und Wirksamkeit in die Welt trat, kam noch dazu, die Stiftung und Herrschaft des Jesuitenordens. Ich sage den Wissenden kein Geheimniß, wenn ich behaupte, daß ohne Philipp und die Jesuiten Deutschland wahrscheinlich ganz geblieben wäre und keinen dreißigjährigen Krieg erlebt hätte. Dieser dreißigjährige Krieg beginnt eigentlich schon mit den Jahren 1575 und 1580, und wenn man die ganze lange Reihenfolge des Haders und Krieges und des deutschen durch Fremde herbeigeführten angezettelten und durchgeführten Jammers begleitet, könnte man wohl einen siebenzigjährigen Krieg nennen. Indessen die Fülle der Schmach und des Jammers fiel allerdings zwischen die Jahre 1620 und 1650. Seine Vorbereitungen und Vorspiele liegen in Belgien und am Rhein. Ohne Philipp und ohne Spanien und spanischen Eifer und spanische und französische Jesuiten wären jene erwähnten fürchterlichen Jahre nimmer eine große Tragödie des zerrissenen und geschändeten Deutschlands geworden. Es ist begreiflich, daß bei solchen Erinnerungen jeden Deutschen, der sein Vaterland liebt, ein Schauder überläuft, wenn er diese Jesuiten nach dem Scheinschlaf von siebenzig, achtzig Jahren heute wieder frisch und lebendig in allen Tempeln und auf allen Gassen predigen und die Stimmen und Getümmel ihrer Bewillkommungen durch alle Tagesblätter jauchzen und schallen hört. Die Jesuiten sind die großen Zuchtmeister und Ordner der alten Kirche gewesen, wiewohl sie später auch schlimme Spalten in sie gerissen haben, die Anzünder von Flammen und die Aufrichter von Scheiterhaufen, welche ehemalige Protestanten wie Herr Hurter in Wien und Herr Leo in Halle, und mit ihnen andre Vorkämpfer des Absolutismus und Aberglaubens, die begeisterten Streiter gegen Unglauben und Aufruhr nennen. Herrn Leo dünken der tyrannische Philipp und sein berühmter Henker Alba im alten guten gottgebornen Königsrecht geherrscht und verwaltet zu haben. Wir kennen ja den Niederländischen Aufruhr. Sieben schöne niederrheinische Landschaften, welche künftig als eigner Staat Rhein und Maas und Deutschlands Handel beherrschen und drücken sollten, rissen sich vom spanischen Joche los, und wurden später als ein besonderer Staat auch von Deutschland abgerissen und der Rest der schönen burgundischen Lande blieb hinfort als ein kranker, halbtodter Leichnam liegen, immer noch spanisch aber so hülflos und schwächlich, daß er von Frankreichs vierzehntem Ludwig verschlungen sein würde, wenn Deutschland und das andre frei gewordene Niederland zur Vertheidigung und Erhaltung dieser Mauer deutscher Stärke und Selbstständigkeit gegen Frankreich für Spanien nicht immer in den Riß getreten wären. Es kommt einem hier wieder die Betrachtung, wie gar anders an dieser Westküste und also im ganzen Vaterlande die Haltung und Entwickelung der deutschen Dinge und der habsburgischen Macht und Herrlichkeit geworden sein würde, wenn Karl nicht König von Spanien war und auf das Niederland als auf die Wiege seiner Kindheit die Augen der Liebe und Hoffnung gerichtet hätte.

Wir sehen, was jene Sieben abgerissenen Landschaften geworden sind, zu welcher Freiheit, Macht und Größe sie sich entwickelt und über vier Menschenalter auf solcher Höhe erhalten haben. Hielt der große Kaiser hier den Blick und das Herz fest, ging er in der Zeit mit der Zeit als ein deutscher Fürst und mit der deutschen Mäßigkeit und Gerechtigkeit seine Bahn fort, wahrlich an diesen Küsten, an diesem Deutschen Meere, von Schelde, Maas und Rhein bis zur Weser und Elbe hinunter war mit Heerkraft und Meerkraft ein ganz anderes Spanien, ein viel kräftigeres, streitbareres und reicheres zu gründen als jenes, um welches die Gold- und Silber-Kronen von Peru und Mexiko und alle Juwelen und Perlen beider Indien mit allen Fabeln und Mährchen des Orients funkelten. Ich meine hier das ganze Belgien und Burgund zusammen, dazu die deutsche Grafschaft Hochburgund, das Elsaß, die habsburgischen Vorlande in Schwaben und der Schweiz. Welch ein großes, schönes und reiches Land, mit unerschöpflichen Hülfsquellen und Naturgaben, mit freien, stattlichen Bauern, kunstreichen und streitbaren Bürgern und Kriegern, gleich stark und unbezwinglich zu Wasser und zu Lande! welche Heere, welche Flotten der Gegenwart und Zukunft in ihnen! Und ich frage nach der Erfahrung, wie gewaltig das Vierteltheil dieser Lande, was nachher gewöhnlich nur Holland hieß, sich später erwiesen, als es allein mit so mächtigen Reichen als England und Frankreich den Kampf aufnehmen konnte, wie groß würde dieses habsburgischburgundische Deutschland sich erwiesen haben, wenn Karl diese herrlichen Lande nicht gleich einem verlornen deutschen Bissen dem Reiche Spanien hingeworfen, sondern hier den Mittelpunkt der habsburgischen Westmacht gesetzt und alle Gelegenheit, die sich ihm in Deutschland so reichlich bieten mußte, benutzt hätte, sich für sein Haus weiter gegen Norden hin an den Küsten des Deutschen Meers auszubreiten bis an und über Weser und Elbe hinaus! Aber dann mußten die Dinge freilich mit deutschen Augen gesehen und mit deutschem Sinn gefaßt und ausgebeutet werden.

Hier also ging nach Gottes und Karls Willen alles einen ganz anderen Gang, und von hier sollte das erste allgemeine deutsche Unglück, die mächtige und endlich doch ohnmächtige Rücktreibung und Unterdrückung der Ketzerrevolution und die endliche Verwüstung und Zerreißung der deutschen Herrlichkeit ausgehen. Nach Karls Abdankung unter Ferdinand dem Ersten, der als König von Ungarn und Böhmen dem Reiche und den Fürsten gegenüber oft schwach und ohnmächtig da stand, waren die deutschen Dinge in der Gegeneinanderstellung der verschiedenen Religionspartheien mit erträglicher Mittelmäßigkeit ziemlich leidlich fortgegangen. In diesem Sinn mit angeborner Klugheit, Freundlichkeit und Gutmüthigkeit setzte sein Sohn Max der Zweite als deutscher Kaiser und Erzherzog der österreichischen Lande die Regierung fort. Er war ein milder Charakter, von jedem fanatischen Eifer und Haß fern. Und so lief die deutsche Entwickelung unter ihm ihren natürlichen Strom fort, und der Protestantismus wuchs von Jahrzehend zu Jahrzehend nicht allein in den österreichischen Erblanden, sondern eben so sehr in den Königreichen Ungarn und Böhmen. Dieser freundliche, edelmüthige Kaiser war mit vielen mittelmäßigen oder unfähigen Söhnen gesegnet. Der schlechteste von allen war sein Erstgeborner, der unter dem Namen Rudolf der Zweite als ein Schandfleck der Faulheit, Liederlichkeit und Unfähigkeit, ein Mittelding von einem Klaudius und Nero, zugleich Liebhaber und Förderer der Künste und Wissenschaften, über ein Menschenalter mit dem Namen Kaiser die deutsche Ehre beschmutzte. Während dieser Rudolf, den Einige sogar den Guten und Frommen genannt haben, dieser üppige neronische Weichling, faul und sorglos in seinen Schlössern und

Gärten herumspazierte, die Nächte mit schönen Weibern und Dirnen und die Tage in seinen Büchersälen, Kunstsammlungen und mit den schönsten Spiegeln geschmückten Marställen verlebte und, wie sein weiland Vorbild der Wenzel von Lützelburg, das Reich Reich und Fünf Grad sein ließ, stieg der Jesuitenorden in voller, fürchterlicher, blutrother Herrschaft wie ein blitzgeladenes düsteres Gewittergewölk über das heilige Reich deutscher Nation herauf und begann das kühne Wagstück der Zurücktreibung der Zeit, der Wiederherstellung der alten Kirchenzustände und der Ausrottung der lutherischen und kalvinischen Ketzereien. Wie gesagt, dies Wagstück fing an mit Alba's Aechtungen und Hinrichtungen in den Niederlanden und schritt so längs dem Rheinstrom durch die Länder und Städte fort, bis gegen das Jahr 1620 die Zerreißung des böhmischen Freiheitsbriefs und der Kanonendonner des katholischen Sieges in der Prager Schlacht das wilde Allarmzeichen des allgemeinen Kriegs geworden ist. Zu diesen Rücktreibungen, wo oft die rücksichtsloseste Grausamkeit und tückische Rachsucht walteten, wovon besonders das unglückliche Aachen und Neuß ein blutiges Beispiel ward, wurden vor allen die Spanier als die bereitesten Helfer und Mordbrenner in deutschen Landen herbeigerufen, wo sich Spinola's italiänische Banden vor den Andern berühmt machten. Es sollte der Protestantismus mit Feuer und Schwerdt bis zur Wurzel ausgerottet werden. So ist die schreckliche Arbeit hin und wieder in den Niederlanden gelungen, so in den Städten Aachen, Trier, Neuß, Bonn u. s. w. meistens durch spanische und italiänische, in Donauwörth durch bairische, in Straßburg durch französische und lothringische Bajonette; so später in manchen Städten Niedersachsens und Westfalens, in Münster, Paderborn, Hildesheim u. s. w.

Dies war, wie gesagt, meist gleichsam das Vorpostengefecht der Plänkler und kirchlichen Husaren, das kleinere leichtere Vorspiel des langen und gewaltigen Kampfes; die Jesuiten waren die Bereiter und Einleiter und die vornehmsten Rollenvertheiler der gräulichen Tragödie. Gott oder vielmehr die Zeit schienen im Anfange mit ihnen zu sein, und zwischen den Jahren 1620 und 1630 gab alles den Schein, als wenn sie unter dem Händegeklatsch von Rom und Spanien von der Bühne treten würden. Rudolf und sein Nachfolger und Bruder, der eben nicht viel kräftigere und fähigere Kaiser Matthias, standen da gleichsam wie bunte Faschingsfiguren, wie Leichenpuppen, die man zum Begräbniß des heiligen Römischen Reichs deutscher Nation wie die alten Römer die Bilderpuppen ihrer Ahnen, herumtragen konnte. Ein großer Mann der Zeit, König Heinrich der Vierte von Frankreich, hatte sich mit klugen Augen die hohlen Reichspuppen und die kranken Zustände des Reichs lange schon beschaut und über die Sektion des bald zu begrabenden Leichnams zur künftigen Belehrung von Kongreßdiplomaten seinen Entwurf fertig in der Tasche. Er war einer der allergeschäftigsten unter den Todtenträgern und Leichenbittern Deutschlands, ward aber mitten im Spiel im Jahr 1610 durch den Dolch eines Mörders von der Bühne abgerufen, wohl nicht zu dem Unglück unsers Vaterlandes. Wunderlich, wie einzelne deutsche Geschichtschreiber, und auch unser Gervinus, den Heinrichschen Entwurf als einen glücklichen und großherzigen haben rühmen können. Es war der ächteste Gedanke französischen Hochmuths, ein voller Napoleonsgedanke vor Napoleon. Es galt nichts Geringerem als der Vernichtung der großen spanischen Monarchie und der Zerstückelung des den Wälschen zu dicken und zu mächtigen Deutschlands, aus welchem Frankreich sich auch seinen beliebigen fettesten Bissen herausschneiden sollte. Versteht sich, Frankreich stand höchst oben über allen Völkern und Reichen mit dem behütenden und bewahrenden Schwerdt des Friedens und der Gerechtigkeit, zugleich als glän=

zendes Muster und Führer der Christlichkeit und Bildung. Damals wie heut, Heinrich wie Napoleon. Kurz, Rudolf und sein Bruder waren solche jämmerliche Figuren, unter welchen alle hinterduckische, ränkevolle Tausendkünstler das verkappte und verlarvte Spiel des frevelhaften Unheils und gleißnerischen Wirrwarrs zetteln und fortspielen konnten. Dazu kam, die Protestanten, obgleich in Deutschland an Hülfsmitteln, Kräften und Streitbarkeit die weit überwiegende Mehrzahl, mangelten allenthalben der gescheidten und muthigen Häupter, mit welchen sie unüberwindlich gewesen sein würden. Die mächtigsten deutschen Fürsten und die Hälfte der Kurfürsten waren Protestanten, die Pfalzrheingrafen, die Sachsen, die Brandenburger, aber die damaligen Inhaber der größten Macht und der höchsten weltlichen Reichswürden standen nach Gottes Willen und Bestimmung alle tief unter der Nummer Mittelmäßig. Die Katholiken aber hatten die rechten Köpfe und Häupter und die Jesuiten — dies muß man ihrem Verstande zu Ehren sagen — wußten sie zu finden, zu bilden und an die rechten Stellen zu setzen und für ihre Zwecke zu gebrauchen. Ich nenne nur Max von Baiern, den die Baiern selbst ihren Max den Großen nennen, und Ferdinand von Steiermark, in der Geschichte Kaiser Ferdinand der Zweite genannt. Dieser des Kaisers Max des Zweiten Enkel ward durch den Jesuitenblick als der Fähigste unter allen Erzherzogen Oesterreichs herausgefunden und durch spanischen und jesuitischen Einfluß über die Köpfe aller seiner Vettern emporgehoben und bald auf den Thron des Reichs gesetzt. So fand die rastlose und kluge Brüderschaft unter den Fürsten diejenigen heraus, welche die großen Schläge und Durchhiebe bei der Vertilgung der Ketzerei thun sollten. In gleicher Weise waren sie auch auf den unteren und mittleren Stufen des Weltwesens die allthätigen Rundschauer und suchten sich jedes Geistes und Talents, das sie irgend erhaschen konnten, zu bemächtigen. Ich weise nur darauf hin, daß zwei der bedeutendsten Feldherren der katholischen Parthei, der Wallenstein und der Pappenheim, geborne Protestanten, von ihnen entdeckt und als Jünglinge für den Kampf ihrer Kirche herübergenommen wurden.

Durch und unter solchen Verhältnissen, Zettelungen und Entwickelungen, durch solche Personen, Gehülfen und Geräthe ist der dreißigjährige Krieg vorgerüstet, eingeleitet und begonnen, aber gar anders ausgefallen, als man es anfangs gehofft hatte. Er hat zu gleicher Zeit die hülflose Ohnmacht des deutschen Reichs offenbart und für Jahrhunderte befestigt, und wie das Jammerspiel von den Spaniern und Jesuiten begonnen und in der Fremde angezettelt und ausgesponnen war, ist es von den Fremden fortgesetzt, und endlich, als die Spanier und Oesterreicher unterlagen, im Norden von den Schweden, im Süden von den Franzosen entschieden worden. Der Krieg hatte als Religionsfehde begonnen, unter diesem Titel war der Spanier im Süden, der Schwede viel später im Norden aufgetreten; endlich war der Franzose, der gallische Fuchs, der uralte deutsche Hühnerpflücker, mit drein getreten und hatte die fetteste Beute davon getragen. Wenn das eine Freude ist, so hatten die Deutschen wenigstens die Freude, daß sie als die tapfersten Streiter des Kampfes, der mit ihrem Gute und Blute durchgestritten ward, auf beiden Seiten erschienen sind. Es waren Titanen und Titanenschlachten, und will man gewaltige Menschen mit Geringerem vergleichen, so sprangen aus dem langen Riesenkampfe, wie in unsern Tagen aus den französischen Umwälzungskriegen zwischen den Jahren 1792 und 1815, glänzende Namen guten und bösen Gerüchts aus ihm hervor, von welchen hie und da in Schweden und Deutschland noch gräfliche und fürstliche Ururenkel und Herzoginnen, Erzherzoginnen und Königinnen übrig sind: Wallenstein, Spork, Arnheim, Jan de Werth,

Melander, Königsmark, Stalhandschuh Dörflinger u. s. w. — Aber durch welches deutsche Elend, durch welche Ströme vergossenen deutschen Blutes sind diese Namen glänzend und unvergeßlich geworden! Deutschland war im Beginn des siebenzehnten Jahrhunderts, obgleich der Welthandel und Weltverkehr zu andern Ländern und Völkern neue Wege gefunden und genommen hatte, noch reich an Menschen und Gütern, dieser Krieg hat es auf eine Weise, die den Enkeln unglaublich dünken muß, erschöpft und verödet und die Sehnen seiner Kraft zerschnitten; jetzt erst, nach dem Ablauf von zwei Jahrhunderten, beginnen wir kaum wieder die letzten Narben der damals geschlagenen Wunden allmälig verwachsen zu sehen. Es ist eine volle Wahrheit, daß im Jahr 1650 in manchen deutschen Landen kaum ein Viertel, in anderen kaum ein Fünftel oder Sechstel der Einwohner übrig geblieben sind, daß Städte, die früher 100,000 und 50,000 Seelen zählten, noch am Ende des jüngstverflossenen achtzehnten Jahrhunderts kaum das Viertel jener Zahl wieder erreicht hatten. Davon gab jedem Deutschen, wenn er nach dergleichen vaterländischen Dingen fragte, die einzelne Heimath das lebendigste gültigste Zeugniß. Erst mit unserm Jahrhundert, man kann sagen mit Napoleons Sturz, mit dem

Jahr 1820, tritt eine mächtige und geschwindere Besserung ein; jetzt beginnt der Bürger und Bauer allmälig wieder menschlichen Athem zu holen und an Ehren und Wohlstand zu wachsen. Daß ich nur von meinem Norden erzähle: Berlin oder Köln an der Spree zählte am Schlusse jenes Kriegs nur 6000 Einwohner; die Urkunden melden von Herbeirufungen und Ansiedelungen neuer Bewohner in Wüsten, wo weiland blühende Dörfer gestanden hatten. Wir besitzen eine sehr gute Karte vom Herzogthum Pommern aus der zweiten Hälfte des sechszehnten Jahrhunderts; auf dieser Karte finden wir viele Namen von Dörfern und Höfen, wo heute nur Gesträuch und Heidekraut wächst. Köln und Straßburg konnten am Ende des sechszehnten Jahrhunderts 15,000 und 20,000 Wehrhafte mustern — wie stand es mit ihnen um das Jahr 1700? — In Stralsund standen etwa zehn Jahre vor dem Anfange des dreißigjährigen Krieges 8000 wehrhafte Männer zur Musterung aufmarschirt; als ich dort in die Schule ging, lebten in der weiland so prächtigen und mächtigen Stadt etwa 10,000 Seelen; jetzt geht's freilich wieder in die 20,000, aber wie weit noch von der früheren Zahl!

So fürchterlich hatten die Eigenen und die Fremden in dem schönen reichen Lande verheert, verwüstet und gewüthet; aber die Fremden bekamen auch für lange Zeit durch die Verträge des Westfälischen Friedens darin große Gewichte, wenigstens Mitgewichte in die Hände, die sie oft fast nach Belieben in die Wagschale der Macht zur Entscheidung warfen. Was früher meistens Spaniens verderbliche Einwirkung und Mitspiel in den deutschen Angelegenheiten gewesen war, das ging für kurze Zeit auf Schweden, auf lange Zeit und bis in unsre Tage hinein auf Frankreich über. Der deutsche Kaiser ward hinfort, was er in der That leider schon seit Jahrhunderten gewesen war, ein Namen- und Schatten-Kaiser; die großen Fürsten wurden fast unabhängige selbstständige Herrscher; was hin und wieder bei aller Lockerheit und Ungebundenheit der Stellungen die Gemeinschaft durch alte Gewohnheit noch etwas zusammenhielt, war durch kein festes Gesetz und Gebot mehr gebunden; es hingen alle Glieder des Reichs hinfort lose und schlotterig zusammen, und so schlotterig und unbehülflich und ohnmächtig hat das alte Reich sich noch anderthalb Jahrhunderte nach jenen dreißigjährigen Gräueln fortgeschleppt, bis Kaiser und Reich und Länder und Fürsten miteinander nebst ihrem zerrissenen und vermoderten Bau von dem Sturmwinde der französischen

Umwälzung — ich sollte richtiger sagen von ihrem Hauche — umgeweht worden sind.

So hat um das Jahr 1650 das deutsche Land und Volk durch eigne Schuld und Sünde niedergeschlagen, zerrissen und verwüstet da gelegen; aber viel schlimmer sind in Folge dieses dreißigjährigen oder vielmehr siebenzigjährigen Kriegs edelste, wesentlichste und unentbehrlichste Theile des Reichs wenigstens ein gutes Fünftel seines Umfangs, unter diesen zwei Hauptbollwerke seiner Stärke, seine Alpenburg und seine Meerburg, wie es schien für immer, von ihm abgespaltet und abgerissen. Dies hat durch die planvollste, rastloseste Thätigkeit, worin die Franzosen und Russen allen andern Europäern überlegen sind, wälsche Schlauheit und List zu einer Zeit, wo Frankreich bei sich zu Hause selbst sehr schwach und zerrissen war, mit Hülfe schwedischer Dummheit und Schlechtigkeit mit Geld und Schreibfedern am meisten ausgerichtet. Den Schweden wurden große Lande in Norddeutschland an der Elbe und Oder und die Häfen und Festungen an der Ostsee mit der Herrschaft auf derselben hingegeben. Der Franzose nahm das herrliche Elsaß für sich und faßte damit zum ersten Mal festen Fuß am Rhein und nahm auch bald das große Hauptthor zum Einmarsch in Deutschland, die feste

Burg der deutschen Straße mitten im Frieden an sich. Das Hauptziel und die Hauptarbeit der wälschen List aber war, wie eben gesagt, gewesen, die beiden großen Naturfestungen, die fast unzugänglichen und unersteiglichen Kastelle seines Westens und Südens auf immer von ihm loszureißen und aus den Banden des gesetzlichen und kirchlichen Zusammenhangs herauszureißen, worin uralte Gewohnheit und Gemeinsamkeit von Stamm, Sprache und Sitte sie bis dahin zum Reiche gehalten hatten. Jetzt zuerst wurden die Schweizerische Eidgenossenschaft und die Sieben niederrheinischen Niederländischen Provinzen als selbstständige von Deutschland abgetrennte und ausgeschiedene besondere europäische Staaten anerkannt.

Was nun von dem alten deutschen Reiche und von der habsburgischen Macht in demselben noch übrig war, das hat sich bei aller Bosheit und Ungebundenheit der Verfassung und der Verhältnisse des Kaisers und der Lande und Fürsten zu einander in den Begebenheiten, Erlebnissen und Gefahren der zweiten Hälfte jenes unseligen Jahrhunderts oft noch etwas besser und glücklicher wieder zusammengefunden, als man nach den unglücklichen Verträgen von Münster und Osnabrück hatte hoffen können. Da hat sich begeben, daß gegen französischen Hochmuth und Uebermuth, der unter Ludwig dem Vierzehnten nach der Universalmonarchie strebte, Deutschland und der junge Staat der Sieben Vereinigten Provinzen für das Haus Habsburg, beide für das österreichische und spanische Habsburg, und für sich selbst und ihren eignen letzten Bestand ein halbes Jahrhundert fast ununterbrochen unter den Waffen gehalten wurden. Gleiches hat in Ungern gegen den Großtürken Statt gefunden, wo die deutschen Fürsten, weil es auch ihre Sache war, fast alle ehrlich und tapfer zu Oesterreich gehalten haben. Hier hat sich leider auch wieder begeben und gezeigt, daß der alte fanatische Haß und Eifer, der seit Karl dem Fünften und Philipp dem Zweiten dem deutschen Zweige der Habsburger eingeimpft war, und der verkehrte und verdrehte Blick nach dem Süden, der seit jenem Kaiser in dem ganzen Hause erblich und für Deutschland gleichsam das mal occhio geworden war, immer noch die alte Lebendigkeit und Leidenschaft bewahrt hat. Glücklich war der stolze Franzosenkönig von den vereinigten Waffen Deutschlands, Niederlands und Großbritanniens in seinem letzten Kriege schwer zerquetscht und ermattet in die Kniee gesunken. Er bat im Jahr 1709 um Frieden und bot das Mögliche an, was man von ihm verlangen konnte. Oesterreich und Deutschland konnten durch einen kurzen Federstrich wiedererlangen, was seit den Jahren 1550 und 1650 und dann in den mit ihm durchgefochtenen Kriegen durch die Wälschen vom Reiche abgerissen war: die drei Lothringischen Bisthümer, die Grafschaft Hochburgund, das Elsaß und was von Flandern, dem Hainegau, dem Herzogthum Lützelburg u. s. w. durch List, Gewalt und Waffenglück gewonnen war. Oesterreich versäumte diese Gunst des Glücks, stieß alle Erbietungen des gedemüthigten Feindes von sich, und hatte Herz und Blick wieder vielmehr auf Spanien und Italien gerichtet. So ist nichts für das Reich gewonnen worden, Oesterreich hat zuletzt viel schlechtere Bedingungen annehmen müssen, und was es endlich durch die Friedensschlüsse von Utrecht und Baden in Italien erhalten hat, ist auf diesem lockeren und gefährlichen Boden in späteren Kriegen mit den Franzosen und den burbonischen Fürsten ihrer Sippschaft bis auf ein kleines Stück der Lombardei mit der Hauptstadt Mailand leicht wieder verloren worden.

So war Deutschland in das achtzehnte Jahrhundert getreten und begann, obgleich noch die Narben von tausend Wunden unverharscht zeigend und an vielen edlen und unedlen Theilen der alten Streiche und Schläge oft noch durch bittre Schmerzen im politischen Wind und Wetter gemahnt, doch wieder etwas Athem zu holen. Zum fröhlichen geschweige lustigen Athemholen waren jene Tage überhaupt, weder für Europa noch für Deutschland, nicht gemacht. Es war nach den letzten Träumen und Kinderspielen des Mittelalters im sechszehnten Jahrhundert eine herbe und bittere Zeit. Die nordischen Mythen singen von einer Riesenzeit, Eiszeit und Wolfszeit; man könnte die erste Hälfte jenes achtzehnten Jahrhunderts mit großem Rechte eine Prügelzeit, eine Zopfzeit nennen. Ich bin kaum zwanzig Jahre hinter der Gränze desselben geboren und habe in den Jahren 1780 und 1790 Stock und Zopf noch in ihrer vollen Glorie herrschen gesehen. Sie herrschten in der That auf einem gewissen Gebiete, herrschten in den meisten Ländern über die Mehrzahl von Bauern und Bürgern, über den Kriegsmann aber allgemein und unumschränkt, wenn sie auch sonst nicht die Alleinherrscher waren. Wie sie steif und starr durch die Luft und über die Köpfe und auf und an den Rücken der Menschen geschwungen wurden und sich schwangen, so herrschte im Ganzen in dem Gebiete der Kunst und Wissenschaft der steife Zopf und der starre dürre Stock, der selbst als geschältes Holz, als Scepter in der Hand der Könige und Fürsten, nimmer mehr Blüthen treiben konnte und selten mit Knospen und Blumen der Freude umwunden war. Ich spreche hiemit kein allgemeines Verdammungsurtheil aus: auch jenes Jahrhundert hatte sich aus seinen beiden Vorgängern als eine Nothwendigkeit entwickelt. Es hatte seine Keime in Deutschland, seine Sprossen in Frankreich, welche aber bald welkende Blätter und spärlichste Blüthen trieben. Dies ist die Zeit der stehenden Heere, welche Ludwig der Vierzehnte als eine stehende Plage über Europa geführt, und des lächelnden, frömmelnden, manierirten und fratzigen in Ludwigs sultanischen Palästen und Harems erzogenen Jesuitismus, der sich in Leben und Sitten und in jeglicher Art und Gebärde jenes Jahrhunderts offenbart hat. Erst die französische Umwälzung hat die letzten Paruken der Villeroi und le Tellier und die Thurmhauben der Haremfürstinnen Maintenon und Pompadour mit andern Herrlichkeiten jener Zeit in ihren Stürmen mit weggeblasen. So war jenes Jahrhundert als ein scharfer und strenger Zuchtmeister in die Welt getreten, selbst in ihren Zierrathen spröd und hart, und die Zeit mußte sowohl in Kirche als Staat zurecht gedrillt und zur Ordnung und zum Gehorsam unbarmherzig zerstoßen und durchgeprügelt werden. Wenn man nun mit ehrlichen Augen zurückblickt und bedenkt, wie der dreißigjährige Krieg und Ludwig der Vierzehnte das Menschengeschlecht dem achtzehnten Jahrhundert überliefert hatten, so kann man das Bedürfniß eines solchen Zuchtmeisters als einen harten Durchgang der Erziehung nicht ableugnen; auch der Jesuitismus und alles, was an seinen Gebärden und Zierrathen hing, mußte seine Blüthe haben, damit die Sünde und der Jammer der Vergangenheit ans Licht trat und wie er selbst ein Zeichen der Vergessenheit und Versunkenheit eines weiland frischeren, fröhlicheren und ehrlicheren Lebens sein mußte, auch ein großer Spiegel, worin das Zeitalter sich erkennen sollte. Nun war es unvermeidlich, daß dieser Gang seinen Widergang finden mußte, daß diese Prügel und Schläge der Groben und der Feinen auf die Zeitgenossen ihre vollen Gegenschläge hervorlocken mußten. Woher das Uebel zunächst und zuletzt entsprungen war, daher mußte zuerst seine Vernichtung kommen, aus Frankreich, aus Paris, woher Viele klagen, daß heute noch unser meistes Uebel und Böses kommt. Die Jesuiten und böse Sitten, le siecle de Louis XIV et du Regent, hatten zuerst die Jansenisten, die Frondeurs der absoluten Monarchie und die Urgroßväter der Umwälzung von 1788, den Voltaire, den ächtesten Pariser und Franzosen, nebst Genossen gezeugt, die großen und glänzenden Führer des Jahrhunderts, welche auch unsre deutschen Herzen, Köpfe und Sitten, besonders die Sitten unsrer Hohen und Großen genug verkehrt und verdorben und den französischen politischen und geistigen Umwälzungen auch bei uns nur zu viele Wege geöffnet haben.

Ich male hier ins Schwarze, weil Schwarz der Grund des Gemäldes sein muß. Ich verkenne nicht, wie Gottes Welt, welche nun einmal die beste mögliche Welt ist, nimmer stillstehen kann, sondern immer fortgehen muß, und keineswegs, wie die Frommen händeschlagend jammern, immer gradesten Weges zum Teufel geht. Wie ich schon bekannt habe, mitten in dem bedrängten, verstockten und verzopften, zerknüppelten Prügelwesen wuchs in den deutschen Herzen doch allmälig wieder ein wenig Athem und Muth, und um die Mitte des Jahrhunderts, um die Jahre 1740 und 1750 stieg aus dem Norden Deutschlands eine Heldenerscheinung empor, dergleichen sie seit dem Barbarossa und seinem Enkel Friedrich dem Zweiten nicht gesehen hatten, man möchte sagen: ein nicht bloß durch den Namen zweiter Friedrich der Zweite. Die Hohenzollern sind Schwaben — könnte uns doch irgend ein zweiter Baron Stillfried eine Spur weisen, daß in ihnen vielleicht auch hohenstaufisches Blut fließen könnte! Durch jenen außerordentlichen hohenzollerischen Friedrich des Jahrs 1740 ist Preußen ein europäischer Namen geworden, der mit seinem Klang und Glanz bis nach Lissabon, Stambul und Peking geklungen und geleuchtet hat. Dieser Namen und sein Degen hat in dem Norden Deutschlands das Gewicht geschaffen, welches jetzt Oesterreich mehr als gegenwiegt. Dieses Gewicht ist von Vielen als ein Unglück beklagt worden; ich in meiner Jugend, in mehr altdeutschem Sinn, obgleich bei meiner Geburt Altdeutschland schon über ein Jahrhundert vergangen war, habe damals die Bedeutung dieses gewaltigen und herrlichen Mannes verkannt. Er hatte sein Recht durch Gott, der ihn so groß geschaffen hatte; er hatte ein größeres Recht in Deutschland durch Oesterreichs selbstverschuldetes Mißgeschick, daß es in bethörter Verblendung mit allen Bewegungen und Schicksalen der Völker Europas geschwinder und lieber gelaufen war als mit denen Deutschlands und des deutschen Volkes; er hatte endlich in seinen Kämpfen mit dem Hause Habsburg das allergrößste und beste Recht, Oesterreich für das Unrecht und den Undank zu strafen, deren es gegen seinen Ahnherrn den großen Kurfürsten und gegen seinen Vater Friedrich Wilhelm den Ersten sich schuldig gemacht hatte.

Wir haben uns oben sattsam erzählen gemußt, durch welche Verhältnisse, Triebe und Mißgriffe, durch Begünstigung und Pflegung welcher wunderlichsten und verderblichsten fanatischen Leidenschaften und Künste und Zettelungen Deutschlands Verluste und die Schwächung, Erniedrigung und Zerreißung seiner Größe herbeigeführt worden, wie Deutschland von dem Hause, in welchem die Kaiserwürde gleichsam erblich geworden, gelindest gesagt versäumt, wahr gesagt vernachlässigt und wie ein mitgeschlepptes Nebending der Herrschaft geachtet, wie nach jedem Besitz jenseits den Bergen mit unwiderstehlicher Lüsternheit gegriffen, Deutschlands Bestand und Ehre als das Kleinere hintangesetzt ward. Dazu war gekommen, daß fast der ganze Norden Deutschlands, die Enkel der alten Sachsen und Friesen, größtentheils ächte Lutheraner, seit dem dreißigjährigen Kriege gegen Oesterreich fast auf dem Gefrierpunkt stand und durch die späteren Ergebenheiten und Erweisungen desselben nicht hatte wärmer gestimmt werden können. Ich nenne hier wieder die spanischfanatische Bahn, worauf Karls des Fünften Nachfolger, immer noch, wie durch einen blinden und bösen Zauber festgehalten einherschritten. Zu der Zeit, als gegen Ludwig des Vierzehnten Uebermuth und des heidnischen Türken Wuth die protestantischen Niederlande und die protestantischen deutschen Krieger (Brandenburger, Sachsen, Braunschweiger) am Rhein und an der Donau auf das treueste und tapferste fochten, saßen die Jesuiten gleich warm und thätig im Rathe König Ludwigs und Kaiser Leobolds; ja Leobold, welcher der heiligen Jungfrau und dem Karl Borromeo eherne und silberne Himmelssäulen der Anbetung errichtete, unterzeichnete schadenfroh für den protestantischen Oberrhein Ludwigs des Vierzehnten gewaltsam aufgedrungenes Simultaneum und verdarb die Siege der Deutschen durch die härteste Verfolgung und Aechtung der Protestanten in Ungern. Oesterreichs und Spaniens treuester Bundsgenoß gegen Ludwigs Uebergriffe, der größte holländische Admiral Michel Ruiter, mußte durch gegen Neapels Hauptstadt von seinen Seelöwen gerichtete Kanonen im Jahr 1675 dreihundert evangelische ungrische Geistliche erlösen, welche Kaiser Leobold in das dortige spanische Bagno zur Verwahrung geliefert hatte. In gleichem Sinn und mit denselben altspanischen Trieben und Grundsätzen hat Leobolds Sohn Karl der Sechste fortgefahren seine lieben protestantischen Unterthanen zu verfolgen und zu ächten. Selbst unter seiner edlen Tochter Maria Theresia war dieser harte Geist noch nicht von Oesterreich gewichen. Eben so ist's in Ungern und

Siebenbürgen ergangen, wie viel man dort über Verfassung und Gesetz hinaus gegen protestantische Christen irgend gedurft hat. Nur die beiden Josephe, der Erste und der Zweite, haben von diesem österreichischen Erbübel Ausnahmen gemacht und wenn man die Jahrbücher der Geschichte Oesterreichs verfolgt, immer noch hat es auch in den deutschen Landen in jedem Jahrzehend in der Stille Zerstörungen und Vernichtungen einzelner protestantischen Gemeinden gesetzt. Haben wir nicht in den jüngsten Jahrzehenden noch, nach dem Wiener Kongreß noch, der alle Ungleichheiten in den Rechten bei den christlichen Religionstheilen im Vaterlande aufhob, erleben gemußt, daß 10,000 Protestanten im Tiroler Zillerthal ihr Bekenntniß und Gottesdienst ohne Umstände verkümmert ist und die Hälfte derselben ins protestantische Schlesien ausgewandert sind?

Also unter Menschen mit Gefühlen der Kälte, ja der Abneigung gegen Oesterreich war Friedrich der Zweite von Preußen, welchen seine Zeitgenossen den Großen, Einige Friedrich den Einzigen genannt haben, geboren und erzogen; aber der junge Prinz, der sich selbst früh fühlte, hatte auch Gefühle und Nachgefühle, die in ihm nicht weniger Berechtigung hatten als die in den Herzen seines Volks. Zuerst fühlte er in großen Erinnerungen den Stolz auf seine Ahnen, unter welchen viele herrliche Namen und Beinamen tragen; zweitens fühlte er, daß er ein König war, daß sein Urgroßvater und Vater ein schönes Reich und eine feste und würdige Stellung an der Ostsee gewonnen hatten, daß sie von hafenreichen Küsten in die Weltweite hinausschauen konnten und schauen mußten: er war kein Solcher, dem vor einem kühnen Blick graute, er beschloß dem König, dessen Namen in Europa noch der jüngste war und über welchen die alten Königsgeschlechter noch etwas stolz hin schauten, in Europa seine Geltung zu verschaffen. Seine Ahnen hatten ihm in Norddeutschland seine Rolle angewiesen. Der Südosten des Vaterlandes war durch die Mißgriffe und die Lässigkeit der Habsburger trotz der Demüthigung Ludwigs des Vierzehnten immer noch mehr als recht von Frankreichs nachbarlichem Uebergewicht und Einfluß abhängig geblieben; hier im Norden hatte der große Kurfürst zuerst den fremden Uebermuth der Schweden gebrochen und, während im Südwesten in jedem Kriege deutsche Lande und Städte an die Wälschen verloren wurden, ein schönes großes Land jenseits der Weichsel für die deutsche Sprache, Bildung und Herrlichkeit gerettet, ja von den Polen und Schweden gewissermaaßen neu erfochten. Dieser junge

Friedrich der Hohenzoller trug endlich in seiner Brust, wie oben erwähnt, das Gefühl, daß er an den Habsburgern seinen Vätern angethanes Unrecht zu strafen und gerechteste Ansprüche seines Stammes geltend zu machen habe. Kraft dieses politischen Rechtsgefühls und unerfüllter Verträge, wobei er sich auf das Urtheil der Welt und den Ausspruch des Vaterlandes berief, zückte er sogleich bei seiner Thronbesteigung im Jahr 1740 und bei der Erlöschung des habsburgischen Mannsstamms gegen seine Muhme Maria Theresia von Habsburg, gleich ihm die stolze Tochter einer braunschweigischen Welfin, den Degen und gewann sich fast ganz Schlesien. Denn da Viele, größtentheils viel weniger Berechtigte, nach dem offnen österreichischen Erbe wie nach einem Raube griffen und auch alle Burbonen beide in Deutschland und Italien dabei die bösen Mitspieler und Zwischenspieler waren, so glaubte er mit besserm Rechte als irgend einer von diesen für seine Ehre und sein in seinen Ahnen gekränktes Recht die Waffen ergreifen zu dürfen. Wie herrlich und fest er seinen Degen hier in drei Kriegen geführt, von welchen der dritte seinen Namen zum größten Namen des Jahrhunderts gemacht hat, darf hier nicht erzählt werden.

Dieser große König, der Protestant hieß, obgleich

er mit jenem Sinn, den das Zeitalter Geistesgröße nannte, die verschiedenen christlichen Bekenntnisse still neben sich oder unter sich liegen ließ und gleich einem Adler über das Schul- und Kirchen-Geschwätz, wie es ihm hieß, mit den kühnsten Flügeln hinschwebte, war doch seinem eigensten Wesen nach ein protestantischer Fürst, welcher dem Flügelschlag des Geistes mit Entzücken horchte und den freien Athemzug des Geistes zum Panier seiner Herrschaft machte. Nun ergab sich auch hier wie auf den leiblichen Schlachtfeldern ein norddeutscher Gegensatz, der unter Friedrich zuerst in hellem Lichte hervortrat, gegen den mehr schlummernden ja zuweilen schnarchenden Süden. Ich habe oft schon auf Oesterreichs spanische Augenverblendung hingewiesen. Oesterreich war Deutschland und zumal Preußen gegenüber mit Einem Fuß im Mittelalter stehen geblieben und gab öfter den Schein, zurücklaufen als vorwärts schreiten zu wollen; es hatte nicht den Muth, den alten hohenpriesterlichen und sultanischen Staub, unter welchem es fortdämmerte, abzuschütteln und klar in das Licht der Gegenwart zu sehen. Friedrich war der König des Geistes, der Freund und Schüler Voltaires, so weit ein strenger, ernster, deutscher Fürst ein Voltairianer sein konnte. Als dieser Vogel höchsten Fluges seine ersten Fittiche sich regen fühlte, war die Luft der deutschen Literatur schwer und trüb, er flog also mit den leichten und hellen französischen Winden und ergötzte seine von den Arbeiten des königlichen Amtes ledigen Stunden mit den leichten und anmuthigen Spielen und Scherzen des französischen Witzes, welchem die Deutschen seiner Jugend nichts Aehnliches gegenbieten konnten. Spätere und Jüngere haben diese Zeit der Jahre 1750 bis 1780 und das norddeutsche, besonders das berlinische Leben und Wesen oft als ein leichtfertiges, loses, sogar liederliches und verruchtes sich gedacht und geschildert; vorzüglich haben die guten Baiern und Oesterreicher sich in solchen Schilderungen gefallen und belustigen sich noch heute zuweilen über französische Witzbolderei Friedrichs und über die Geistesjagd der märkischen und pommerschen Magerkeit und Nüchternheit im Gegensatz gegen eine gewisse natürliche und breite Fülle ihrer Heimath Glossen zu machen. Allerdings der König spielte geistreich und witzlustig und seine Berliner Juden und Franzosen und selbst seine schweren Pommern und Brandenburger haben ihm zuweilen wohl nachzuspielen gesucht, aber Ernst und Arbeit war die Aufgabe des Herrschers wie des Volkes, und beide haben diese Aufgabe redlich erfüllt; mit seinen Pflichten und Arbeiten hat der große Herrscher nie gespielt; auch dem Volke verging das leichtfertige Spielen wohl, es hatte nach den unsäglichen Plagen und Anstrengungen des siebenjährigen Krieges mehr als zwanzig Jahre nöthig, nur etwas lustiger wieder Athem holen zu können. Wie dem immer sei, es lief seit den Jahren 1770 ein bestimmtes Bild durch die Deutschen hin von einem mit Geist und Judenwitz und französischer Leichtfertigkeit und Atheisterei spielenden Berlin und einem noch in dem Wust und der Dumpfheit pfaffischen Aberglaubens starrenden und versunkenen Wien. Der große Unterschied war, es stand nun neben Oesterreich durch Friedrichs Glück und Kühnheit eine zweite große durch Oesterreichs Versäumnisse und Mißgriffe wohlberechtigte und nothwendige Macht im protestantischen Norden, eine Macht, die ohne Degenkühnheit nordischen Stals und ohne deutsches Herz und deutsche Augen nimmer bestehen konnte. Preußen war ein Staat klein an Macht, groß an Muth und Geist; es konnte nur durch deutschen Geist und Muth größer zu werden hoffen. Man hätte auf dieses Preußen jenen Vers über das Herzogthum Geldern anwenden gekonnt, der lautet:

Klein an Gut,
Groß an Muth!
Das Schwerdt in der Hand
Das ist das Wapen von Gelderland.

So stand seit den Jahren 1760 und von da an bis zum Tode des großen Königs ein zweites mächtiges Herrscherhaus in Deutschland. Friedrich hatte mit seiner Muhme, der großen Kaiserin Königin, seine Kämpfe so großartig durchgefochten, beide waren aus diesen Kämpfen so herrlich geschieden und standen so glänzend und unbefleckt vor Europa, mit solchem Ruhm der Thaten und Pracht und Macht der Ehren und der Waffen, daß die Deutschen durch sie beide den alten fast vergessenen Weltnamen gleichsam wieder gewannen und sogar in Frankreich und England und bis in Spanien und die Türkei hinein wieder von der Herrlichkeit und Unüberwindlichkeit der deutschen Streitkräfte der Klang ging. Zugleich geschah es, was häufig erscheint, daß, wie in einem Volke durch ein Geheimniß Gottes und der Natur die Gleichzeitigkeit großer Thaten und innerster geistiger Strebungen zu sprießen und zu blühen pflegt, im deutschen Vaterlande mit dem großen König, wenn auch nicht von ihm und durch ihn, ein frisches geistiges Leben in Sprache, Kunst und Wissenschaft sich neu zu regen und bewegen begann, daß die Deutschen wenigstens wieder anfingen sich zu erinnern, daß sie sich großer Erinnerungen zu erinnern hatten, daß sie mit Leibnitz, Klopstock, Lessing und Göthe auf den Gräbern und Denkmälern der Ahnen diese seit Jahrhunderten gebleichten und bemoosten Erinnerungen aus der langen Vergessenheit wieder aufkratzen und aufgraben durften. Es ging und wehte zwischen den Jahren 1760 und 1780 der Hauch eines muthigen und wie verjüngten Lebens sowohl durch deutsche That als deutsche Rede, man sang und klang mit der größten Menge der übrigen Europäer von eitel Glück und Fortschritt der Völker, von einer Erklimmung von Stufe zu Stufe edlerer Menschlichkeit und Freiheit. Unter solchen fröhlichen Zeichen und Hoffnungen kam die pariser Umwälzung, welche solche Gedanken und Grundsätze, womit die besten der Zeitgenossen sich wiegten, sich und der Welt verkündigte, aber durch ihre Thaten und Erfolge alle Verkündigungen der Seher und Weissager zu Schanden gemacht hat. Weil sie trotz allem dem auf den Gefühlen und Gedanken der Zeitgenossen ruhete, weil sie alle Regierungen, die ihr nach altem Stil begegnen und widerstehen wollten, in Unwissenheit, Unkunde und Unklarheit über die Zeitstimmung abgestorben, unfähig und ungerüstet fand, so ist durch sie nach Gottes Willen und wegen des Unverstandes der Menschen und Regierungen der letzte Rest des alten Deutschlands, und sind auch seine beiden Hauptmächte und ihre Heere, deren Unwiderstehlichkeit und Unbesiegbarkeit bis zum Jahr 1790 die gepriesensten waren, fast zu leicht niedergerissen, man möchte sagen weggeblasen worden.

Hier muß Napoleon der Erste gezeigt werden, eine der Gestalten der Weltgeschichte, welche man in den Händen der Vorsehung im alten christlichen Sinn, wie einen Attila und Tamerlan, wohl ein Geräth von Gottes Zorn, ein flagellum Dei nennen kann. Ich brauche hier an die Jahre zwischen 1790 und 1815 nur leise zu erinnern. Beide die Alten wie die Jungen haben sie durch Miterlebung und Ueberlieferung der Väter und Großväter noch frisch im Gedächtniß. Möchten sie doch die Jahre 1813, 1814 und 1815 in eben so frischem und unbeflecktem Gedächtniß auch in Köpfen und Herzen tragen! O wie viel Schmutz und Blut hat sich seit jenen Jahren des Glanzes über Europa und Deutschland ergossen, von welchen Buben und Narren viel umhergestreut und auch auf jenen Glanz zu sprützen gesucht haben. Doch die Heldenthaten jener Jahre werden einst noch von den Urenkeln gesungen werden.

Die Geißel Gottes lag denn durch die herrlichen Kämpfe jener Jahre zerbrochen, Napoleons Größe war in den Staub gesunken, aber des Reiches Glück und

Größe, jene Größe des deutschen Volks und Reichs, welche des Freiherrn von Stein und des Kaisers Alexander Zurufe und Aufrufe von Kalisch allen Deutschen verkündigt hatten, waren mit seinem Sturz nicht wieder aufgerichtet. Solche gefallene Größen werden durch keine Mahnungen, Gelobungen und Verheißungen, selbst durch die glänzendsten Siege nicht wieder aufgerichtet. Was in sechs Jahrhunderten langsam angefault, vermodert und endlich durch leichte kurze Stöße und Stürme zusammengefallen war, konnte so nicht in Jugend und Kraft wieder erstehen. Die deutschen Menschen sind damals in falschen und unmöglichen Erwartungen und Hoffnungen durch sich selbst getäuscht worden, noch mehr aber getäuscht und betrogen durch das unvermeidliche politisch diplomatische Spiel und Zwischenspiel der Fremden, so daß des alten preußischen Feldmarschall Vorwärts Spruch Was die Schwerdter erworben haben, werden die Diplomaten verderben zur festesten Wahrheit geworden ist. Ich habe jene Zeit durchlebt und unter und mit vielen der Mitspieler und Zwischenspieler gelebt, die Gefühle, Ahndungen, Hoffnungen, Gedanken und Worte vieler jener Zeitgenossen sind mir noch voll und frisch im Gedächtniß. Die Thaten und Erlebnisse und Ergebnisse jener Jahre sind ja mehr als genug bekannt und erzählt; alle Welt weiß, wie das große Glücksspiel und das spätere diplomatische Kunstspiel geendet hat; ich mache hier nur ein paar Striche, woran die Erinnerungen der Jetztlebenden das Uebrige anknüpfen können.

Jedermänniglich weiß, wie bald die Worte von Kalisch von den Höheren und Höchsten vergessen worden und wie wenig von ihnen in Erfüllung gegangen. Als wir nach der Leipziger Schlacht mit dem Schlusse des Jahrs 1813 mit unsern Heeren siegreich an den Rhein kamen, da schon bei der ersten Zusammenkunft der Herrscher und Diplomaten in Frankfurt offenbarte sich, wie halb Europa in den deutschen Dingen mitspielen und über Deutschlands Geschicke mit entscheiden werde, da riefen die Guten und Gescheidten des deutschen Südens, welche wir die von Napoleons Joch Befreiten nannten, welche aber mit klugen Augen schon durchschauten daß Deutschland ungefähr in der Lage liegen bleiben würde, wie Napoleon und seinen Franzosen beliebt hatte es sich zurechtzulegen: Das ist also endlich das große Ergebniß so vieler Schlachten und Siege? deswegen seid ihr mit solchem Schall an den Rhein gekommen? Als man endlich den Franzosen auf dem Nacken stand, als das eitle übermüthige Volk niedergeworfen und ihr Land von den Siegern besetzt war, auch da, wo Preußen anfangs noch für deutsche Ehre und Rechte aushielt und fest stand, offenbarte Oesterreich seine alte Gleichgültigkeit und Sorglosigkeit für das rechte Deutschland, es schaute für sich nur wieder nach dem Süden, nach Italien hin, dort begehrte es Entschädigung, Abründung und Herrschaft; die Wiederherstellung der früheren deutschen Gränzen, die Zurücknahme seiner alten abgerissenen Lande und Festen, worauf Preußen vergebens drang, lagen ihm nimmer am Herzen, nimmer, daß es Elsaß, Lothringen, Belgien hätte wiedergewinnen und die verlorne Stärke im Südwesten des Vaterlandes für sich und für Deutschland hätte wiederherstellen gewollt. Wahrlich, wenn Oesterreich mit Ernst und Verstand gewollt hätte, nicht Frankreichs Listen, nicht Englands und Rußlands Entwürfe hätten da gegen die vereinigten Oesterreich und Preußen durchdringen gekonnt. Das war aber in jenen Tagen das Allertraurigste und für das deutsche Herz und die deutsche Ehre das Schmerzlichste, daß fast allenthalben für alle Reiche und Länder Entschädigung und Wiederherstellung nicht nur versprochen sondern auch verwirklicht ward, daß aber in Beziehung auf Deutschland im Namen der großen Mächte eine offene Lüge ausgesprochen ward. Man verkündigte nämlich aller Welt, auch Deutschland sei in seine Rechte und Ehren auf dem Fuß von 1790 wiederhergestellt, und doch blieben nur ungefähr vier bis fünf Millionen Bewohner deutscher Lande (Belgien, das große Bisthum Lüttich und mehreres kleinere Gebiet) aus dem Reiche herausgeschnitten und zur Freude Frankreichs und Englands mit Holland zu einem neuen Königreiche zusammengeworfen, eine Schöpfung, die wegen der Unverträglichkeit der Elemente keine feste Zukunft versprach und nach einem halben Menschenalter bei einem von der Seine her wehenden Umwälzungssturm auseinander geblasen ist.

Nun die Wiederherstellung Deutschlands in Verfassung und Regierung? Die Versprechen und Verkündigungen von Kalisch standen in hundert Büchern gedruckt zu lesen; die Wünsche und Hoffnungen des deutschen Volkes waren die natürlichsten und gerechtesten, aber die Abmachung und Schaffung so mächtiger und schwerer Dinge, die nicht so leicht sind als die Gebete und Wünsche der Guten und Frommen, weil die Listen und Zettelungen der Schlauen und Listigen auch immer mit dabei sind, diese Abmachung und neue Gründung und Erbauung aus und auf dem zusammengefallenen Schutt des alten Reichs, besonders nachdem der Neubauer und Gründer Napoleon schon mancherlei interimistische Bauten gemacht hatte, konnte weder eine leichte noch geschwinde Arbeit sein, und diese Arbeit sollte auf dem Kongresse zu Wien gemacht werden, wo die Diplomaten von ganz Europa mitspielten, zwischenspielten, auch wohl vorspielten. Was war da zu hoffen? was war da zu machen? So durfte auch der beste und treueste Vaterlands-freund fragen. Man wich nach mancherlei kleinen diplomatischen Vorspielen und Vorreden begreiflicher Weise allen schweren und unbequemen knotenvollen Fragen aus, man wählte, um nichts Neues wieder zu neuen, das Bequemste, und ließ die Dinge, wie sie lagen oder vielmehr, wie Napoleon sie zugeschnitten und hingelegt hatte, machte ein paar große diploma-tische Grundstriche, und faltete mit dem frommen diplomatischen Gebete zum Kongreßabschiede die Hände: Man werde die weitere Entfaltung und Entwickelung der deutschen Zukunft und Verfassung der Versamm-lung der Sendeboten überlassen, welche die einzelnen deutschen Staaten nebst den beiden größten Mächten Oesterreich und Preußen an den künftigen Reichssitz Frankfurt am Main senden würden.

Die letzten großen wesentlichen diplomatischen Hauptfederstriche des Wiener Kongresses für Deutsch-land waren:

1) Die einzelnen deutschen Staaten sind selbstständig und unabhängig;

also:

2) Ein Oberhaupt, einen Kaiser soll es nicht geben;

also:

3) Der kleinste deutsche Staat hat seinen Herrscher gleich dem Czar in Petersburg und dem Sultan in Stambul, allein von Gottes Gnaden.

Dies waren die europäischen und, wenn man will, die talleirandischen und metternichschen Hauptgedanken, aus welchen sich, wie aus dem absoluten philosophischen System, Alles und Nichts machen ließ.

Aus den einzelnen Erklärungen der Großmächte und auch der beiden deutschen Großmächte klang so ein gewisses wohlfeilstes Allgemeines, was, wie sowohl instinktartig als listig in menschlichen Dingen zu geschehen pflegt, schöne Klänge von Wünschen und Hoffnungen jenen unbestimmten Verfassungshauptstrichen nachtönte, die Weisheit und Gerechtigkeit der Regierungen, der Gehorsam und die Tugend des deutschen Volks und die Treue zu seinen Fürsten und zum Vaterlande und der allgemeine Fortschritt christlicher Gesittung und Vermenschlichung werden aus den wenigen Strichen zum künftigen deutschen Staatsbau allmälig schon das Nothwendige und Bessere ergänzen und bereiten.

Es trat denn, nachdem der große Feind Napoleon zuletzt bei Waterloo vernichtet und nach Skt. Helena abgeführt worden, der deutsche Reichstag in Frankfurt zusammen, und zwar unter Oesterreichs Vorsitz und Leitung. Dies hatte Preußen, welches im Glücke der Siege eigentlich viel zu nachgiebig, vollgläubig und hoffnungsvoll für die deutsche Zukunft war, zu leicht nachgegeben. Da waltete bei Preußens Großboten und Vertretern durchaus nicht genug Betrachtung der Geschichte und Erwägung der veränderten Weltläufe und der deutschen Verhältnisse und Persönlichkeiten vor. Der durch und durch redliche und grade König Friedrich Wilhelm der Dritte hat wohl nie bei sich bedacht und erwogen, daß Kaiser Franz von Oesterreich in Italien geboren war und unter schlichter österreichischer und fast tiroler Hülle ein sehr listiges italiänisches Herz barg. Da man die Preußen vom Süden her oft tiefer und unergründlicher Listen und Hintergedanken beschuldigte, so wäre es, da das deutsche Ding einmal so zugeschnitten lag, ein sehr guter und verständiger Gedanke gewesen nach einem bestimmten Jahreswechsel, wie weiland die Konsuln in Rom und die Obersten und Dogen in Pisa, Genua und Venedig gethan, den Vorsitz zwischen Oesterreich und Preußen wechseln zu lassen. Dann würde sich nicht nur vor den Augen aller Welt gezeigt haben, was auch der Dummste fühlte und fühlen mußte, daß es zwei deutsche Hauptmächte gab, die, wenn der Kaiser einmal fehlte oder fehlen sollte, ihn, wie es eben ging, zu ersetzen suchen mußten, sondern daß es auch — was selbst mancher gescheidte Deutsche auch heute noch nicht erkennen will — zwei große deutsche Grundprincipe giebt, nach welchen im Vaterlande gelebt und gestrebt wird und nach welchen also regiert und verwaltet werden sollte. Ich nenne diese Principe, da es sich durch Personen besser bezeichnen läßt als durch Worte, für Preußen der große Kurfürst Friedrich Wilhelm und Friedrich der Zweite und für Oesterreich Kaiser Leobold der Erste und Franz der Zweite. Wie würde der Bundestag sich ganz anders offenbart haben und auch haben entwickeln müssen, wenn solch ein Wechselumlauf von fünf oder zehn Jahren beliebt worden wäre, wenn die ersten fünf Jahre zum Beispiel Metternich oder Gentz, im zweiten Wechsel Stein oder Humboldt den Vorsitz geführt hätten! Da hätte, um einmal ein gemeines Sprichwort zu gebrauchen, der versteckte diplomatische Fuchs aus dem Loche heraus gemußt, und Deutschland würde nicht bloß seine Erlustigung und Ergötzung, sondern auch seine Besserung und Erbauung daran gehabt haben; es würde die viele kleine geheime politische Hetzerei und der matte und faule Todesschlaf nicht erfolgt sein, aus welchem wir mit so fürchterlichem Geprassel aufgeschreckt und geweckt worden sind. Hieran knüpfe ich Etwas. Nehme man es als einen Spaß. Es könnte ein genug wunderlicher und ernsthafter Spaß werden. Man hat nicht bloß im Jahr 1848 in Frankfurt, sondern auch auf dem Wiener Kongresse im Jahr 1815 für und gegen den deutschen Kaiser, über sein Selbst und seinen muthmaaßlichen Stellvertreter genug hin und her gesprochen und insgeheim gewiß noch mehr über ihn gekünstelt und diplomatisirt. Ich frage: wie würde der Gedanke gerathen sein, wie würde er gerathen, wenn es beliebt worden wäre oder einmal beliebt würde, daß die beiden Häuser Hohenzollern und Habsburg in der höchsten Reichswürde wechseln sollten, und zwar daß nicht im Umlauf bestimmter Jahreszahlen, sondern während des ganzen gottbestimmten Lebens des jedesmaligen gekrönten Herrschers, Deutschlands höchste Schicksale von dem, der nach dem Tode des Vorgängers in seinem Wechsel einträte, geführt und entschieden werden sollten. Das würde sich wenigstens offenbaren und zeigen müssen, welches Princip, das Norddeutsche oder das Süddeutsche, (damit ich scherze: der Voltairismus oder der Jesuitismus) in den Herzen des deutschen Volks den meisten Raum gewönne und sein Glück und seine Ehre am besten zu fördern schiene.

Es stand also seit dem Jahre 1816 eine deutsche Versammlung in Frankfurt, welche die alten Kaisertage und den langen Regensburger Reichstag darstellen und ersetzen sollte. Oesterreich hatte den Vorsitz, die Versammlung bekam den Namen deutscher Bundestag und die alte Kaiserwahlstadt den stolzen Namen Bundesstadt, die Diplomaten aber und Rechtslehrer, welche wohl wußten, was die paar talleirandschen Federzüge les etats de l'Allemagne seront independants bedeuteten und ihren schweren und vollen Inhalt richtig zu deuten verstanden, wiesen die Gutmüthigen zurecht, die immer noch meinten, die Siege an der Katzbach, bei Leipzig und Waterloo seien für die deutsche Freiheit und Herrlichkeit erfochten, und sie mußten von ihnen lernen, daß von fester, großer, deutscher Gemeinsamkeit, Einheit und Macht keine Rede mehr sein dürfe, die Stellung der einzelnen deutschen Herrscher und Fürsten sei eine viel ungebundnere und selbstständigere geworden, als jene durch den Westfälischen Frieden des Jahrs 1648, es bestehe jetzt die volle Unabhängigkeit der Einzelnen, die unwägbare und unmeßbare Suveränetät, sie müsse für die Fürsten von Lippe-Detmold und Schwarzburg-Rudolstadt so gut gelten wie für die Könige von Preußen und Hannover, und diese werde es hinfort in die fürstliche Willkür stellen, wie weit sie sich durch die Ehren und Vortheile des in diplomatischer Schwebe hangen gelassenen Deutschlands gebunden erachten würden. Das hohe Fürstenrecht sei jetzt noch etwas ganz Anderes als jenes durch den Westfälischen Frieden festgeschriebene Recht „mit jeder fremden Macht „Bündnisse schließen zu dürfen, nur nicht gegen die „Ehren und Vortheile von Kaiser und Reich"; die Erfahrung von zwei Jahrhunderten habe ja gelehrt, wie jene berühmte Klausel des Westfälischen Vertrags von den Deutschen sei ausgebeutet und praktisch ausgelegt worden.

Genug, das Ende vom Liede war, es war ein deutscher Bund und ein deutscher Bundestag da, und Oesterreich oder vielmehr Fürst Metternich war der Leiter und Lenker und ist über ein Menschenalter der Leiter und Lenker geblieben. Wir werfen einen Blick auf ihn. Er hat Oesterreich und Oesterreichs Beruf und Aufgabe für Deutschland und Europa anderthalb

Menschenalter vorzüglich geleitet und regiert. Ein Mann, welchem das in gefährlicher und schwerster Zeit leidlich gelungen ist, kann, wie verschieden die Urtheile auch über ihn ausfallen, auf keinen Fall ein gewöhnlicher Mann sein. Thätigkeit, Geschicklichkeit, Gewandtheit, frisches und kühnes Ergreifen des Augenblicks, wie er sich ihm geboten, Redlichkeit und Treue gegen seinen Herrn wird auch sein Feind ihm zugestehen müssen. Er ist gefallen, wie im Frühling 1848 auch die Starken fielen, und hat bei sehr allgemeinem damals doppelt aufgehetzten deutschen Haß sein Leben nur durch die Flucht ins Elend retten können, aber er ist nach einigen Jahren gleichsam wie ein vormaliger Reichsgründer und Wiederhersteller, einem edelsten Verbannten, einem Sieger und Vaterlandsretter gleich, bei seiner Rückkehr von Königen und Fürsten Deutschlands empfangen und begrüßt worden. Da wir über ihn sprechen müssen, geschickt und gewandt wollen wir ihn nennen, aber keinen weisen und tapfern ja nicht einmal einen klugen und vorhersichtigen Mann. Er gehörte nicht zu jenen kurzen und geschwinden Menschen, die mit großer Geduld, Beharrlichkeit und Tapferkeit vorherbereiten und schaffen, sondern zu jenen, die das Augenblickliche, was Glück und Zufall bieten, fassen, zurechtschneiden und abründen. Ja ein

Zuschneider und Abründer ist er gewesen, ein Solcher, der dem Schweren und Gefährlichen gern auswich und das Nächste, Bequemste mit den frischesten Fingern erfaßte und sich zurechtmachte. So begann er mit den Jahren 1814 und 1815 seine größere Bahn, wo er von Deutschland und vom Rhein, dem Strom seiner Heimath, weit weg sah, sich von Deutschland und dem sehr deutschen Preußen zu Englands und Rußlands Ansichten und Entwürfen wandte und alles mehr mit russischen, englischen und selbst mit talleirandisch französischen und auch sein Oesterreich nur wieder mit alten verkehrten hispanischitaliänischen Augen sah. Also ein Abründer der Länder, ein Abründer und Abschleifer der Schwierigkeiten und Gefahren des Augenblicks, ohne zu bedenken, wie viele Ecken und Zacken bei allem Ründen und Schleifen übrig bleiben, die in dem lebendigen Wachsen des Lebendigen und auch des Politischen in wenigen Jahrzehenden sich wieder zu schroffen Felsen und Klippen emporheben müssen. Die Zeit und seine jüngsten Schicksale haben doch bewiesen, daß er den Weltlauf, wie er eben läuft und rennt, wohl an seinen Armen und Beinen fassen und auf einige Jahre hemmen konnte, daß er aber seinen Geist nicht verstand, der Flügel hat und nicht so leicht faßlich ist, ja daß er, was in diesem Geist irgend kräftig und tapfer war, rastlos verfolgte, ja eine Schalljagd darauf machte wie in Amerika die Sklavenjäger auf die Neger. Ihm hieß dieser Geist durchaus ein Schwarzer, der eingefangen und gefesselt werden müsse. Wenn wir bei diesem Mann an Deutschland denken, dürfen wir nicht vergessen, nach welchem Muster er den Bundestag leiten und regieren mußte, daß er Kaiser Franzens Diener war und Oesterreich und Oesterreichs seltsames Völkergemisch, wo man den einzelnen Völkern nur den geringsten Athemzug von Unabhängigkeit und Freiheit erlauben durfte, immer vor Augen haben mußte.

Unsereiner hat sich weiland eingebildet mit Geistern verkehren zu dürfen und hat auch mit jenem Geist Verkehr gehabt, den er den Geist der Zeit und Fürst Metternich den Schwarzen Geist nannte, über welchen er seinen Kaiser zu den Magyaren sagen ließ Die ganze Welt ist jetzt toll (totus mundus stultissat). Der Geist heißt ja Wind und fährt und saust wie ein Wind dahin, dessen Säuseln und Sausen man wohl hört aber dessen Fittiche, worauf er einherbraust, man nimmer zu sehen bekommt. Kurz es ist ein Vogel, dessen Federn man nicht fassen kann. Will man sein Rauschen, seinen Flug und seinen Pfad beschreiben, man kann die Beschreibung und Schilderung immer nur nach einzelnen und dünnen Zeichen machen, welche Viele immer wieder verneinen und ableugnen werden. Als ein solcher genug vernehmlicher und lautbarer aber unsichtbarer und unfaßlicher Vogel fliegt jede Zeit einher und über den Köpfen der ebenlebenden Sterblichen dahin, und was ihr Geist führt und trägt, welche Gaben und Geschenke und Plagen und Uebel er aus seiner Pandorenbüchse schüttet, darüber wird ewig mißhelliger und verschiedener Streit sein. Das Einzigwahre bei dem Streite ist, daß er zugleich Gutes und Böses aus seiner Büchse schüttet. Metternich gehörte zu denjenigen, oder gebärdete er sich als österreichischer Erster zu denjenigen gehören zu müssen? (ich glaube aber, daß er sich nicht gebärdete sondern in der That zu ihnen gehörte) welche die großen Zeitbewegungen, welche Europa seit dem Jahr 1770 und dann heftiger seit der französischen Umwälzung, seit 1790, erregt und erschüttert haben, als ein Bösestes, die also die französische Umwälzung selbst als ein Werk des Teufels, als eine Empörung gegen Gott und Jesum Christum ansahen, welche mit Gewalt unterdrückt und zerstört werden müsse. Er hatte nur die Kleinigkeit dabei vergessen, daß der Christ ja glauben soll, daß nicht bloß der Teufel die

Welt bewegen könne, daß ja Gott immer mit dabei gedacht werden müsse. Die Weltbewegung war einmal da, sie war aus Menschentrieben entsprungen und wurde von Menschentrieben genährt; diese waren der Strom, die Macht und Gewalt der Zeit, und der Kluge und Weise mußte bald gewahren und begreifen, daß man die gefährlichen Wasser des Stroms erst etwas ablaufen lassen müsse, daß er alle verkehrt oder zu früh gegengeworfene Wälle und Deiche mit sich fortreißen und die Erbauer unter ihren Werken begraben werde. Solche Umläufe des Menschengeschlechts, wie wir sie durchlaufen haben und noch durchlaufen, sind eine Krankheit, wo der unbewußte gewaltige Trieb neuer Gestaltung der Dinge vorherrscht, wo die Sehnsuchten des Guten und die Gelüste des Bösen zugleich mit einander im unentschiedenen Kampfe ringen und kämpfen. Napoleon schien seit seinem gewaltigsten Auftreten, seit den Jahren 1805 und 1806 Deutschland für immer todtgemacht zu haben, an seinem Willen fehlte es wenigstens nicht, wenn es für immer als Leiche liegen geblieben wäre; aber Gott hat es anders gemeint: Es ist geschehen, daß was früher faul gewesen frisch, was früher todt oder halbtodt gewesen durch ihn doppelt lebendig geworden. So müssen die großen instrumenta Dei, die flagella Dei wirken. Er war im Laufe von sieben Jahren zuerst von den Spaniern verwundet, aus Rußland mit schwereren Wunden geflohen, endlich bei Leipzig und Waterloo zumeist von den Deutschen niedergeschmettert. Durch den Jammer und die Demüthigung vieler Jahre und mehr noch durch das Glück ihrer Siege waren die Deutschen wieder zu dem fast verlornen Gefühl und der erloschenen Erinnerung gekommen, daß sie einst das erste und mächtigste Volk der Christenheit gewesen, daß sie noch den ganzen vollen Stoff hätten ein mächtiges und gewaltiges Volk zu sein. Die Klänge von Freiheit und Ehre, von Gesetz, Recht und Verfassung, wodurch ein deutsches Reich wieder erbaut werden müsse, fanden in Millionen Stimmen und Herzen ihren Widerklang. Wir erinnern uns noch jenes längst verklungenen aber unvergessenen und unvergeßlichen Jubels, der die deutschen Jahre 1814 und 1815 durchbrauste. Es war freilich genug Unmöglichkeit von Schwärmerei, Wähnen und Träumen darin, aber auch wirkliche tiefe Erinnerung der Vergangenheit und Weissagung der Zukunft. Diesen Jubelklang aller der Stimmen, Gesänge und Getümmel in den Herzen und auf den Gassen der Menschen wollte und sollte Metternich nun still machen und den Teufel des Aufruhrs, wie er ihn schalt, zur Ruhe bringen durch den sanften, frommen, gesetzlich hütenden und erhaltenden österreichischen Geist: jenen bösen, wilden, demokratischen Geist, den er, der weise Ruhebringer mit seinen Jüngern und Propheten, auch wohl den Geist von der Spree und Oder, den preußischen Geist oder das böse Berlinchen schalten. Nicht mit Unrecht. Von Preußen, von dem nördlichsten deutschen Norden her, von Memel und Königsberg her, waren die ersten kühnen und gewaltigen Freiheitstöne erklungen, die ersten Glocken der großen deutschen Empörung gegen unerträglichen Uebermuth und Hohn der Fremden gezogen; dort waren die ersten Lanzen und Schwerdter zum heiligen Kriege geschliffen; von dorther und von den preußischen und protestantischen Universitäten zuerst und zumeist (von Königsberg, Berlin, Leipzig, Breslau, Jena, Rostock u. s. w.) war die edelste und feurigste Jugend des Vaterlandes für die Rettung und Befreiung desselben zu den Fahnen geströmt. Das Alles, die größte That und größte Erinnerung seit Jahrhunderten, sollte nun auf einmal verstummen, und Deutschland sollte wieder zu dem Schweigen und Erstarren der Jahre 1750 gebracht und auf ein metternichsches Kusch dich! sollte mit hündischer Wedelung von denen gekuscht werden, welche eben die glück- und siegtrunkenen Herzen und Häupter noch so hoch gehoben hatten. Wir wissen, welcher geistigen Ausschweifungen und scheußlichen Grundsätze, welcher politischen Narrheiten und Verruchtheiten vor allem Norddeutschland und die deutschen Hochschulen damals angeklagt sind; wir leugnen nicht und dürfen nicht leugnen, daß neben dem Gottessamen schöner, menschlichster und deutschester Gesinnung und Hoffnung nicht auch Teufelssaat der Narrheit und Verrücktheit gesäet worden — der Säemann des Bösen ist ja immer geschäftig — aber das dürfen wir behaupten, so hoch stand damals der deutsche Sinn, so edel und hoch schlug damals das deutsche Herz, daß der Teufel der Bosheit noch nicht spielen konnte, daß höchstens einzelne Körnlein von ihm gestreut sind, die durchaus wie auf dürres Gestein und Dornen gefallen sind. Der Teufel der Bosheit ist am meisten durch jene Künste gepflegt worden, wodurch man ihn zu bannen und zu tilgen gemeint hat. Der Bundestag fand bei seiner Eröffnung ein edles, freies, offenes und fröhliches Geschlecht, er hat, so viel er gekonnt, ein schlaues, listiges, laurisches, erbittertes geschaffen, welches auf allen neben der großen offenen Landstraße des Lebens hinlaufenden verbotenen krummen und versteckten Seitenwegen und Diebspfaden hin und her zu flandern und zu schlüpfen und zu entschlüpfen gelernt hat. Selbst der treueste Hund wird durch das Kusch dich! und die Prügel ein schwanzwedelnder und schmeichelnder Lügner, der mit freundlichen Augen zu lächeln und mit fröhlichem Schwanze zu liebkosen scheint, wo er lieber beißen möchte. So hat ein ein Menschenalter fortgesetztes System der spähenden Auflaurerei und Klatscherei gegen den Geist und selbst gegen Geistchen, die kaum ihre ersten flatternden Flügel zu regen anfingen, und eine schmählichste und kleinlichste Plackung und Pressung der Druckerpresse ein Geschlecht gezeugt, das früher nicht in solcher Anzahl und Gewandtheit und Verschmitztheit da war, das arme zu sehr geplagte Geschlecht der Literati, die von der politischen Tagesblätterei leben. Es war für die Wahrheit und Gewissenhaftigkeit in Deutschland eine schlimme und gefährliche Zeit gekommen; sie sollten als Sklaven dienen lernen, und wir wissen, der Sklav lernt lügen und stehlen und mit allen erdenklichen Diebskünsten schleichen und sich durchschleichen. Das deutsche Wort Dieb heißt Sklav. Der Mensch ist aber so geschaffen und schaplunirt*), er soll nicht gleich dem

---

*) Schaplun, Schablun, ein plattdeutsches Wort, dem isländischen Scaplynne entsprechend, ist in die Schriftsprache aufgenommen, wo es in Schablon,

Thiere und kriechenden Gewürm bloß nur heulen und brüllen und summen und brummen, ihm ist das Wort gegeben, die scharfe Schneide und Klinge des Geistes; man verenge und versperre ihm die Ritze seines Tönens und Klingens, so viel man wolle, es will und muß heraus — und will man ihm die graden Wege und Straßen verlegen, es findet links und rechts neben der ihm gewiesenen politischen Fuhrmannsstraße hundert und tausend sichtbare und unsichtbare Seitenpfade und Schleichwege der Diebsschmuggelei, worauf er die vergebens verriegelten und versperrten Töne seines Worts und Zorns ausblasen und ausschreien wird. Hier mit diesem Gleichniß, welches kein bloßes anspielendes Gleichniß, sondern die volle treffende Wahrheit ist, meine ich die Schöpfung und Entstehung von sogenannten Literaten und Pamphletisten, in der Menge und Art, wie sie die Jahre von den Karlsbader Beschlüssen von 1820 bis zum großen pariser Knall von 1848 in Deutschland groß gezogen haben: kein deutsches Glück, auch kein neuer Glanz der deutschen Literatur noch neue Mehrung und Besse-

---

auch wohl Jabloni, als sei es wälsch, verwandelt ist, bedeutet Schöpferlaune, Grundgedanke, Grundentwurf.

rung der Sprache, aber ein unvermeidliches, natürliches Erzeugniß der Zeit. Ich meine hiemit, die deutschen Pamphletisten hatten durch Metternich besser und feiner französisch sprechen gelernt, sie hatten von ihren französischen Mustern der Tagesschriftstellerei die Millionen kleiner Künste und Listen der Verschlingungen und Verflechtungen wie der Verpuppungen und Verkappungen des Sinns und der Wahrheit der Wörter, sie hatten auf eine wunderbare Weise in den langen Lehrjahren eines Menschenalters des Preßzwanges alle Künste der Umschleichung der Wahrheit und die Einschmuggelungen der Bezeichnung vermummter Halbwahrheiten in die deutsche Sprache gelernt. Jeder, der dieses angedeutete Jahrdreißig mit einiger Aufmerksamkeit betrachtet hat, wird gestehen müssen, daß eben durch diese Uebung der Tagesschriftstellerei manche gallische Leichtigkeit und Gewandtheit aber auch eine Menge Gallicismen in unsre Sprache gebracht und neu eingeführt sind: eine Art neues Rothwälsch, etwas der Zigeunersprache Aehnliches, wo die des Schiboleths kundigen und zusammengegatterten und zusammengatternden Schälke die Augen der Censoren zu blenden und ihrer beschneidenden und zerschneidenden Scheere zu entgehen wußten. Wer Französisch und Deutsch versteht, versteht auch, was ich hier andeuten will. Der Franzose selbst und also auch seine Sprache hat weit mehr von den listigen und schelmischen Wicklern und Umwicklern, den gebornen Schmeichlern, Schleichern und Umschleichern des Gedankens, von den Taschenspielern mit dem halben Worte und dem halben Gedanken, als der Deutsche. Das geht durch sein ganzes Leben, und also auch durch seine Sprache und Literatur — eine unendliche Mannigfaltigkeit von Schattirungen, Scheinen und Halblichtern, worauf er sich als auf Zierlichkeiten und Liebenswürdigkeiten außerordentlich viel einbildet. Das Leben unsrer Literaten zuerst meistens in den französischen Tagesblättern, aus welchen die meisten von ihnen ihre politische Erziehung holten, und zweitens die Preßnoth, welche zur Gedankenlurenträgerei verlockte und nöthigte, erschuf damals wenigstens eine Aehnlichkeit davon in der deutschen Prose. Was ich hier andeute und sage, wird man am leichtesten verstehen, wenn man englische Prose mit der französischen vergleicht. Weil der Engländer weder eine Lebenshalbheit liebt noch die französische Windflüsterei des Salons, und die französische Maulsperre der Presse seit anderthalb Jahrhunderten nicht mehr gekannt hat, so herrscht bei seinen besseren Rednern und Geschichtschreibern eine wahre, grade, klare und kurze Prose, ein Ausdruck von

Wahrheit, Männlichkeit und Tapferkeit, so kräftig und mächtig, als der kurze Schwerdthieb seiner weiland angelsächsischen Ahnen.

Dieses Geschlecht hatte Metternich und der Bundestag in Frankfurt erzogen; Schriftsperre und Maulsperre, Augen- und Ohren-Polizei waren an vielen Stellen nur zu sehr gehegt und gepflegt worden; große deutsche Ausbildung und Entwickelung deutscher Verfassung im Innern oder würdige Entfaltung und Darstellung deutscher Macht nach Außen hin, die Vertretung der Würde und Ehre des größten europäischen Volks vor den Völkern — o daran hatte von den frankfurter Diplomaten auch kein Mensch denken dürfen. Die Deutschen selbst nannten mit gutmüthiger Ironie, wovon jedoch einige Blitzfunken noch übrig geblieben waren, den deutschen Bundesstaat den Preßstaat und Polizeistaat. Solches schimpften Engländer und Franzosen ihnen vor, und sie schimpften es nach.

Erzähle ich hier Wahrheit und Wirklichkeit? oder ist das in der That nur nachgebeteter fremder Schimpf und Spott über die deutschen Zustände und Verhältnisse? Es ist die wirklichste Wahrheit und Wirklichkeit, nämlich wie die Menschen jene Zeit empfanden, die sich nach den Verkündigungen von Kalisch und Wien und den Heldenthaten ihrer tapfern Söhne und Brüder ganz Anderes eingebildet und erwartet hatten. Freilich welcher gute und bessere Mann durfte doch jene metternichsche Zeit, die er keine glückliche Zeit nannte, mit jener napoleonischen Blüthenzeit, vom Jahr 1800 bis 1814, vergleichen? Es war freilich seit 1819, seit Sand's Dolchstoß durch Kotzebue's Brust, kleinlichen, schwächlichen, spionlichen und preßhaften Lebens und Treibens nur zu viel in deutschen Landen, doch gab es, wenn man das Allgemeine ehrlich wog und betrachtete, im Vaterlande noch manchen recht treuen und wackern Fürsten, auch noch manchen ganz hübschen Fleck, wo sich mit Gemüthlichkeit und Lustigkeit einherwandeln ließ; auch waren die Angelobungen ständischer und zeitgemäßer Verfassungen nicht allenthalben unerfüllt geblieben und man versuchte hie und da sich in neuen konstitutionellen Ordnungen einzufassen und einzurichten, aber freilich, da ein großes allgemeines Vorbild und Maaß fehlte, erschien bei den mancherlei Proben und Versuchen auch hier manche etwas lächerliche Mißgestalt. Es war doch unendlich besser geworden, es war doch keine französische Länderschinderei und napoleonische Menschenfresserei mehr da; die Welt ging wieder einen ruhigen und sichern Tritt, die Friedensarbeiten von Ackerbau, Gewerb, Verkehr und Handel griffen rüstig und lustig wieder zum Werk, und manche Schmerzen und Wunden wurden in dreißig Jahren wieder verwunden und geheilt. Schon blühten mitten unter den Klagen und Flüchen der Unzufriedenen, wozu die Mehrzahl des Volkes gehörte, an manchen Stellen Behagen und Wohlstand wieder auf. Wie das Gesammtgefühl und die Herzensstimmung der Menge war, das zeigte sich bei allen Umwälzungsgetümmeln und Aufruhrszuckungen in Italien, Spanien, Helvetien und besonders Frankreich, wo die Grundquelle des Uebels lag. Der pariser Aufruhr des Jahrs 1830, welcher Ludwig Philipp von Orleans auf den französischen Thron brachte, zitterte nicht leicht an Deutschland und auch durch Deutschlands Gränzen hin, ja drohte eine Zeitlang mit einem allgemeinen Kriege. Doch ward die Diplomatie und der Bundestag seiner diesmal noch Meister; er riß indeß in Belgien wieder ein großes Stück von Deutschland ab, stellte es mit Holland in fortdauernd unbestimmte widerliche politische Stellung und ward im Vaterlande des hannoverschen Königs Ernst August durch die Aechtung und Flucht von sieben göttinger Professoren merkwürdig: eine Aechtung und Verbannung, die mit der berühmten Eindringung und Einführung der Jesuiten als Lehrer in's Magdalenenkollegium zu Oxford unter Jakob dem Zweiten von England und der Einkerkerung englischer Bischöfe und Geistlichen einige Aehnlichkeit, aber nicht gleiche Folgen hatte. So lebendig und heftig waren die deutschen Gesetzes- und Freiheits-Gefühle noch nicht. Auch die Engländer haben Jahrhunderte durch viele recht böse und gefährliche Bahnen gehen müssen, ehe sie heile Grundsätze und die heile Verfassung gewonnen haben. Jahrhunderte sagst du? O tröstet euch! ihr wißt ja, welche außerordentlichste Künste und Erfindungen Raum und Zeit jetzt gekürzt und beflügelt haben.

Metternich aber und der Bundestag und der deutsche Preßstaat und Polizeistaat bestanden jenes Jahr 1830 und wirkten noch achtzehn Jahr für das, was sie die gute alte Ordnung und Gesetzlichkeit Deutschlands nannten. Der österreichische Reichskanzler und seine Gehülfen in Frankfurt standen gegen das böse Teufelsprincip der Umwälzung rüstig in ihrer gewohnten pugna stataria, als der pariser Winter des Jahrs 1848 die alte heilige Kaiserwahlstadt Frankfurt und die beiden größten Hauptstädte des Vaterlandes mit jeglicher comoedia stataria in eine wahre pugna gladiatoria verwandelte und in einigen Monaten von wiederholten Erschütterungen in ein bellum servile zu verwandeln drohte.

Hier stehe ich billig still und suche mich in dem vielen Ungeheuerlichen, Abenteuerlichen, Schrecklichen und Gräulichen, was sich in meiner Erinnerung zusammendrängen will, so gut als ich kann zu fassen. Was wir zwischen den Jahren 1848 und diesem bald auslaufenden Jahr 1853 erlebt, gestrebt, gestritten und gelitten haben, liegt ja mit frischesten zum Theil mit blutigen Zügen in unserm Gedächtniß eingegraben. Wer mich hier ermahnen wollte Erlebtes, gewußtes und erzähltes Erlebtes zu schildern und zu beschreiben, dem würde ich mit allem Recht das Virgilische zurufen: Eheu! ingentes jubes renovare dolores „Weh „mir! ungeheure Schmerzen zu erneuen forderst du „mich auf". Ich kann es nicht aussprechen wegen des wirklichen Schmerzes, ich mag es nicht aussprechen, weil ich auf meine älteste schneeweiße Scheitel nicht umsonst Donnerschläge herablocken will. Wer von den Jetztlebenden kennt die Läufe, Verläufe und Ausläufe dieser fünf sechs Jahre nicht? Die inneren tieferen Gründe und Ursachen und was in den Charakteren und Rollen dieses verworrenen Trauerspiels offen und geheim gespielt und gezettelt hat — davon wird Vieles wohl mit verdienter Nacht zugedeckt bleiben. Einiges weiß ich wohl, aber hier sage ich weise, wie Vater Herodot oft zu sagen pflegt: Ich weiß es wohl, aber darf es nicht sagen. Ich setze bloß einige Haupttitel her, um welche das große Getümmel und der verworrene Hader und Streit der Begebenheiten und Erlebnisse jener Jahre sich vorzüglich gesammelt und gedreht hat: Stürzung des Bundestags — Aufstand in Wien und Berlin — Reichstag in Frankfurt — Reichstage in Wien und Berlin — Dänischer Krieg — Großdeutschland und Kleindeutschland — Gründung einer deutschen Flotte — Aufruhre hin und wieder in Rheinpreußen und Westfalen, in der Rheinpfalz, Baden u. s. w. und Dämpfung derselben durch Preußen — Tage zu Gotha und Erfurt — Drohung deutschen Kriegs und allgemeine Heerrüstung in Süddeutschland und Preußen, Beilegung der feindseligen Stimmungen — Wiederherstellung des alten Bundestages — Verhandlungen über einen allgemeinen deutschen Zollverein — Entwaffnung Schleswig-Holsteins und Ueberlieferung des Landes an die Dänen u. s. w.

Wer möchte und wollte für die Straßengeschichten Wiens und Berlins jener Jahre in die Schranken treten? Wahrlich nicht ich, wenn ich auch begreife, wie die gefüllte Bombe endlich platzen mußte, wie der Dampf des gequälten, gepreßten und erbitterten Geistes, dessen Wind man keinen Zug und Ausfluß gelassen, die natürliche Pulverkraft seines Feuerelements springen und zerschmettern lassen mußte. Daß die schlimmsten und bösesten Buben bei solchen Geschichten immer mit unter den Vordersten sind, daß in den beiden Hauptstädten die Vagabunden von ringsum und von der Seine und Weichsel her, wie auf Verabredung und Bestellung zugelaufen und Wuth, Geschrei, Hetzerei und Feuer zugetragen haben, ist anfangs bezweifelt aber jetzt ein weltbekanntes Ding. Ich habe nicht den Beruf, auch wirklich nicht Kunde genug, hierüber etwas Neues zu sagen und aufzuschließen, doch über Frankfurt, wo ich ein Jahr mit durchgesessen habe, muß ich ein paar kurze leichte Worte und Winke geben, und zwar Winke und Worte der deutschen Rechtfertigung gegen Fremde und Einheimische. Die Geburt jener Jahre ist bös, das Gute, was sie uns gelassen haben, ist wenig gewesen und liegt noch kaum in einigen Verfassungsbruchstücken in Preußen und hin und wieder in andern Fürstenthümern vor; aber eine Parthei, welche den Namen der hinterpommerschen Junker bekommen hat, als wenn sie hinter Deutschland und hinter jeder Zeit läge, hört nicht auf, auf die sogenannten Gothaner oder Kleindeutschen, die vor dem österreichisch persischen Großchinesenthum und Großkaiserthum ein gerechtes Grauen hatten, gelindest als auf Narren und Verrückte zu schimpfen.

Was viele gutmüthige, hoffnungsvolle Deutsche, was noch viel mehrere begeisterte Thoren, was wohl auch einzelne Bösewichter von dem Umsturz des Bundestages und von den Wiener und Berliner Aufruhren im verschiedensten Sinn gehofft und erwartet hatten, das konnte nicht erfüllt werden, auch was in Berlin, Wien und endlich in Frankfurt von neuen Ordnungen und Verfassungen des Vaterlandes und von einer alle Lande und Fürstenthümer umfassenden Gesammtverfassung und Wiederherstellung des großen Reichs entworfen und verfaßt war — davon mußte nach dem ewigen Laufe der Dinge in so wilden Stürmen das Meiste ein frommer Traum bleiben. Was im Sturm geboren wird und in der Eile und Macht des Sturms geschaffen und geordnet werden soll, das bleibt gewöhnlich auch unter der Gewalt des Sturms. Das zu geschwinde Machen ist eben so mißlich und gefährlich als das zu langsame. Es ist jetzt eben so wohlfeil als sicher, das Hinterherschreien von dem tollen

Jahre und den verruchten und verrückten Volksversammlungen und Reichstagen jenes Jahrs und der folgenden Jahre mit einem gewissen vornehmen sich mit Weisheit brüstenden Hohn zu erheben; noch wohlfeiler und leichter, das deutsche Volk einer immer mehr wachsenden Verwilderung und Verheidnischung anzuklagen. Zunächst von Frankfurt und von der Erscheinung und Wirksamkeit der sogenannten deutschen Reichsversammlung zu sprechen, so fällt jene Anklage, mit Ausnahme der Auftritte der Pfingstweide und Barrikaden und Ermordung der beiden Volksboten Auerswald und Lichnowsky, fast ganz zu Boden. Ja die äußere Erscheinung dieser Versammlung und ihre Verhandlungen in der Paulskirche gaben doch wahrlich kein Zeichen von einem ganz verwilderten und verheidnischten Volke. Es war die Wahl der Reichsboten ja nach einer Ordnung geschehen, die man bei der einstweiligen Zusammensetzung der deutschen Lande und Völkerschaften gewiß nicht loben wird, nach der kaum durch ein Gesetz geregelten und genauer bestimmten Unordnung einer allgemeinen Volkswahl, und dies in einem Volke, welchem in manchen Landschaften dergleichen öffentliche Verhandlungen und Entscheidungen mehr als böhmische Wälder waren. Und was war das Ergebniß dieser Wahlen? Es zeigte im Ganzen Verständigkeit, Gesetzlichkeit und Mäßigkeit bei dem Volke, aus welchem es bei dem damaligen fast allenthalben herrenlosen Stande der Dinge meistens aus seinem freien ungebundenen Willen hervorgegangen war. Ich darf kühn behaupten, Dreiviertel der gewählten Volksboten wollten für das Vaterland Gesetzlichkeit und Ordnung, ja die Mehrzahl wollte eine festere und schönere Wiederherstellung des gefallenen Reichs als die Friedensschlüsse von Paris und Kongresse von Wien schaffen gekonnt hatten. Aber freilich ein allgemeiner deutscher Unstern hat über das Jahr 1848 und auch über den frankfurter Reichstag gewaltet. Dahin gehörten sogleich die ersten Anfänge oder vielmehr der erste Anfang. Diese Anfänge waren doch in gewissem Sinn eine Fortsetzung des freiwillig und eigenmächtig versammelt gewesenen sogenannten Vorparlaments. Ich meine hier die Versammlung jener Freiwilligen, die bei der Zusammenstürzung der deutschen Dinge und dem Fall des Bundestages sich im Auftrage des eignen Herzens nach Frankfurt ausgeschrieben und dort versammelt hatten. Diejenigen Männer, welche in jener Vorversammlung die Spitze geführt hatten, hatten alle den Blick nach dem Norden, nach Preußen, gerichtet gehabt und darauf hingewiesen, daß für die Berathung und Entwerfung der künftigen deutschen Reichsverfassung und für die einstweilige Führung und Ausübung der Reichsgewalt ein preußisches Haupt gesucht und erkiest werden müsse. Nun hatten die Märztage hinsichtlich der preußischen Häupter, worauf bei der Wahl des provisorischen Oberhaupts die Augen sich richten konnten, es unglücklicher Weise so gestaltet, daß man nach der andern Hauptstadt, nach Wien, hinschauen mußte. Man holte sich den alten ehrwürdigen Erzherzog Johann. Keiner darf behaupten, daß dieser Herr bloß ein österreichisches Herz mitgebracht, daß er von Anfang an bloß geösterreichert habe, aber geleugnet kann nicht werden, daß seine Wahl bei der großen Mehrzahl — denn die Mehrzahl der Versammlung neigte von Anfang an zu Preußen hin — schon manchen leisen stillen Verdacht über den künftigen Gang der Dinge und bei Manchen auch wohl hoffnungslosen Verdacht erzeugt hat; ich meine, es däuchte ihnen dieser Erzherzog an dieser Stelle wie ein weissagendes Zeichen für den Ausgang der Berathungen und Beschlüsse.

Blickt man nun auf die Arbeiten dieser Versammlung, auf die Vorrüstungen und Vorarbeiten eines künftigen deutschen Reichs und deutscher Reichsverfassung, so wird kein billiger Wäger und Richter leugnen, daß, wenn in künftigen Tagen die Frage deutscher Reichseinheit und eines deutschen Kaisers einmal wieder lebendig wird, man wohl auf manche Kapitel ihrer Entwürfe wird zurückblicken müssen. Die Junker und Ultramontanen und alle Rothmützen mit ihnen im Unisono, mögen, so viel sie wollen, von hohler und übermüthiger Professorenweisheit und von dem Professorenkaiser mit thönernen Füßen höhnen und schimpfen, die Zeit wird wieder kommen, welche die Gedanken und Entwürfe vieler guten und gescheidten Männer aus dem Papierkasten, worin sie liegen, einmal wieder hervorsuchen wird, wenn wir gleich gern gestehen, daß aus den Trieben und Leidenschaften jener Tage Manches, auch aus französischen Mustern Einiges damals Unvermeidliches mit eingeflossen ist. Denn auch das wird die Zukunft wahr machen, was Ludwig Uhland damals gesagt hat: Der künftige Kaiser wird mit dem Zuguß einiger Tropfen Demokratenöls gesalbt werden müssen. Demokraten? Das ist ein Namen, womit man gottlob in Deutschland niemand mehr todtschlagen kann, wenn die Dummheit und Bosheit gleich gewohnt ist, in der Weise, wie die Römischkatholischen alle Auswüchse verrückter Ketzereien den Doktoren Luther und Calvin in die Schuhe zu gießen pflegen, unter dem Titel Demokrat, der ein Schimpftitel sein soll, alle hirntollsten politischen Vagabunden, alles verrückteste und verworfenste socialistische und kommunistische Gesindel, mit einzuzeichnen. Wie ich oben sagte, das deutsche Volk hatte bei den Wahlen einen verständigen und gesetzlichen Sinn bewiesen, daß es wirklich Ordnung und Gesetzlichkeit im Vaterlande wollte. — Aber wie viele Demokraten rechnest du denn wohl unter den 600 bis 650 Namen, welche bei den Abstimmungen gewöhnlich aufgerufen wurden? Lieben Freunde, wie soll ich euch das in Deutschland klar machen, da selbst in England und Nordamerika, wo die öffentlichen Charaktere seit manchen Jahren schon gezeichnet sind und gleich bei ihrem ersten Auftreten schon gezeichnet werden, die rechte Titelstellung der Namen schon eine sehr schwere Aufgabe ist? Ich antworte kurz: von denjenigen, die man in Deutschland wohl mit Recht Demokraten nennt, ist die Mehrzahl der frankfurter Reichstagsboten Aristokrat gescholten worden. Das heißt: diese Mehrzahl meinte die Möglichkeit einer gesetzlichen deutschen Besserung und Wiederaufrichtung ohne fernere blutige deutsche Aufruhre wenigstens zeigen zu können. Es gab in der Minderzahl gewiß manche treue und ehrenwerthe wirkliche Demokraten, die von einer weltbeglückenden deutschen Republik, überhaupt von nichts als von europäischen Republiken träumten, manche jugendliche wahnbegeisterte Schwärmer, auch einzelne verworrene Kommunisten und Socialisten des gewöhnlichsten Schlages, welche die prächtigen wälschen Schlagwörter von Ledru Rollin, de la Martine und Caussidiere nachleierten, Bösewichter aber, die bloß Verwirrung, Umsturz und Gesetzlosigkeit im Leibe hatten, also mit grellstem Roth Gezeichneter wohl kaum ein halbes Dutzend. Von der leichten springenden und überspringenden Waare und von den Ueberschwänglichen hatten Sachsen, Schlesien und einzelne Gaue des Oberrheins die meisten geliefert. — Noch ein Wort von dem Schluß dieses Reichstags, der hinterher von Vielen ja eine deutsche Faschingsposse genannt worden ist, worüber der Hans Sachs dieser Tage nimmer den Wunsch aussprechen durfte:

„Daß Glück und Fried daraus erwachs,
„Wünscht sammt seinen Spielleuten Hans Sachs."

Als die Verfassung entworfen und bestätigt und der Kaiser gewählt und unter dem Geläute aller frankfurter Glocken ausgerufen war, fehlte uns bloß die Kleinigkeit, der Kaiser. Der König von Preußen lehnte die ihm von Frankfurt dargebotene Krone ab. Dies ward das Zeichen der vollen Spaltung und endlichen Auflösung des frankfurter Reichstags. Die Wahl des Königs von Preußen war nicht mit großer Mehrheit und nur nach langen Zwischenhandlungen und Kämpfen der verschiedenen Partheien erfolgt. Es hatten sich, wie es ja in allen Umwälzungen und Volksbewegungen und allgemeinen öffentlichen Versammlungen gar nicht anders sein kann, auch in der frankfurter Versammlung viele besondere Klubs und Rotten gebildet. Ich nenne einige: 1) die dichtgeschlossenste Rotte war die ultramontane oder halbbairische, die natürlich oft auf beiden Achseln trug; diese war die geborne antipreußische; 2) eine zweite weniger schlaue Genossenschaft, welche sich gern altkaiserisch und allgemein deutsch gebärdete, zu welcher sich allmälig die Oesterreicher gesellten, die anfangs sehr die Demokraten spielten, zuletzt mit ihren natürlichen Farben auftraten und von dem ehemaligen Reichsminister von Schmerling gegen die Preußenparthei geführt, geordnet und mit Ultramontanen natürlich, mit einzelnen Wildesten unnatürlich verschmolzen wurden; 3) gab es natürlicher Weise Demokraten verschiedenster Farben und vom reinen bis zum unreinsten Wasser, also unter diesem Namen mehrere Brüche. Hier hat sich nun zuletzt in derselben Weise und meistens auch aus denselben Gründen ein dem früheren Belgischen Beispiel vom Jahr 1830 ganz gleiches herausgestellt, daß die Ultramontanen und Wilden sich vereinigt und den kleineren

Haß in dem größeren Preußenhaß erstickt haben. Der Erzherzog ist später beschuldigt worden, er sei in den letzten vier fünf Monaten seines hohen Amts nicht mehr der über dem Gezänk und Geschwirr des kleinen Geflügels schwebende sonnenfliegende Adler gewesen; ja seine Feinde haben gesagt, er habe mitgespielt, und auch sein letztes Ministerium, das Ministerium Grävell-Detmold sei mit Absicht erlesen, um dem frankfurter Parlament in der Volksmeinung die letzte Niederlage zu bereiten. Diese Niederlage bereitete sein Stück Rumpf sich endlich selbst, seinen Reichsvogt Raveaux an der Spitze; aber für einen glorreichen Tod hat es keinen Kromwell gefunden, sondern seine letzten Glieder sind auf Stuttgarts Straßen von einigen wirtembergischen Bayonetten in alle Welt auseinander gejagt worden.

Wie hier traurig genug alles nur mit Spott und Gelächter geendigt hat und das mannigfaltigste Geschrei und Getümmel der Verleumdung und des Hasses ihm in den folgenden Jahren gefolgt ist, so hat sich aus diesem Ende und aus den neuen Anfängen von Unterhandlungen und politischen und diplomatischen Zettelungen und Verwirrungen der folgenden Jahre ein wahres Zetergeschrei erhoben, das immer noch in einzelnen dumpfen und heisern Tönen nachklingt. Dieses

Zeter erklang vorzüglich aus dem Süden und Süd-
osten, wo man nimmer verschmerzen konnte, daß
Preußen die höchste Reichswürde angetragen worden
war. Es schrie und predigte Preußenhaß, weissagte
Preußens Untergang und Vernichtung als etwas für
ganz Deutschland Nothwendigstes und Erfreulichstes,
als wenn durch diese Vernichtung erst Deutschlands
Einheit und Macht geschaffen werden könne. Preußen
sollte nun der Sündenbock sein für alle Bescherung,
welche die jüngsten Jahre gebracht hatten, es sollte
vor allem dafür gezüchtigt werden, daß die Augen der
Besten und Tapfersten auf dasselbe als auf den künf-
tigen Oberkönig geblickt und gewiesen hatten; Preußen
sollte durch seine vielen Wechselungen und Schwan-
kungen und Wankungen sich selbst und Deutschland
und das deutsche Schleswig-Holstein aufgegeben und
durch sein Spiel mit dem Kaisergedanken, durch seine
Unterhandlungen mit Erzherzog Johann in dessen letz-
ten frankfurter Monaten, durch den Tag zu Erfurt
u. s. w. verderblichem Volkswahn geschmeichelt und den
Königen und Fürsten des Vaterlandes Netze der
Schlauheit und List um den Nacken geworfen haben.
So tönte es aus den Gegenden, wo die Bündnisse
von Bregenz und Darmstadt geflochten wurden, so
wußte man in München und Wien von der preußi-

schen Pfiffigkeit viel zu erzählen, in jenen Städten, wo die pfaffische Erziehung der Höheren die rechten deutschen Pfiffici bildet. Wir haben sie kennen gelernt, die mit frommer freundlich lächelnder Miene einem ohne Erröthen grade ins Gesicht lügen können. O Preußens Freunde hätten bei dem preußischen Kabinette damals gern ein bischen mehr Pfiffigkeit gesehen. Preußen hat in Dresden und Karlsruh den Aufruhr gebändigt, der alle Fürsten wegschaffen wollte; wäre in seinem Kabinette ein wenig von einem politischen Macchiavelli gewesen, hätte es im Jahr 1849 seinen Feldherrn mit seinen 40,000 Mann mit erlaubten politischen Gedanken nur acht Tage länger hinter den Bergen an seiner Grenze stehen lassen, auch die Herren von Darmstadt und Wirtemberg, die später so gewaltigen Muth gegen Preußen gezeigt haben, würden haben über den Rhein fliehen müssen. Es hätte dann doch eine kleine Schadenfreude gehabt; Dank ist ihm für seine Rettung nicht der geringste geworden. Es steht uns ja frisch im Gedächtniß, wie Diese bald nichts als Oesterreichs Großheit und Herrlichkeit priesen und auf die Schärfe seiner Degenklinge hinwiesen, jenes Oesterreichs, das die Krankheit und Ungesundheit seiner Zustände und Verhältnisse doch hundertmal kläglicher gezeigt hatte als Preußens; wir wissen, wie weit die

Hetzerei es damals in Süddeutschland getrieben hat, wie man Preußen damals grade ans Leben wollte, daß es in der entscheidenden schicksalsschwangersten Zeit nicht ein stolzes deutsches va banque! gespielt hatte. Diese haben endlich Preußens Unentschlossenheit Feigheit gescholten, sie hatten Muth genug zu einem deutschen Bürgerkriege, daß Preußen diesen Muth nicht hatte und den Handschuh nicht aufnahm, haben sie keinem Gefühle zugeschrieben, dem vor dem Brudermorde schauderte. Wir stehen ja noch ganz frisch in dieser Zeit und in ihren Erinnerungen; auch in Preußen waren genug Männer, auch die besten treuesten Freunde ihres Königs, welche das Schwerdt gezogen wissen wollten, welche meinten, dies Geschwür des Hasses und Neides sei so dick geschwollen, daß das Eisen es aufhauen müsse; Sünden und Schäden einer tollen Zeit werden am besten mit tollen Mitteln geheilt: so werden kranke Staaten oft wie durch einen Zauberschlag auf einmal wieder frisch und gesund. Es waren auch, die da meinten, und ich muß bekennen, ich gehöre zu diesen Meinenden, daß durch die Weichheit und Sanftheit der Schritte und Tritte, durch das sogenannte stille und allmälige Flicken und Bessern, was die Sanften und Leisen immer im Munde führen, aus Deutschland schwerlich jemals das gemacht werden wird, was die Treuesten und Tapfersten des Vaterlandes in der Brust tragen. Auch dem Jahre 1848 sei ein Gewaltiger noth gewesen, ein Dreinschläger und Durchhauer, der ein scharfes Eisen um die Köpfe der Menschen geschwungen und mit Scepter und Schwerdt wie mit Keulen drein geschlagen hätte. Aber siehe! diesseits und jenseits waren die Wünsche sowohl der Bregenzer und Darmstädter Süddeutschen als der kriegslustigen norddeutschen Preußen unerfüllt geblieben; heute giebt's nur noch Türken- und Russen-Lärm, es ist Friede, wenigstens Stillstand in Deutschland — so gebeut der Wille der Kaiser und Könige, die das Wort und Schwerdt der Entscheidung führen, und die Hinundherreisen von Wien, Berlin, Warschau und Olmütz haben für den Augenblick die brennenden Schäden gestillt und die alten und jungen Narben und Wunden zugedeckt. Wir wollen auch von ihnen und von den traurigen Erinnerungen der jüngsten Vergangenheit abspringen und uns unsre Gegenwart, wie sie eben steht, betrachten. Wir beginnen hier wieder mit uns selbst, und betrachten uns zuerst Preußen als das lebendigste und hoffnungsreichste Lebenselement Deutschlands und dann das Volk selbst. Also nach vielen vorhergehenden Worten noch ein letztes volles Wort aus Preußen und für Preußen.

Wir haben oben beide in Ernst und in Scherz von Gleichnissen, vom Voltairismus und Jesuitismus, von einem norddeutschen und süddeutschen Lebenselement gesprochen, auch von zwei verschiedenen Grundprincipien: — Wie sehr das Deutsche in seinen verschiedenen Gränzen auch in mancherlei wirklichen und oft unsichtbaren Uebergängen in einander verschwimme und verschmelze, wenn man zwischen Wien und Augsburg und Berlin und Hamburg zu beiden Seiten eine Breite von dreißig Meilen wegdenkt, so wird man manchen schroffen Gegensatz und brennenden Unterschied entdecken; stellt man sich aber vollends Luther und den Pabst mit dem langen breiten Schweif, den sie seit drei Jahrhunderten hinter sich her gezogen, in ihrer klaren natürlichen Feindseligkeit gegen einander — o wie steht da in allen Lebensbeziehungen und Entwickelungen und auch in den meisten Verhältnissen und Richtungen des Staats alles mit noch viel schrofferen Ecken und Spitzen einander gegenüber! Erdlage und Klima auf der einen Seite, Seeluft ja Meerluft und Doktor Luthers und, wenn ihr boshaft anspielen wollt, auch Voltaires Wind haben große bleibende Verschiedenheiten geschaffen. Wie Wien und Augsburg nicht mehr Städte des Jesuitismus und eines weichlichen und dumpfen Pfaffenthums der Jahre 1770 und 1780 sind, so ist es ein wohlfeiler Spott, von dem Preußen zu sprechen, als sei er eine Mischung von etwa einem Viertel Deutschen und Dreiviertel Franzosen und Juden, ein kalter, listiger, spöttelnder und witzelnder Pfiffikus, welchem jegliche deutsche Fülle von Gemüthlichkeit und Herzigkeit längst abhanden gekommen. Wo ist, frage ich, jenes Berlin, das vor siebenzig achtzig Jahren blühte? wo ist jenes Preußen Friedrichs des Zweiten? Wie ist das alles so gar anders, wie viel größer, breiter, stattlicher und prächtiger geworden! wie ist das Gepräge jener Jahre längst verschliffen und fast ausgelöscht! wie ist der steife, magere, nüchterne und ärmliche Preuße, die tapfere aber immer starre Soldatenfigur, kaum noch in einzelnen Exemplaren sichtbar! Das Hauptelement, das Grundprincip in seinem edleren besten Theile, ist geblieben und muß bleiben. Licht, Klarheit, Tapferkeit, hellste geistige Muthigkeit, dieses nordische luthersche Erbtheil, ist das eigentliche preußische Leben, Licht, Kunst und Wissenschaft heißt die Inschrift der Fahne, unter welcher Preußen groß vorangeschritten ist und größer fortschreiten wird. Ich habe den Norden, das heißt das Klima, ich habe Doktor Luther, das heißt das lichte Streben des Geistes, genannt, aber Preußen ist auch mehr als irgend ein deutsches Land das Land seiner

Herrscher und Könige: die weisesten Herrscher und die tapfersten Helden haben es durch Klugheit und Tapferkeit größtentheils mit dem Schwerdt gewonnen und behauptet und nicht allein im geistigen, sondern auch im irdischen Sinn größtentheils geschaffen und gestaltet. Ich brauche hier nur vor vielen Namen den großen Kurfürsten, seinen Enkel Friedrich Wilhelm den Ersten und seinen Urenkel, Friedrich den Zweiten zu nennen. Frage die Haiden, Sümpfe und Seeen der Marken Pommerns und Preußens nach diesen Namen, oder vielmehr frage die Felder, Wiesen, Städte und Dörfer, wo weiland Haiden, Sümpfe und Seeen waren. Und dieses Land ist im Fortschreiten, im frischen Wachsen, Gedeihen und Blühen, und hat vor allen andern deutschen Landen noch unendlichen Raum weiter zu wachsen, durch die stillste und schönste Eroberung, durch das, was mit Gottes Segen der Pflug, die Axt und der Spaten der Erde und dem Wasser abgewinnt. Hört! Preußen hatte vor vierzig Jahren nicht zehn Millionen Seelen, es hat jetzt siebenzehn Millionen; es kann und wird wahrscheinlich in vierzig fünfzig Jahren zwei und zwanzig bis vier und zwanzig Millionen Bewohner haben. Ich messe die Stärke der Staaten freilich nicht nach der Menge der Einwohner, die sie bewohnen — einige Länder sind in der That zu dicht bevölkert — aber das gilt als statistische Regel: wo die Bevölkerung abnimmt, da tragen schädliche Zustände und schlechte Regierungen meistens die Schuld. Hier in Preußen besteht nun das besondere Glück, daß große fruchtbare und jeglichen Anbaus fähige Landstrecken und Sümpfe, Seeen und Haiden noch da liegen, die nur auf ihre Bezwinger, Reiniger und Anbauer warten, um in segenreiche blühende Gefilde verwandelt zu werden. Wenn man das große Königreich Preußen (das eigentliche Preußen) und einen großen Theil der Marken und Hinterpommerns betrachtet, so kann dort gewiß die doppelte Menschenzahl von den besten und erfreulichsten Gewerben, von Ackerbau, Waldbau, Viehzucht u. s. w. sich noch besser und fröhlicher ernähren, als die gegenwärtig dünn gesäet auf jenem noch zum Theil wilden, unbezwungenen und rohen Boden weiden. Also fünf bis sechs Millionen Menschen mehr als jetzt. Dies wird keine künstliche sondern eine wahre Stärke werden. Jene Gewerbe sind keinem Wechsel unterworfen und zeugen keine Bettler, Krüppel und Jammermenschen, wie so viele Fabriken; sie schaffen und erzeugen das Beste, was alle gebrauchen, das tägliche Brod, sie zeugen und erhalten auch ein kräftiges Menschengeschlecht, Männer, welche die Waffen tragen und schwingen können, wie sie Sense, Axt und Ruder schwingen! Dies ist die Stärke, welche Preußen in einigen Menschenaltern noch zu der Stärke gewinnen wird, die es jetzt schon hat. Dies ist eine der schönsten Aussichten der preußischen Zukunft.

Ich erwähnte oben: Preußens Freunde haben über Wankungen und Schwankungen geklagt, seine Feinde haben darüber wie über Schwäche und Feigheit gejubelt und eine gewisse Ermattung und Abgestorbenheit der preußischen Lebenskraft geweissagt, indem sie sich auf die österreichische muthige und frische Entschlossenheit berufen und auf die Rüstigkeit des 88jährigen Feldmarschalls Radetzky gleichsam eines österreichischen Vorbilds hinweisen. Hier, hier ist die Stelle, wo ich diese Neider und Ankläger Preußens fassen will; hier zeigt sich am glänzendsten der ungeheure Unterschied zwischen Wien und Berlin und zwischen der Bildung an der Spree, die über Brandenburger und Sachsen, und der Bildung an der Donau, die auch über Seckler und Kumanen gebietet. Preußen darf nicht so zufahren und durchfahren, darf nicht so regieren, wie an der Theiß und am Po durchgefahren wird. Die Durchbildung einer breiteren Wissenschaft, die Erleuchtung einer helleren Religion, die größere Milde und Sanftheit der Sitten gebieten eine größere

Mäßigung und Schonung und sind allerdings in gefährlichen Zeiten, wo sie nicht bloß mit Gefühlen und Ansichten, sondern auch mit Verweichlichungen und Vorurtheilen zu kämpfen hat, der Regierung oft etwas sehr Hemmendes und Unbequemes. Mit Vergnügen erinnere ich hier an ein Wort, welches der gute und grade Selige König zur Zeit der demagogischen Umtriebe gesagt haben soll, als Einige ihn zu durchgreifenderen Maaßregeln zu bewegen suchten „Dergleichen „kann man anderswo wohl thun, aber bei uns geht „es nicht.“ Die Stärke, welche Kraut und Loth und der Harl' des Hanfstängels geben, kann Preußen sich nicht verschaffen. Man vergleiche die Gassen- und Gerichts-Geschichten der Jahre 48 und 49 von Wien und Berlin, und bedenke auch hier den Unterschied zwischen dem Norden und Süden. Preußen hätte damals auch wohl ein Dutzend Lindenbummler gehabt, die verdient hätten durch Pulver und Blei ohne viele Umstände in die andere Welt gefördert zu werden. Gottlob, daß man sie lieber hat laufen lassen, als sie so auf die leichteste und geschwindeste Weise ohne gerichtliche Formalien wegzuschaffen. Wer die Erschütterungen der jüngsten Vergangenheit eingesteht, wer die milderen, geistigeren, menschlicheren Gefühle und Ansichten des protestantischen und preußischen Nordens mit in Anschlag bringt, muß aus diesen auch manche Unentschlossenheit und Wankungen und Schwankungen des preußischen Kabinetts, welchem wir allerdings oft mehr Klemme und Schneide gewünscht hätten, richten und wägen, nicht aus der jetzigen Stunde, wo es so Vielen wieder leicht däucht, sich entschlossen und tapfer zu gebärden, nicht aus einem ex post aus dem Lauf und Schall der Stunde, wie eben ihre Glocke geht und schlägt, wo die Dinge sich wieder einigermaaßen zurechtgestellt haben, sondern aus den Gefühlen und Stimmungen der Jahre 48 und 49. Ich frage: wo stand damals etwas fest? wo konnte, wenn man nicht den vollen sultanischen Muth härtester Eisenkraft hatte, damals etwas fest gemacht werden? Wir wissen, wie heute noch in Preußen und in den meisten deutschen Landen nicht nur in den Gedanken und Ansichten der Menschen, sondern in allen Entwürfen, Richtungen und Einrichtungen der Staaten in der Gesetzgebung, Verwaltung, Regierung, unendlich Vieles noch unstät, unfest und wankend ist; wir müssen auch bekennen, wie Vieles in unserm Preußen noch wankt und wie viel auch da in mancherlei Proben und Stößen zwischen dem Alten und Neuen hin und her gestoßen wird. Ich erinnere hier nur an unsre Gesetzgebung und Verfassung vom Jahr 48. Man braucht ja nur die

Verhandlungen der Berliner Reichstage zu lesen, um aus dem Eigenen und Nächsten den Stand und Zustand der Ferne zu begreifen. Hier muß ich Einzelnes berühren, was nicht bloß Preußen sondern das ganze Deutschland betrifft. Wir können aus dieser Berührung und Betrachtung wieder lernen, wie vielen leeren Hoffnungen und Täuschungen auch die Besten und Gescheidtesten preisgegeben sind. Ich meine hier unsre vielen jüngsten Verfassungen oder Konstitutionen. — Konstitution, die sogenannte Konstitutionelle Monarchie das war seit zwei Menschenaltern der große Waidspruch, die Silberglocke, womit man durch alle Herzen tönte, das zauberhafte Schiboleth der Dummen und der Klugen. Konstitutionelle Monarchie nach dem bisher nicht übel gelungenen Muster der englischen Verfassung, wenn auch ein wenig nach neuem französischen Zuschnitt. Denn die Franzosen wollten ja im Anfang ihrer Umwälzung nach der englischen Verfassung auch die ihrige zuschneiden und gestalten. Konstitutionelle Monarchie das war das große Wort der Freiesten und Besten, und ist noch heute ihre Loosung, und muß für die großen Völker und Staaten durchaus ihre Loosung bleiben, weil kaum eine andere Aussicht des Ausgangs aus langer Verwirrung und Umwälzung und der Rettung und Erhaltung wahrer Gerechtigkeit und Freiheit in der Welt ist. Konstitutionelle Monarchie war daher auch seit vierzig fünfzig Jahren das große Wort und die Loosung für Preußen; aber, wie gesagt, in der Täuschung waren auch die Besten befangen: die Verkündung und Stiftung der konstitutionellen Monarchie in Preußen werde mit einer wundersamen Zaubergewalt wirken und bloß durch die Waffen der Geister Alles an Preußen heranziehen und gleichsam in und unter Preußen hineinziehen. Ich darf nicht zweifeln und bezweifle keinen Augenblick, daß diese hoffnungsvollsten Männer Recht hatten; ich glaube ganz, daß dieser Zauber ein herrlicher und diese Gewalt eine unendliche sein würde, wenn die zu Papier gebrachte und nun schon sechs Jahre unter Berathung und Bestreitung gestellte Konstitution Preußens schon als ein ganzes beneidenswerthes Muster in ihrem Gange und in der Ausübung fertig da stände. Aber wie weit ist sie noch von dieser Fertigkeit! wie weit in mancher Beziehung auch von der Musterhaftigkeit, die man sich so leicht geglaubt hatte! Wenn man sich die Bildung, Gesittung und das ganze Streben jener Norddeutschen darstellt, welche solches glänzende Muster fertigen und gestalten sollen, so darf man doch von Anfang an nimmer vergessen, daß solche neue Schöpfung und

Gründung für einen großen Staat, der von den verschiedensten Winden der Meinungen und Interessen durchweht und aus der größten Mannigfaltigkeit der Völkerschaften und Klimate und verschiedenster Gebräuche, Sitten, Rechte, Religionen und Vorurtheile zusammengesetzt ist, ein tausendmal schwereres Ding ist, als in einem kleinen runden Staatskörper, in welchem ein gleiches einförmiges Völkchen lebt, und welches vielleicht in sechs oder zwölf Wegestunden von einem Ende bis zum andern durchzumessen ist; man hatte auch vergessen oder doch nicht genug erwogen, wie in diesem jetzt mehr zur Ausgleichung der Kräfte und Rechte hinstrebenden Staatsbau diejenigen, welche Jahrhunderte, und zum Theil durch schlimme und gemeinschädliche Vorrechte, oben gestanden hatten, nicht leicht und zahm weichen und ihre höhere Stellung mit den niedrigeren Rangen und Stufen der Bürger und Bauern ohne Kampf mehr werden ebnen und gleichen lassen. Dieser Kampf ist in der That da, und die alten Hochgestellten machen die Hemmenden und Sträubigen und führen ihre Vorkämpfer in die Rennbahn. Da ist nun, weil sie den Staatskarren, der nach ihrer Meinung zu geschwind und mächtig vorwärts und in den Dreck gestoßen war, durchaus wieder in die alte Bahn zurückschieben wollen, der Ekelname der Rücktreibung der hinterpommerschen Junker entstanden, und ihren Vorkämpfern und Vertheidigern wirft man den Namen der historischen Schule zu, weil sie unter dem Titel, daß sie auf historischem Boden stehen und auf diesem Boden für das gute historische Recht auf Leben und Tod fechten wollen, den Kampfplatz betreten. Wie dem sei, wie gefährlich es auch oft sei, an alten Gebräuchen, Rechten und Vorrechten zu rütteln, in dem Worte historisch hat man eine zweischneidige Klinge in der Hand, bei welcher man sich in Acht nehmen muß, daß man bei der Erörterung darüber sich nicht selbst verwunde, in dem Wörtlein historisch liegt doch nimmer die Bedeutung rechtlich, am allerwenigsten aber die Bedeutung menschlich und christlich: jedes böseste Unrecht, jede unmenschlichste Scheußlichkeit ist ja einmal irgendwo historisch gewesen und ist es an vielen Stellen unsrer armen Erde noch heute, zum Beispiel Sklaverei, Entmannung, Vielweiberei u. s. w.; daß der kantonspflichtige Bürgers- und Bauers-Sohn von dem hinterpommerschen Junker vor einem halben Jahrhundert noch vorzugsweise geprügelt werden durfte, war ja historisch genug — aber wer wird es wagen dergleichen veraltete Sauberkeiten und Herrlichkeiten des verknechteten siebenzehnten und achtzehnten Jahrhunderts unter diesem Titel jetzt noch vertheidigen zu wollen? Und gottlob es giebt doch einzelne Oasen in der Geschichte, es hat auch einzelne deutsche und skandinavische Oasen gegeben, wo solche Gräuel nimmer historisch geworden waren. O diese hinterpommerschen oder vielmehr hinterzeitischen Junker mit aller ihrer nichtigen und lächerlichen Junkerei und Flunkerei und mit ihrem Gottesgnadenthum des Königthums! Ja, den König von Gottes Gnaden nehmen und verehren auch wir in voller Gläubigkeit als den Grundstein und Schlußstein jedes wohlgeordneten preußischen und deutschen Königthums; wir meinen aber den deutschen christlichen König von Gottes Gnaden, nicht den halbheidnischen halbjüdischen König der orientalischen Emanationslehre des sultanischen Absolutismus, den sie und ihre Apostel uns verkündigen, indem sie schlau aber für die Zeit doch nicht schlau genug hinter ihrem orientalisch patriarchalischen Königthum ihren Junker von Gottes Gnaden, wie ihn die Bauern wieder anbeten sollen, verstecken. Wie lüstern weisen sie uns wieder auf die glückseligen, stillen, christlichen, sittlichen Zustände des kleinen Volks der Jahre 1770 und 1780 zurück! Gottlob es leben noch genug, welche die Zustände jenes christlichen patriarchalischen Junkergnadenregiments gekannt haben. Ich habe ja dreißig vierzig Jahre in Rügen, Pommern und Mecklenburg gelebt, weiß auch, daß ein wackrer Landvoigt der Insel Rügen von Normann von Tribberatz, der im sechszehnten Jahrhundert ein Rügensches Landrecht verfaßte, in seinen Tagen schon klagte „es sei nicht gut, daß man die Bauern„freiheit schmälere, weil die Junker sich sonst zu sehr „mit den hübschen Landdirnen erlustigen würden." Ich habe die Zeit noch gesehen, wo der Dorfschulz und Bauer mit Weibern und Töchtern dem Junkerpatriarchen, wenn es ein liederlicher, böser, verschwenderischer Mann war, rettungslos preisgegeben waren. Nur Ein damals gewöhnliches Beispiel, was in vielen Dörfern und Höfen zu schauen war. Auf Rügen kannte ich die Wirthschaft und Familie eines alten reichen Landraths von Ue. auf U... Wenn man dessen Höfe betrat, war eine große Familienähnlichkeit der verschiedenen Gesichter des Gesindes unverkennbar: es war wie die Familie eines Patriarchen Abraham mit fünf Weibern und zwanzig Kebsweibern. Der Enkel dieses alten Edelmanns hat in dem Bauern- und Hofgesinde Oheime und Basen, Vettern und Muhmen, Brüder und Schwestern schauen gekonnt. Einer war Verwalter, ein zweiter Gärtner, ein dritter Jäger, ein vierter Bereiter u. s. w., — alles glückselige stille

Leibeigene, die von den höheren Würden nach Belieben wieder zu Knechten und Tagelöhnern erniedrigt wurden. Nicht wahr: ein schönes christliches Patriarchenthum des väterlichen Junkerthums? Zu solcher Christlichkeit möchten sie das wilde Volk wieder zahm machen. Wie dem sei, die konstitutionelle Monarchie ist in Preußen noch lange nicht fertig, sie muß ja nothwendig ihre Durchkämpfung, Gestaltung, Uebung und Gewöhnung haben. Man bedenke nur: England, welches Viele als das große Verfassungsmuster zeigen und preisen, wie vieler Jahrhunderte des Kampfes und der Uebung hat es bedurft, wie vieler Vorläufe und Rückläufe, bis das Volk an einen tüchtigen, tapfern, gesetzlichen Sinn gewöhnt und die bill of rigths beschworen und besiegelt ist! Wir stehen nun einmal so: wir können und wollen in jene alte gepriesene preußische Junkerherrlichkeit, in die wegen ihrer zahmen Sittlichkeit gepriesene Leibeigenschaft und Kantonspflichtigkeit und unter die junkerliche Polizeiherrschaft nimmer zurück. Wenn die, welche immer die historische oder gar die germanischhistorische Flöte blasen, doch ein wenig über das Wasser nach dem germanischskandinavischen Norden schauten, wie in Norwegen und Schweden das Land- und Bauer-Recht zwischen dem adlichen Schildgebornen und dem bäuerlichen gemeinen Mann schon seit vielen Jahrhunderten bestanden hat. — Leider sehen wir hier, wo die Verfassungsfrage steht, noch immer keinen höchsten hellen Punkt, der wie eine lichtgefüllte Gaskugel über ganz Germanien hin die Gassen und Köpfe erleuchtete und durchleuchtete. Wir hatten gehofft, Preußen werde dieser leuchtende Montblanc, dieser weiße Sonnenberg werden, um welchen die kleineren Lichter als um ihren Mittelpunkt kreisten, von welchem sie den edlen Lichttrieb bekämen und um welchen sie ihre mehr oder weniger koncentrische oder elliptische Bahn laufen lernen müßten. Leider ist das noch nicht geschehen; denn hier ist noch heute der Hader und Streit über die drei Hauptkapitel: über das Was, das Wie weit und das Wo hinaus? kurz die Hauptfragen sind hier noch nicht geschieden und geschlichtet. Weil nun, wie man sieht, die konstitutionelle Geburt keine so leichte und sanfte ist, als man sich eingebildet hatte, und diese Staatsform durch die Stürzungen und Umstürzungen in Wien und Berlin ein unausweichliches Gebot des Augenblicks gewesen zu sein schien, so ist die Arbeit zum größten Theil wild, kurz und geschwind genug fast ringsum im Vaterlande begonnen und vollendet, und nach der Schaplune des Tages, und, fast möchte man sagen, nach dem Zuschnitt der Mode zu Papier gebracht und von den neuen konstitutionellen Ständen besiegelt und beschworen worden. Dieser Modezuschnitt hat in dem Monarchischen Deutschland, wie man es nennt, wo der Herrscher von 40,000 und 80,000, meinethalben von einer halben oder anderthalben Million Seelen ad modum regis Angliae et Borussiae aut Imperatoris Austriae in dem Herrscherpurpurmantel der monarchischen Majestät hat hingestellt werden müssen, leider Fratzen und Karrikaturen genug gegeben. Mit den vormaligen sogenannten Deutschen Ständen, welche meistens aus einzelnen Wenigen der glänzenden und vorberechtigten Klassen des Volks bestanden, konnte das Ding bei aller seiner Unbedeutendheit und Unwirksamkeit doch nimmer so fratzig und lächerlich aussehen, noch so stolze und bauschbackische Worte blasen und tönen, als die Rohrdommel und Frösche in den Teichen und Sümpfen unsers Germaniens vor 1848. Dieser Erscheinungen sind wir nun in vielen Ländchen des Vaterlandes in der jüngsten Zeit fast eben so geschwind, als sie entstanden waren, wieder los geworden; ein Theil dieser kurzen Konstitutionen, zum Beispiel das unglückliche Hessen unter seinem Hassenpflug, die Mecklenburger, Anhalter, die Fürstenthümer Lippe u. s. w. sind dem großen Muster und Winke Oesterreichs gefolgt und haben sie meistentheils für ein

Teufelswerk des tollen Jahrs erklärt und verrufen und, als wenn es sich um Kinderspiel handelte, sie kurzweg übers Knie gebrochen oder ganz nach Belieben umgeändert. Ich muß dies hier nothwendig einflechten, weil es auch ein großer deutscher Jammer ist, dessen böse Folgen einmal wieder nachkommen werden, weil auch hier jeder Mittelpunkt und jede Hauptrichtung der öffentlichen deutschen Zustände fehlt. Schlimm genug daß solch ein Mittelpunkt der Macht und Majestät für das Ganze fehlt. Ein großes Volk entbehrt ihn nicht ungestraft, und was man eben Herrlichkeit und Suveränetät und Majestät nennt, dieser göttliche Glanz und Schein, welcher bei dem alten deutschen Kaiser in seiner letzten Abschwächung und Erbleichung doch immer als ein heiliger und nur selten sichtbarer aber selbst in seiner Unsichtbarkeit oder Verdunkelung verehrter Schein noch da war, wird durch die kleinlichen und kümmerlichen Schatten und Spielereien damit, ohne daß er in leuchtender Wirklichkeit da ist, in den Augen und in den Gefühlen und der Meinung des Volks gemindert und ausgelöscht. Ein solcher Mittelpunkt ist ja in der Paulskirche zu Frankfurt und in der Versammlung zu Erfurt vergebens gesucht worden. Die meisten der Fürsten haben ihn frei und froh begrüßt, die mächtigeren haben ihn als eine Beschränkung ihrer Herrlichkeit im blinden und übermüthigen Zorn von sich gestoßen, und mit einer kühnsten oft frevelhaftesten Lustigkeit haben die von den Hohen und Höchsten angeblasenen und begünstigten Rücktreiber und Hohnlächler die offensten und frechsten Rechtsbrüche unter dem Titel Umsturz undeutscher und französirender konstitutioneller Kinderspiele zum Gegenstand des lustigsten Spotts und Gelächters gemacht. Ach! ich fürchte, sie werden einmal sehen, worüber sie gelacht haben.

Wir scheinen hier einen Ablauf von unsrer Bahn von Preußen weg gemacht zu haben, aber wir sind hier wahrlich ganz auf unsrer Bahn. Die Frage um konstitutionelle Monarchie, um Wahrung des Gehorsams und der Ehrfurcht vor der Majestät, um einen deutschen Mittelpunkt und um ein künftiges Oberhaupt des Volks und der Fürsten — es ist der Name Preußen, es ist die große preußische und deutsche Frage, die kaum noch eine offene Frage heißen darf. Große Helden und Herrscher haben Preußen geschaffen und zusammengeschlossen; es werden die nicht fehlen, die einen größeren Ring zusammenschließen. Hier ist nicht bloß auch ein wenig Deutschland, wie die Prediger des Großdeutschlands uns scheltend und prahlend von der Donau her zurufen — hier ist das rechte Deutschland, jenes Deutschland, welches einmal das große Deutschland werden und heißen wird: denn hier ist Deutschlands Kopf; hier liegen seine starken Fäuste ausgestreckt, die weit in die Welt hinaus greifen; hier blitzen seine hellen Augen, die weit in alle Welttheile und Lande hinaus schauen; hier fließen seine großen Ströme, die zu zwei Meeren führen; hier sind die Küsten und Häfen, welche einst in jenen beiden Meeren, in der Ostsee und Nordsee, die Herrschaft behaupteten. Freilich die Donau ist Deutschlands längster Riesenstrom, aber in seinen Gränzen noch keine mächtige Rinne, ihren Kopf kann es doch nicht festhalten, er wird von Fremden gefaßt und gehalten und streckt sich in ein Meer hinaus, worüber Deutschlands Herrschaft eine Unmöglichkeit ist. Preußens Volk und Herrscher begreifen, wo sie wohnen, wo sie in die Welt hinaus greifen und schauen können und hinaus greifen und schauen müssen, wenn sie nicht in sich selbst erblinden, ersticken und verdorren wollen. Das wird ja Gott und ihr eigner Verstand und Muth verhüten. Sie wissen, was von Kiel bis Memel zweihundert Meilen Küsten mit ihren Inseln, Strömen und Häfen bedeuten; sie werden auch da zu fassen und zu halten verstehen. Schon wird neben dem vortrefflichen Heere zu deutscher Ehre und Freude eine preußische Flotte geschaffen; ihre ersten Fahnen und Wimpel fliegen über das Weltmeer; die Ostsee hat die kühnsten und besten Schiffer und Matrosen von Europa, durch welche diese Flotte gedeihen und bald so erstarken wird, daß sie wenigstens den Russen und Skandinaven dort nicht zu weichen haben wird.

Wie ich angedeutet habe, daß Preußen im frischen blühenden Fortschritt ist, und Solches auch an dem Leiblichen und Körperlichen seiner Lande gewiesen habe, so kann und wird die Lutherlehre und der kühne Geist und Muth, die diesen Namen so groß gemacht haben, auch für die Zukunft seine erhabene Aufgabe erfüllen. Hier zum Schluß noch ein Wörtchen von Berlin und von seinem nächsten Volke. Wie die Leute in München und Wien sich Berlin gern malen und seine Bewohner und Umwohner als ein kaltes, nüchternes, schwatzendes und witzelndes Geschlecht hinstellen und sich selbst gern die Fülle der Fröhlichkeit, Gemüthlichkeit und aller fröhlichen und anmuthigen Triebe des Herzens und Blüthen der Fantasie zurechnen, ist dort die bekannte alte Fabelei. Dem alten dieser beiden nur viel zu scharf gezeichneten Unterschiede kam Manches in diesem Gemälde zu, dem alten Berlin von 1750 bis 1780, nur nicht in solcher Breite, wie jene

Schilderer malen. Einiges den Marken Angeborne, noch viel mehr aber manches Eingeführte (die französische Kolonie, eine ziemlich starke Jüdischheit, der alte aus allen Landen zusammengeworbene Soldat) gaben einen gewissen Ton von nüchterner und oft herber Witzigkeit und Spitzigkeit, der Jagd auf Kalamburs, Antithesen und Kontraste, kurz der scharfen hebräischen und französischen Anlage und Art, welche in die allgemeine gebildete Gesellschaft und ihre Weise und Geistesspiele sehr übergegangen war. Ich spreche hier von dem Angebornen im Gegensatz gegen das Eingeführte, und da kann ich niemand Anders meinen als die Marken und die Brandenburger. — Wenn man von dem nordwestlichen Deutschland, von dem norddeutschen sogenannten altsächsischen und frisischen Volksstamm spricht, so spricht man damit eine sehr große Weite aus, Alles, was von Westfalen und der Nordsee und Weser und Elbe Hanover, Holstein, Mecklenburg, Brandenburg, Pommern bis über die Weichsel hinaus in sich begreift; aber es sind auch hier mannigfaltige an einander und in einander hinlaufende und durchlaufende Unterschiede: der Holsteiner ist sehr anders als der Mecklenburger, der Mecklenburger anders als der Pommer, und auch in diesem sind Eigenthümlichkeiten, von welchen der Brandenburger wenig hat. Wie uranfängliche einzelne Familienzüge der einzelnen Stämme, wie Land, Klima, verschiedene Herrschaft und Gesetzgebung u. s. w. bei aller Gleichartigkeit der ursprünglichen Abkunft Solches hervorgebracht haben, bleibt am Ende immer etwas Räthselhaftes. Der berühmte Freiherr vom Stein, der in ruhigen und behaglichen Momenten für die meisten Dinge dieser Welt ein herrliches Aug und ein treffendes Wort hatte, nannte den Pommer den Dreisten und Lustigen und den Märker den Wolf, der mit trotzigen Augen aus der Sandgrube guckt. In der That eine sehr bewußte und gestreckte soldatische Gestalt und ein scharfer trotziger Blick der großen und blauen Augen fällt einem bei den märkischen Bauern und Bürgern auf, fällt nicht bloß dem Süddeutschen auf, sondern auch dem mecklenburger und pommerschen Nachbar: scharfer entschlossener Blick, wie des Kriegers, der zum Marsch gerüstet steht, scharfes und bestimmtes Wort. Der Brandenburger wohnt auf dem Sande und auf den Kieslagen, die aus Granitblöcken zusammengemalmt sind, die Granitblöcke liegen auf seinen weiten Ebenen als Zeichen einer längst abgeflossenen Sindfluth, die sie einst vom Nordpol herabgeschwemmt hat. Solche Angeborenheiten, wenn viele Juden und Franzosen mit ihrer angebornen logischen Schärfe dazu kamen, konnten Berlin mit machen und seine Bewohner und sein Leben und Wesen schaffen und gestalten helfen. Es war in dem Märker etwas Eigenthümlichgranitisches, wie er auch in Schlachten mit granitischer Festigkeit und Hartnäckigkeit zu stehen und, wenn es sein muß, zu zermalmen versteht. — Aber o! jenes Berlin, von welchem jene alte süddeutsche Fabel noch immer fabelt und faselt, ist längst begraben; selbst jenes Berlin vom Jahr 1800 ist nicht mehr da. Berlin ist eine große prächtige Hauptstadt, eine Stadt mit einer halben Million Seelen geworden, die Hauptstadt eines großen Reichs, wohin aus allen Gauen und Stämmen des deutschen Vaterlandes die Menschen zusammenströmen, zu geschweigen die Besten und Trefflichsten in Kunst, Wissenschaft und Gewerb. Freilich von dem alten Berlin ist zur Ergötzung und Belustigung der Welt doch noch einiges Bruchstück übrig; ich nenne vor allen nur den berühmten Berliner Eckensteher. Sonst darf der Mensch und Bürger dieser Hauptstadt sich mit bescheidnem Stolz neben alle großen Städte Deutschlands und Europas stellen. Seine altpreußische Tapferkeit und hülfreiche Menschlichkeit hat er in dem großen Jahr 1813 bei Großbeeren, Hagelsberg und Dennewitz auf den Schlachtfeldern und nach diesen

Schlachten in den Feldlägern und Lazarethen bewiesen; seinem ganzen Wesen nach ist er vor vielen Hauptstädtern ein lebendiger, freundlicher und hülfreich gefälliger Mensch. Daß er auch sein hauptstädtisches, tausendgestaltiges und tausendkünstlerisches leichtes Schelmengesindel unter sich mitwimmelnd haben muß, versteht sich von selbst.

Und jetzt komme ich von meinen guten Brandenburgern und Berlinern wieder zurück zu meinen lieben Deutschen insgemein. Wie diese Deutschen sind, oder vielmehr, wie sie mir in meinem kleinsten Weltspiegel, aus dem großen Weltspiegel auf ihn zurückgespiegelt, andern Völkern gegenüber erschienen sind, ist in den letzten drei vier Jahrzehnten, besonders in dem letzten Jahrzwanzig, oft genug von mir geschildert worden. Wenn ich und sie da nun auch eben nicht in den lieblichsten Farben glänzen, wenn ihre Untugenden und Gebrechen da auch keineswegs verschwiegen und überfirnißt sind, so werden sie doch seit dem jüngsten Jahrzehnt, besonders seit den letzten fünf sechs Jahren von den Eigenen und Fremden so sehr gemißhandelt und mit solcher bleichen garstigen Häßlichkeit gezeichnet, daß ich mich jetzt durchaus immer als ihr Vertheidiger und zuweilen wohl gar als ihr halber Lobredner darstellen muß. Hört einmal, was ihnen die Fremden, die übermüthigen Zeichner und Maler an der Themse und Seine und sogar die Armseligsten an der Newa vorwerfen und was die eigenen Helden von der Schreibfeder nicht nur nachbeten sondern mit allen möglichen Ausmalungen noch übertreiben. Ich zeichne hier aus den vielen schwarzen und garstigen Strichen und Zügen, womit die Undeutschen unsre Deutschheit zeichnen, nur einige Hauptstriche aus, und streiche über diese Striche wieder einige Striche, alles kurz und leichthin, so daß der gescheidte Beschauer meiner Bilder und Gegenbilder ungefähr mein Woher und Wohin wird deuten können.

1. Der deutsche Narr und Gimpel hat sich unterstanden von einer großen deutschen Einheit und Majestät der Macht und Herrlichkeit, von einem neuen Olymp und einem olympischen über die europäische Welt emporragenden und überglänzenden deutschen Kaiser zu träumen und zu faseln, und das in der Mitte des neunzehnten Jahrhunderts, und immer noch will der armselige Zappeler und Grappeler von seinen bunten und olympischen Traumhöhen nicht heruntersteigen. Er soll sich doch besinnen und in seiner Ge-

schichte nachlesen, was er immer gekonnt und gewollt hat, nämlich daß er selten Gutes und Verständiges gekonnt und gewollt hat; er soll sich einmal in ehrlicher Wahrheit den Spiegel seiner Untüchtigkeit ja seines Neides und seiner Bosheit vorhalten, die ihn hindern und immer hindern werden, daß er nichts Großes mehr werden und schaffen kann, ja durch welche er grade das geworden ist, was er jetzt ist, ein murrender, grollender, fluchender, ins leere Blaue hinausstarrender Gaffer und Hoffer, eine Art Pole, der auch auf seine Fahne schreiben kann Durch meinen Sinn des Zanks und Ungehorsams gegen das Vaterland bin ich was ich bin. Er will in verblendeter Hoffart nimmer begreifen, wo sein Uebel liegt, warum er kein Vaterland, kein Reich und keinen Kaiser hat und sie, die durch seine Schuld verlornen, auch nicht wieder finden wird. Er war von jeher — was er heute durch sein Unglück zu sein zuweilen bekennt — ein zwieträchtiger, rauferischer, meuterischer, neidischer Mensch, der sich der Zwietracht und des Haders freute, der glänzende Höhen, ohne welche ein Volk nicht groß und glücklich sein kann, nicht ertragen konnte sondern immer ebnen, gleichen und erniedrigen mußte. Bei ihm war darum immer Herz gegen Herz, Faust gegen Faust, Schwerdt gegen

Schwerdt gezückt; darum war er immer ein Raufer und Todtschläger um Nichts, ein Knecht jedes Fremden, der ihm die Hand voll Gold bot, gegen sein eigenes Land und die eigene Ehre. Dieser Prahler, der immer mit den Worten deutsche Biederkeit und deutsche Treue prunkt, er durchlaufe die Mausoleen und Zeughäuser der halben Welt, er wird auf allen Denkmälern und Fahnen Namen deutscher Vaterlandsverräther aufgezeichnet finden, vor deren Schande er erblassen muß. Nein, er steige herab von seiner Höhe, er schaue sich nach seinem eben gezeigten Ebenbilde um, worin die Geschichte ihm den Spiegel seiner Zukunft zeigt, er schaue sich nach seinem nächsten östlichen Nachbar um, er schaue sich den Polen an, und frage sich: was ist er? wo ist er? er klopfe sich an die böse Brust, er kehre mal bei sich ein, und bescheide sich in Gott und in die Weltgeschicke Gottes; er bescheide sich, wozu er vielleicht noch zu gebrauchen und zu verarbeiten ist, als Völkersamen ausgestreut zu werden und, von Lebendigeren und Rüstigeren zerschlagen, solches Verbrauchs zu warten. Diese Rüstigeren werden schon kommen, nicht Tataren und Mongolen sondern Russen und Franzosen, die sein verdientes polnisches Schicksal durchführen und vollenden werden. Der arme Gimpel bilde sich doch nicht ein, daß Gott ihm noch viele Leipziger Schlachten zu schlagen geben wird, wenn er die gegebenen nimmer mit Muth und Verstand gebrauchen lernen will.

2. Andere, die eine ganz andere Seite herauskehren, die nicht jenen Deutschen vor Augen haben, der von Vaterland, Reich und Kaiser träumt, sondern jenen bekannten Weltpilger, der an allen Küsten und in allen Häfen und Städten der Welt als Wanderer oder gar als Herumstreicher zu sehen ist, sprechen etwa so, indem sie von diesem Wanderer oder gar von dem Herumstreicher und Landstreicher das Bild nehmen: Nein, tückisch, listig und bös ist der Deutsche nicht, sondern ein einfältiger und gutmüthiger und, wenn man ihn verständig und fest faßt und nimmt, ein anstelliger und brauchbarer Kerl und zu allerlei Arbeit, Kunst und Gewerb abrichtlich und geschickt; er selbst nennt sich gern den Bescheidenen und Verständigen, aber wahrhaftiger Verstand und Bescheidenheit steckt nicht immer unter seinem leisen und unbehülflichen Auftreten und Gebaren, sondern eine gewisse einfältige Pinselei und Muthlosigkeit und Verzagtheit, mit Einem Wort ein scheues, blödes, unbehülfliches Wesen, das sich in der Welt nicht zurechtfinden kann.

3. Es kommt der Dritte und spricht etwa: Nein ein solcher Tapps und Lapps, ein solcher blöder und

gutmüthiger Pinsel, als Manche ihn uns schildern, ist er doch nicht. Wäre er nichts weiter, wie hätte er so helle Namen in der Geschichte gewonnen. Er gehört bei allen seinen Mängeln und Gebrechen doch mit zu den Völkern, welche die gebildete und gesittete Welt und Menschheit, wie sie nun eben steht, mit bilden und vermenschlichen geholfen haben; wo von höheren Strebungen und Erfindungen und von Kunst und Wissenschaft geredet wird, klingt doch immer der Name Deutsch mit durch; freilich wo von Muth und Herrschaft gesprochen wird, vor Allem, was durch Geschwindigkeit und Entschlossenheit, durch kühne Hand und frischen Geist erfaßt und erlangt wird — da schweige man von dem Deutschen. Was der Franzos und Engländer und am Ende auch der Russe und Türk rasch und kühn ergreift und festhält, daran tappt der Deutsche blöd und verzagt vorbei und guckt dem Raube, den die Andern frisch ergriffen haben, gaffend und blinzelnd nach wie die Nebelkrähe dem sonnenfliegenden Adler. Er ist seiner ganzen Natur nach ein Tapper, Grübler und Träumer und bleibt immer der Taster und Sucher, wo die Andern die Finder und Halter sind. Darum schweigt der arme blöde Kerl ganz recht über sich selbst. Dem Franzosen gab Gott das Land, dem Engländer das Meer, dem

Deutschen ließ er die Luft, in deren dünnen Dünsten er sich auch ewig verflattern wird — und das Feuer? — wie? soll mit dem gewaltigsten Element etwa der Moskowiter durchgehen? Ich meine, wir weisen da auf die Ueberseeischen, die Nordamerikaner hin.

4. Und der Vierte, der den Deutschen bloß aus der Gegenwart des Augenblicks und aus der Oberfläche der Erscheinungen und Begebenheiten anschaut und betrachtet, der läßt ihn nicht bloß als einen unbehülflichen knechtischen Dummkopf, philosophischen Träumer und politischen Fantasten durch die Welt tappen und tasten und den Himmel auf der Erde suchen, während er in der öden, dumpfen, frierenden Mittelluft des Gedankens hangen bleibt, sondern dieser Vierte nennt ihn gradezu einen verrückten und zugleich einen meuterischen und verruchten Narren und Bösewicht, der durch eine vermessene und verworrene Philosophie des jüngsten Halbjahrhunderts und durch die Richtung einer mehr heidnischen als christlichen Gelehrsamkeit alle heiligste Bande der Sitte und des Glaubens gebrochen und sowohl auf dem Gebiete des Staats als der Kirche auf der Gränze angelangt sei, wo die Unmöglichkeit aller Ordnung und Gesetzlichkeit beginnt. Denn wo Gehorsam und Glaube aufhören, wo Alle ihren vollsten Bissen von dem Adamsapfel

abbeißen wollen, da Glück und Freiheit Ade! und die Peitsche und Knute, vom widerlichen Gebell der kuschenden Hunde und scheußlichen Geheul der reißenden Wölfe des Aberglaubens und der Gewalt mit hülfloser und rettungsloser Geduld nur immer als das verdiente Loos entgegengenommen!

So in häßlichsten Mißklängen der mannigfaltigsten und Herzen und Ohren zerreißenden Töne und Stimmen klingt es aus der Fremde und aus der Heimath aus allen vier Winden um uns her, und wer von dem, was uns so geboten wird, nur die kleinere Hälfte unterschreiben wollte, der hätte damit das unverrücklich und für immer ausgesprochene Todesurtheil seines Volks unterschrieben. Wir erlauben uns über die maaßlosesten Urtheile und über die endliche Auslöschung des deutschen Volks von der Tafel der lebendigen Namen doch einige bescheidene Zweifel, und hängen sie, wie es sich eben schickt, an die Ordnung der Nummern 1. 2. 3. 4., in welcher wir sie hinter einander gesetzt haben.

Was nun Nummer 1. betrifft, so muß ich leider sagen: es ist schwer gegen einen so unverschämten Stachel zu löcken und zu lacken*), als mir hier hin-

*) λάξ πόδοιν.

gehalten wird, und doch muß ich mit aller Gewalt, die ich habe, dagegenschlagen. Wenn man die Dinge und Menschen Deutschlands äußerlich betrachtet, muß man ein gutes Theil dieses schärfsten Tadels und Vorwurfs zugestehen; wenn man aber den Blick mehr nach innen, in den Kern der Geschichte und das Herz der Völker wendet, fällt doch das Meiste davon als verkehrt und ungerecht zu Boden. Wir haben in der vorhergehenden politischen Völkerschau ungefähr gezeigt, wenigstens klar genug angedeutet, wodurch die eigenthümliche deutsche Absonderlichkeit und die viele andere Sonderlichkeit und Sonderbündelei, welcher die Fremden uns Deutsche vorzüglich zeihen und auch unter dem Namen Meuterei und Untreue fast zeihen können, entstanden und entwickelt worden ist, nämlich daß wir bis diesen Tag unsern Heinrich den Vierten und den schlimmsten Deutschverderber Hildebrand, Gregor der Siebente zugenannt, mit allen Dornen, Stacheln und Schwerdtern noch in unserm Leibe und Geiste haben und fühlen müssen. Daß viele Lande Europas, ja daß die meisten, zum Beispiel England, Spanien, Frankreich, Schweden, in der äußeren starken Volkseinheit und in dem inneren, treuen, vaterlandsliebenden Leben, glücklicher mächtiger und weiser sind als wir, wer will und kann das leugnen? Aber eben hier ist der Zirkel, der falsche Zirkel, worin die Anklage rundläuft: das bekannte Weil und Darum. Jene sagen: weil ihr von Natur ein neidisches, aufsätzisches, meuterisches Volk seid, weil ihr von jeher so gewesen seid, weil eure so viel berufene und gepriesene deutsche Treue die lügenhafteste und lächerlichste aller Fabeln ist — deswegen könnt ihr zu Nichts kommen, deswegen pflückt ihr in eurer politischen Zerrissenheit und Nichtigkeit die verdienten Früchte des Hasses und Neides: denn wie kann man Rosen pflücken von den Dornen? — Ich aber wende dieses Weil und Darum nach einer andern Seite von mir ab, und einen Theil jener Anklage zugestehend behaupte ich: Nicht durch Tugenden der Liebe und des Gehorsams, der durch Liebe und Treue gezeugt wird, sind die anderen guten Völker und Ihresgleichen in vielen Beziehungen tugendhafter und glücklicher, sondern weil sie in den gefährlichen Entscheidungsepochen in glücklicher Lage gelegen haben. Jene langen und schrecklichen Kämpfe, welche mit Gregorius und Heinrich zuerst in größerem Grimm und Muth entbrannten, haben in den Ländern, die der Mittelpunkt und Tummelplatz derselben waren, in Italien und Deutschland, Zustände und Entwickelungen herbeigeführt, ferner auch Gebrechen und Untugenden in dem deutschen Charakter gepflegt und erzogen, die ihre bösen Wirkungen bis diesen Tag offenbaren müssen. So ist der Deutsche, den man in andern Beziehungen vor vielen Völkern einen milden, gutmüthigen, treuen Menschen nennen kann, in Hinsicht der politischen und vaterländischen Tugenden und Pflichten wirklich oft weit unter Manchen stehend, die sonst nicht werth sind seiner Tüchtigkeit und Tapferkeit die Schuhriemen aufzulösen.

Viel leichter und beherzter als dem ersten Mißdeuter und Ankläger kann ich dem unter Nummer 2. antworten. Ich gebe zu: der Deutsche hat wirklich viel mehr als ein Engländer, Russe und Franzos etwas Blödes und Unbehülfliches in seinem Auftreten und Gebaren, was oberflächlich betrachtet ihm als angeborne Dummheit und Verzagtheit ausgelegt wird, dessen Wurzel aber eine wirkliche Verständigkeit und Bescheidenheit ist; aber ehe man ein solches schmähendes Urtheil voll ausspricht, sollte man zwei große, nicht Verschiedenheiten, sondern Unterschiede, die er hier von den meisten Völkern hat, in gewissenhafte Erwägung ziehen. Sie sind folgende: 1) Der Deutsche ist der wanderlustigste aller Europäer, er ist zugleich der zeugungslustigste. Ich erinnere mich hiebei eines Gesprächs, das ich im Frühlinge 1848, wo der Verfasser der Barrikaden von Blois Vitet nach den pariser

Barrikaden auf einige Wochen nach Bonn entwichen war, mit ihm führte. Wir sprachen unter Anderm über die verschiedene weltgeschichtliche Rolle der romanischen und germanischen Völker, und da der Wälsche sich über die Seinigen etwas hoch und wälsch aussprach, so hieb ich ihm endlich doch mit etwas überdeutscher Unbescheidenheit mit den Worten einen tüchtigen Querhieb: „aber, m. H., was Sie auch sagen mögen, zuletzt wird der germanische Stamm doch allein die künftigen Weltgeschicke beherrschen und entscheiden.“ Daß da ein lebhaftes mais comment, Monsieur? über das andere erfolgte, ist begreiflich. Ich wies ihn kurz darauf hin, daß Deutschland (das eigentliche Deutschland, wie es statistisch noch gezeichnet wird, allerdings noch ein Siebentel größer als Frankreich in seinen Gränzen) in dem Ablauf des letzten Jahrvierzigs ungefähr um zwölf Millionen Seelen gewachsen sei, sein schönes und reiches Frankreich etwa um drei, und daß der Deutsche bloß durch seine Mehrzahl und Auswanderung den reichen befruchtenden Keim in den Welttheilen ausstreue, er und seine nächsten Verwandten, die Romanen, aber fast gar nicht, und überhaupt einen wenig fruchtbaren Keim, woraus in den kommenden Jahrhunderten ein jugendlich blühender Weltbau erwachsen könne. Dann wies ich ihn auf die Engländer,

Holländer, Deutschen u. s. w. hin, und suchte ihm meine Ansicht durch Räume und Zahlen zu erklären. Er konnte hier das Untergewicht des Spaniers, Franzosen u. s. w. nicht leugnen und schwieg.

Dieser Zeugungslustige, der die Fülle der Kinder schafft, wandert nun in großer Menge aus, jährlich oft zu Zweihunderttausenden, sowohl aus Wanderlust als auch, weil er wegen zu dichter Menschenfülle seiner Heimath auswandern muß. Kurz, er wandert zu Tausenden und Zehntausenden aus, sich neues Land und frisches Brod suchend, wo die wälschen und romanischen Abkömmlinge und Abentheurer nur in Haufen von Fünfen und Zehen, fast nur wie einzelne verlorne Vögel, zu sehen sind. Wir wissen, der Mensch, der in der Welt Glück suchen gehen muß, ist selten in der Lage, daß er in Kleidung, Haltung und Gebärde als ein Hoher und Stolzer erscheinen kann; er muß oft in ärmlicher, immer in fragender, suchender oder bittender Gestalt auftreten. Weil nun das deutsche Gesicht mehr als irgend ein anderes europäisches Gesicht in allen Hauptstädten und großen Seestädten Europas und Amerikas und selbst Asiens und Afrikas meistens in ärmlicher und demüthiger Gestalt sich den Fremden zur Schau stellt, so ist dadurch das Urtheil und Vorurtheil und endlich der allgemeine Ausspruch von dem Blöden, Unbehülflichen, Verlornen Deutschen entstanden.

2. Der Deutsche muß in der Fremde eine gewisse Blödigkeit, Verzagtheit und Jämmerlichkeit des Scheins und der Gebärde offenbaren und also dem Fremden Mangel an Muth, Entschlossenheit und Geschwindigkeit gleichsam aufdrücken, weil er sich an unbekannten Küsten nicht bloß als der Fremdling und Auswanderer wie verlassen fühlt, sondern weil er auch mehr als die Söhne der meisten andern Völker meistens wirklich verlassen ist, und dadurch freilich ein doppeltes Gepräge der Hülflosigkeit und Muthlosigkeit bekommt. Hört! — Die vielen Zehntausende, welche jährlich in alle Welt aus dem Vaterlande auswandern, haben das traurige Schicksal, daß sie weniger als irgend ein anderes Volk in der Fremde Schutz und Vertretung finden. Man gehe nur von Lissabon bis Petersburg und von Stockholm und London nach Kanton und Neuyork — allenfalls sind die Namen Oesterreich und Preußen dort Einzelnen wohl bekannt, aber der Namen der großen deutschen Nation insgemein, der Namen Deutscher, wo hat er seine Ehre und seinen Schutz? Wie will man also dem Deutschen zumuthen, daß er mit dem Antlitz des Muthes und

der Zuversicht unter den Fremden auftrete, der so oft schutzlos und ungestraft niedergetretene Mensch? Wer den Deutschen in fremden Ländern hat umherlaufen sehen, versteht, was ich sage. Was ihm täglich geboten werden darf, das sollte einem Franzosen, Engländer, Nordamerikaner einmal geboten werden — es ginge da nimmer leise hin. Ich weise nur auf ein ganz junges Beispiel hin. Vor einem Jahre etwa begab sich in Florenz, daß ein junger Engländer, vielleicht ein etwas naseweiser und zudringlicher, wie sie häufig zu sein pflegen, nicht der Sohn eines Lords oder Großmögenden sondern eines gewöhnlichen Engländers, bei einem österreichisch soldatischen Aufzuge auf der Gasse durch die Reihe drang und von einem Officier mit der flachen Klinge einen Schlag auf den Hut bekam. Was hat diese florentinische Gassengeschichte im englischen Parlamentshause für ein Geschrei gemacht! wie ist das englische Ministerium, als ob bei der Klage des Jünglings und seines Vaters über Ehrenverletzung für die Volksehre nicht kräftig genug gesprochen und gehandelt wäre, durch diese kleine Begebenheit beinahe gestürzt worden! Sie hat im Parlament heftige Debatten erregt, von der österreichischen Regierung ist Bestrafung des Officiers verlangt. Der Vater des getroffenen Jünglings hat für den Hutschlag etwa 10,000 Thaler als Entschädigung bekommen. Ich frage, was würde geschehen sein, würde überall diese Sache als eine Volksehrensache nur geachtet, befragt und verhandelt worden sein, wenn etwa einem hessischen oder wirtembergischen jungen Kaufmann oder Studenten in Italien ein solcher Säbeltipp auf den Hut oder auf die Schulter gegeben wäre? Wäre in solchem Fall der arme Schelm zu irgend einem deutschen Gesandten oder Konsul gelaufen, so würde der ihn wahrscheinlich mit den Worten abgewiesen haben: „Lieber Freund, es thut mir leid, ich kann Ihnen bei „dieser Sache nicht helfen. Sie müssen sich bei solchen „Gelegenheiten in Acht nehmen, Sie werden sich durch „Unvorsichtigkeit oder unzeitige Zudringlichkeit und „Heftigkeit die Sache wohl selbst zugezogen haben.“ — Also was lehrt diese Geschichte? Lieber Deutscher, bleibe, wie du einmal bist, und tritt hübsch blöd und demüthig auf. So ist es und wird es fürs Erste noch wohl etwas bleiben; wer aber für sein großes und edles Volk noch Stolz in der Brust hat, dem läuft es freilich kalt über die Haut, wenn der Engländer und Franzos und selbst der zu Hause vielbepatoggete Russe mit hoffärtigem und oft mit herausforderndem Blick, als wenn ihm die Welt gehörte, vor ihm einhertritt.

Der Endschluß zu den Anklagen unter Nummer 3. fällt dahin aus: der Deutsche mag wohl noch einiges Gutes und Tüchtiges haben, nur eine prächtige Auferstehung zu einer Größe, welche der Zufall ihm einige Jahrhunderte zugeworfen hatte, eine großartige Wiederherstellung, eine Mitherrschaft in der großen Rollenvertheilung in dem Heldenspiel des gegenwärtigen Jahrhunderts träume der umhergaffende und umherlaufende Träumer nicht, der nichts fassen und festhalten kann. Er lasse die gebornen Entscheider und Herren der Weltgeschichte walten und begnüge sich aus seinen Tiefen und Sümpfen zu dem sonnenbeleuchteten Olymp der Glücklichen und Siegreichen hinaufzuschauen. So predigen uns nicht bloß die Fremden eine demüthigste Selbstbescheidung in unsre Jämmerlichkeit und Zerrissenheit, sondern wir haben diese Predigten aus Dresden, München und Stuttgart in den jüngsten Jahren bis zur Ohren- und Seelen-Betäubung anhören müssen, vorzüglich in den Jahren 1848 und 1849, als noch zu einer möglichen Wiederaufrichtung zu Macht und Einheit Hoffnung, und von einer billigen und nothwendigen Beschränkung der suveränen einzelnen Fürstenhoheit einem deutschen Kaiser und Reich gegenüber die Rede war. Da war aus jenen Windregionen das ungefähr der Ton und der Klang: „Was unterfangt ihr euch, übermüthige „und volkverwirrende und aller Geschichte und aller „Geschicke Gottes unkundige und vermessene Träumer, „gegen Gottes heilige Ordnung und Bestimmung an= „zurennen und anzukämpfen und gleichsam für euch „selbst Geschichte machen zu wollen? Auch den ver= „schiedenen Völkern ist wie den verschiedenen Thier= „geschlechtern nach des Schöpfers weisem und verbor= „genem Rathschluß, jeglichem Volk in seiner Gränze, „die Rolle angewiesen, die sie auf diesem Planeten „spielen sollen: einige sind zur Hoheit und zur Herr= „schaft, andre zur Niedrigkeit und zum Dienst geboren; „einige tragen das Siegel der Majestät, andre das „Siegel der Blödigkeit auf der Stirn. Also bescheidet „euch und seid stille! bescheidet euch eurer Kleinheit „und Mittelmäßigkeit und beneidet den Engländern „und Russen die Weltweite der Herrschaft nicht, die „ihr nimmermehr erobern werdet. Ihr habt den „Stoff und das Zeug nicht, auf der großen Weltstraße „glänzend mit voranzuschreiten, sondern müßt froh sein, „wenn man euch auf den zerfahrnen Nebenwegen und „Seitenwegen nebenbei so mitlaufen läßt." So spra= chen wirklich, ihr Volk heruntermachend, die Eigenen, welchen nichts verhaßter und schrecklicher dünkte als hochfliegende und ehrenstolze Gefühle ihres Volkes.

Ich will aber hier einmal aus einem andern Tone, aus dem Tone der Wahrheit sprechen, nicht aus dem Tone jener Jahrhunderte, wo der Deutsche die erste Herrscherrolle in der Welt gespielt hat, von Karl dem Großen bis Friedrich von Hohenstaufen, wo der braunschweigische Welf Heinrich der Löwe zu den übermüthigen meuterischen Römern auf der Tiberbrücke sprach „Zurück, verwegene Knechte! schaut hier in meinen deutschen Rittern eure Herren", sondern aus den Tönen der Wirklichkeit des Tages.

Daß der Deutsche hin und wieder den zerrissenen Rock wie eines halben Knechts trägt, der aus dem Dienst eines guten Herrn weggeprügelt ist, daß er in der Fremde unter den Völkern oft schutzlos und hülflos umherlaufen muß und deswegen als ein Blöder und Verlassener erscheint und auftritt — dies und warum das so ist, haben wir eben gehört; aber daß es ihm überhaupt an Kraft, Rüstigkeit und Tapferkeit fehle, daß er zur Selbstständigkeit und Herrschaft keine Anlage habe, ist eine schändliche Lüge, welche schon die gewöhnlichste Erscheinung der Gegenwart widerlegt.

Zuerst, kriegerische Streitbarkeit, wodurch Herrschaft doch meistens erlangt und immer nur behauptet wird, hat dem Deutschen noch kein Feind abzusprechen gewagt. Der Franzos, der immer gern mit esprit und Feinheit und selbst mit seinen Listen und Hinterlisten als mit Feinheiten einer höheren Bildung prahlt, schilt diese deutsche angeborne Streitbarkeit eine büffelhafte (courage brutal). Mag sein; sie hat vor vierzig Jahren doch einmal wieder mit ihren Hörnern recht gut in ihn hinein gebüffelt.

Zweitens die allgemeine politische und bürgerliche Streitbarkeit und Tapferkeit, wodurch der Mensch im Kampfe mit den Menschen und Völkern sich in der Welt Raum macht und sich im tüchtigen Ellenbogengeschiebe in dem treibenden und wogenden Getümmel und Gewimmel des Lebens durchdrängt — wie können die Völker sich unterstehen diese Rüstigkeit und Streitbarkeit, diese Geschwindigkeit und Tüchtigkeit dem Deutschen gegen jeden täglichen Augenschein absprechen zu wollen, vollends Völker wie übermüthige und hoffärtige Russen und Franzosen, welche in diesem Punkte in allen Beziehungen so viele Stufen hinter und unter ihm stehen? Auf diesem Felde hat der Deutsche nur in den nächsten Stammverwandten Seinesgleichen, in Einem Stamme nur in einigen Stücken seinen Obermann, der ihm auf der Weltrennbahn den Rang abgelaufen hat, den Angelsachsen. Wir werden dies weiter unten noch mehr erläutern; aber kommt einstweilen nur mit mir und schaut euch ein wenig um: Wo und wie haben die romanischen und slavonischen Völkergeschlechter es hier den germanischen gleich thun können? In allen menschlichen Gewerben und Geschäften des politischen bürgerlichen Lebens sind die Germanen allenthalben voran, in Gründung und Verwaltung von Ansiedlungen, in Schiffahrt, Handel, Ackerbau u. s. w., selbst da, wo die geographische Lage die Andern dreifach begünstigt, in doppeltem, dreifachem Grade voran. Geht ans Mittelmeer, welches doch ringsum von romanischen Völkern und zur Hälfte von der Herrschaft derselben umsessen ist, und seht euch um; geht nach Kadix, Barcelona, Livorno, Neapel, ja geht nach Smyrna und Alexandria — ihr findet hin und wieder auch ein achtbares französisches Haus, aber allenthalben neben den tüchtigsten Eingebornen die Engländer und Deutschen in Handel und Gewerben voran; geht von da nach Rio und Buenos Aires und von da nördlich nach Neu Orleans und Neu York, und aus diesem Welttheil wieder nach Kopenhagen, Stockholm und Petersburg — und ihr findet immer und allenthalben die Germanen und Deutschen den Romanen voran, zum Beispiel in Stockholm, Petersburg und Moskau. In Petersburg stehen stattliche englische Häuser aber viel mehr deutsche. Dort wohnen

40,000 Deutsche und etwa 6000 Franzosen. Die Engländer und Deutschen haben alle großen und mächtigen Geschäfte in der Hand, und wer sind die Franzosen? Die leichten und zum Theil verlornen Springer der Gassen, die enfans perdus de la fortune, limonadiers, pomadiers, maitres d'escrime, maitres de danse, de langue etc. — Geht von dem Mittelmeer und der Ostsee mit mir in die Neue Welt und schauet euch da herum — ihr werdet dort die gleiche Erscheinung bestätigt finden, und wie die schneidige Beharrlichkeit und thätige Kühnheit und tapfere Arbeit des Germanen den Romanen und seinen Stämmling allenthalben aus dem Felde schlägt, ja wie er ihn im eigentlichsten Sinn niederarbeitet, ich sollte sagen wegarbeitet. Luisiana war eine französische Kolonie, Neu Orleans und St. Louis waren von Franzosen gegründete und von Franzosen und Franzosenenkeln bewohnte Städte, die Häuser, die Güter und reichen Felder und Pflanzungen hatten Franzosen als Besitzer. Durch die Wechsel des jüngsten Halbjahrhunderts ist dieses schöne reiche Land am Missisippi eine Landschaft der Nordamerikanischen Republik geworden, und was hat sich in einem Menschenalter ungefähr begeben? Das hat sich begeben, daß alle großen Geschäfte und alle besten Güter, Pflanzungen und Häuser in den Händen von Engländern, Amerikanern und Deutschen und daß die Franzosen auf den geringeren Verkehr des Lebens heruntergearbeitet sind. Dies ist kein Aussprung und Ergebniß von Gewaltthat, Aechtung oder Unterdrückung, sondern der schlichte Erfolg von Arbeit, Fleiß und Rüstigkeit. — Was sollen alle diese vielen hin- und herspringenden und deutenden Betrachtungen beweisen? Das sollen sie beweisen, daß der streitbare, unternehmende und entschlossene Deutsche wohl zur Mitherrschaft über die Welt und vor allen Dingen zur tüchtigen Herrschaft im eignen Vaterlande angelegt und geschaffen ist.

Denen unter Nummer 4. zu antworten und auf alle ihre Vorwürfe und Anklagen einzugehen ist schier eine Unmöglichkeit. Einige dieser Anklagen sind der Art, sie sind so allgemein und zum Theil von solcher verworrenen Unbestimmtheit, daß der Abwehrer und Vertheidiger sich ungefähr in der Lage befindet, wie ein Kämpfer, der einen Sandhaufen statt Steine und Gespenster statt Leben angreift, siehe er wird überstürzen, wenn er die Lanze mit aller Kraft gegen den Sandhaufen stößt und gegen die Gespenster sich in leerer Luft verhaut. Anderes in den Anklagen ist der Art, daß kein Sterblicher in der Gegenwart sich darüber in eine Antwort einlassen kann, weil es durchaus dunkle Fragen an die verborgene unenthüllte Zukunft Europas und seines Christenthums und seiner ganzen Fortbildung und Entwickelung enthält. Diese Vierten haben sich auf ein unermeßliches weites Feld gestellt, auf einen Kampfplatz, dessen Ringer und Kämpfer man gar nicht übersehen kann. Wir greifen uns Einzelnes aus dem Vielen heraus, uns hier von vorn herein mit deutscher Blödigkeit und Bescheidenheit bescheidend, daß wir so gewaltigen Zumuthungen, als man uns in der Unlösbarkeit und Unermeßlichkeit dieser Punkte und Artikel macht, in Antworten oder Vertheidigungen uns auch im Kleinsten nicht gewachsen fühlen. Man wolle das Folgende also nur als einzelne Noten zum Texte nehmen.

Hier begegnet uns nun voran unser gewöhnlicher englischer und französischer Recensent, welchem wir auch im Kleinen oft Recht geben müssen, und wirft uns unser idealistisches und metaphysisches Gedankenwesen heute doppelt als eine verworrenste und verderblichste Träumerei vor, die uns nicht nur zum tüchtigen Staatsleben unfähig mache, sondern in ihrem Endergebniß mit aller Menschlichkeit, Sittlichkeit und Christlichkeit zum Thor hinaus laufen wolle. Ueber die geistigen Unterschiede der romanischen und germanischen Völker haben bessere Männer als ich gesprochen, und ein großer Deutscher, Niebuhr, hat uns in Beziehung auf unser geistiges Leben und Streben die Hellenen der Neuzeit genannt, im tragischen Gefühl auch darauf anspielend, es könne bei unsrer geistigen und politischen Zerrissenheit uns am Ende auch etwas Hellenisches begegnen, daß wir zuletzt von roheren und listigeren Völkern als leichte Beute davon getragen würden. Wir sind den fremden Tadlern gegenüber allerdings Europas Idealisten, indessen sie müssen uns doch wider Willen zugestehen, daß wir nicht bloß Träumer und Grübler sind, sondern an dem unendlichen Sternhimmel und auch in den unendlichen Tiefen Gottes und des Menschenherzens tiefste und glücklichste Blicke gethan und Fünde und Erfindungen gethan und gemacht haben. Jetzt erheben diese Ausrufer und Ankläger von der Themse und Seine wieder ein Geschrei, was Viele unsrer Eigenen ihnen nachschreien, wie es in Luthers und Kalvins Tagen erhoben worden, diese unsre ganze Philosophie sei nichts als verderblichster, gräulichster Pantheismus und Atheismus, die an den Grundsäulen des Christenthums schütteln und unvermeidlich mit dämonischem Aberglauben und endlich mit teuflischer Tyrannei und Knechtschaft endigen müssen. Sind wir denn wirklich so weit herunter gekommen, daß wir diesen Anklägern glauben, daß wir uns als ein verworfenes verworrenes und ausgelebtes Volk, dem nur das leere Spiel mit unreinsten Geistern übrig ist, grade in den Jahren, wo wir uns vermaßen ein Reich wieder aufbauen zu können, für den Sturz in den Abgrund der Vernichtung reif erklären müssen?

Wer wollte sich bei so ungeheuren Anklagen böser oder dummer Gegner und Verspötter in breite Erörterungen einlassen? auf ein verwegenes Ja antworte ich von vorn herein mit einem kühnen Nein. Wir stehen seit siebenzig achtzig Jahren in einer großen Uebergangsepoche der ringenden und kämpfenden Kräfte und Geister, und der unendliche Staub des Kampfes ist noch lange nicht niedergesunken, sondern hält uns die Aussicht der Entscheidung von Siegen oder Niederlagen dicht verhüllt; der wogende Strom der Umwälzungen, von Blut und Moder und Leichen und allem Unflath und Schlamm der langen Sindfluth getrübt und verstopft, läßt noch nirgends einen klaren Grund sehen und die Gestade ringsum sind weit ins Gefild hinein mit solchem wüsten Geröll von Kies und Sand übergossen, daß noch keine Blumen der Frühlingsluft darauf wachsen können. Sollen wir darum in Verzweiflung rufen: es wird nimmermehr Frühling werden? Man weissagt uns aber aus unsrer Philosophie noch viel verderblichere und faulere Früchte, als uns nach dem Urtheil jener Ankläger Doktor Luther weiland eingetragen hat. Es ist wahr, wir können nicht mit Freuden auf alle Früchte der langen geistigen und geistlichen Kämpfe jenes sechszehnten siebenzehnten Jahrhunderts zurückblicken, wir wenden uns sogar mit Schauder und Abscheu von der Erinnerung der schwarzen Gräuel des dreißigjährigen Krieges weg, aber ich frage die Millionen, welche in Deutschland, Großbritannien und Skandinavien u. s. w. in Europa unter dem Luther als ihrem Vorbeter und Vorsänger ihre Hände und Herzen zum Himmel erheben, ob sie wünschen könnten, daß jener Luther nicht gelebt hätte? So ist einmal das Maaß des menschlichen Geschicks mit unsern Trieben und Leidenschaften und dem zugedeckten Welträthsel von Anbeginn gemessen und gewogen, daß alle höchsten Güter ihre schlimmsten Uebel, alle höchsten und herrlichsten Menschenerscheinungen ihre thersitischen und diabolischen Mitläufer und Nebenläufer haben. Hat Luther nicht den Wiedertäuferkönig Jan von Leiden, hat Cäsar nicht Oktavius und Nero, haben die verkündigten Menschenrechte nicht ihre Napoleone hinter sich gehabt? Wir Deutsche sind einmal das erlesene Volk des geistigen Kampfes. Schon Israel, der alte Patriarch, der mir in meinen Knabenjahren die Maulschellen des ersten Zweifels eingebracht hat, verrenkte sich die Hüften im Kampfe mit den Elohim; nun sagen sie uns, unsre ganze Philosophie sei gottlos, der Kampf mit den Geistern habe unsern Philosophen statt der Hüften die Köpfe verrückt, und von den Köpfen sei die Verrücktheit in die edelsten Theile der Herzen heruntergesunken, Glaube und Treue seien uns abhanden gekommen, das Christenthum sei bis zur Verspottung der Unmündigen und Geringsten erniedrigt, und Auflösung der Kirche und aller Gesittung und menschlicheren Bildung, ja der blanke Atheismus werde auf allen deutschen Kathedern gepredigt. Nun ich rufe hier ein Halt ein! So arg ist es gottlob noch nicht. Wir betrachten dies etwas ruhiger.

Die Philosophie, die arme Unglückliche, und doch die Hohe und Göttliche und Himmlische? Was einst den griechischen Philosophen in die Schuhe gegossen ward, weswegen der witzige Aristophanes den Sokrates einst aus dem emporgezogenen Hühnerkorbe seinen Jüngern predigen und weissagen ließ, ist es nicht Kant und Fichte und Schelling und Hegel auch wieder reichlich über die Köpfe gegossen worden? Man denke und bedenke nur: Wie viele Verrückte und Wahnsinnige ja Verbrecher sogar haben die Lehren der reinsten Religion zuweilen gemacht, und ihr wollt, die Philosophie soll für alle Schwärmer und Narren einstehen, welche sich ihre Kappen und Mäntel umhängen oder welchen sie von ihren Feinden boshaftig umgehängt werden? Nun geschieht es uns und wird uns sogar aus der Fremde von unsern Gegnern und Verleumdern zugewälzt, daß wir selbst für all das wunderliche und tolle Zeug, für alle die abscheuliche Narrheit, die bei ihnen ausgebrütet und wie ein bösester Pestathem zu uns herübergeweht ist und was unsre verworrenen Jungen jenen fremden Ausbrütern als jüngstes Weltheil auf allen Gassen nachschreien — daß wir für allen diesen Unrath gleichsam Einstand leisten sollen, als wenn das eine Philosophie wäre, als wenn das gar unsre Philosophie wäre. Wir stoßen diesen Unflath mit Recht von uns als einen aus der Fremde eingeführten, der Franzose mag sich dieses Verderben, was nach einem Baboeuf, St. Simon, Fourier u. s. w. u. s. w. mit verschiedensten Namen genannt wird, was aus seinem dünnen Flattersinn und aus dem lockersten Elend der pariser Sitten und Gefühle gezeugt ist, als seine Philosophie zurücknehmen, die unsrige ist es nicht: es ist eine mit einzelnen philosophischen Floskeln, mit einzelnen kleinen Verzierungen und tönenden Stichwörtern von höherer Menschlichkeit und ursprünglichem reinsten Christenthum — so klingeln sie — eingeschmuggelte fremde Pest, die allerdings auch bei unsern kränklichen Zuständen Ausbreitung gefunden hat, aber von Namen wie Schelling und Hegel gar fern liegt.

Liebe Freunde, alles dies ist da, ist augenscheinlich und unleugbar da, aber es ist nur wie die Hautkrankheiten eine Krätze des gemeinsamen Krankheitsstoffes der Zeit, dessen Ursachen ja alle viel tiefer liegen, als dieser Ausschlag auf der Oberfläche des Zeitalters: alle die unverschämten und verworrenen Philosophaster und Systemdrechsler und geistigen Siebenkräutler und Giftmischer und alles, was unter den verschiedensten Isten (Pantheisten, Atheisten, Socialisten, Kommunisten) zusammengeworfen wird. Daß dies alles an Kirche und Staat schlägt, stößt und rüttelt, daß es uns das Leben sehr verschüttet und seine Freude verkümmert, können und wollen wir nicht leugnen, aber wir sollen doch an ähnliche Zeiten und Schmerzen zurückdenken, die auch überwunden sind. Schauen wir uns aber die deutsche Kirche an, so scheint es auch da mehr denn zu bunt zu stehen, aber, wenn ich mich weiterhin umschaue, kann ich fragen: ist das denn anderswo anders oder gar viel besser als in Deutschland? Blicke ich nach England, Holland, Nordamerika, wo alle christliche Sekten und religiöse Narrheiten ihre offenen und erlaubten Wohnstätten haben; blicke dann nach Frankreich, wie die Regierung dort einen langen Kampf mit den Jesuiten hatte, wie sie jetzt wieder über die Schulen und den Volksunterricht mit der Hochkirche im Streit steht; blicke ich nach Schweden und Dänemark, wo die Mormonen, die Neuen Wiedertäufer und die berüchtigten sogenannten Leser die Leute verirren und begaukeln; blicke ich wieder nach England hinüber, wie es sich dort zwischen den alten Anglikanen und den katholisirenden Puseyiten zum verkappten Kriege gestellt hat, wie die Newmannianer und ihre Bekehrungen und Rückläufe in den Schooß der alten Kirche schon daraus hervorgegangen sind — nun soll ich da über Deutschland ein besonderes Händeschlagen beginnen? Nein, wenn du dir diese Zustände, wenn du dir all dies Gewirr beschaut und im ehrlichen Herzen erwogen hast, so wirst du über unser viel beschrieenes und verschrieenes Vaterland nicht ein Geschrei erheben, als sei nur bei uns in Staat und Kirche Brand. Freilich bunt genug hin und wieder und schlimm genug sieht es aus. Man braucht nur die Ueberschriften in den gewöhnlichen Tagesblättern zu lesen: Neukatholiken und Rongianer, Lichtfreunde und Neuprotestanten zu so vielen andern protestantischen Partheien und Sekten — jüngste gewaltige Rührigkeit und Bewegung der Jesuiten — neu beginnender Kampf des Pabstes und seiner Bischöfe mit der Weltlichkeit und den Fürsten Deutschlands — häufige Versammlungen und Synoden der berühmten protestantischen Theologen und Doktoren zur Findung und Feststellung eines Mittelpunkts ihrer Kirche und Befestigung derselben bei heftigen Angriffen der Gegner und bei den gefährlichen Schüttelungen der Zeit. Anfänge und Einleitungen genug zu neuen und bedenklichen Bewegungen und Entwickelungen, aber wer mag sagen, wie die Ausgänge und Ausläufe davon sein werden? Was nun die alte römischkatholische Kirche betrifft, so gebärdet sie sich noch immer wie die Unabänderlich und Unerschütterlich Dieselbe und ruft uns Ketzern in dieser Gebärdung das mächtige Und die Pforten der Hölle sollen sie nicht erschüttern zu. Dies sagt aber eben so der gläubige Protestant, der jedes Jahr von der Kirche des Vatikans mehrmals feierlich Verfluchte. Ich, der in der Christenheit alle Weisheit und Seligkeit des Göttlichmenschlichen verschlossen und in irdischem Leibe und Gestalt ausgedrückt glaubt, rufe das mit Beiden; aber das äußere Kleid der Kirche, ihr Hoherpriesterrock und ihr ganzer Hoherpriesterdienst, wo doch von dem ältesten Heidnischen und Jüdischen so viel mit eingenäht und eingeflickt war, wenn man will, die ganze äußere Gestalt derselben, wie sehr ist sie im Lauf der Jahrhunderte verändert und umgebildet, von Zierrathen und Kleinodien geplündert und mit andern verziert und geschmückt worden! Wie rühmen sich unter andern oft verkehrten Berühmungen die Protestanten und andere Abtrünnige und Ketzer, sie haben von jenem Priestermantel die meisten überflüssigen und unziemlichen Zierrathen des alten Heidenthums und Judenthums abgethan! Wie dem sei, die Gestalt des göttlichen Erlösers und seine himmlische Lehre mußte ja auf Erden irdisch eingekleidet und vielfach verhüllt werden, um der menschlichen Sehkraft und dem menschlichen Verständniß näher gebracht werden zu können. Das bleibt doch bei aller Unvollkommenheit und bei allem Wechsel der irdischen Dinge stehen: das Wesen des Christenthums, der Inhalt seiner himmlischen Schönheit und Glückseligkeit, haben eine solche unerschöpfliche Unermeßlichkeit der Tiefe und Höhe, daß auch inmitten des ewigen Wortstreits über die göttlichen Geheimnisse und Rathschlüsse dieser Welt und ihrer unerklärlichen Wirkungen und Persönlichkeiten ein freies hohes und tapferes Leben würdigster Sittlichkeit und Persönlichkeit, auch wenn die Gebote des Christenthums nur halb erfüllt werden, dadurch verbürgt und besiegelt ist. Ueber die Geheimnisse und Räthsel, welche diese Lehre enthält, über die verschiedenen Naturen des Erlösers, man kann auch sagen über die verschiedene Zweiheit des Menschen als des Staubgeborenen und des Gottesschemens — ist darüber heute etwa zum ersten Mal gestritten und gesaalbadert worden? sind die metaphysischen und theosophischen Gezänke nicht so alt als die Kirche selbst? sind sie nicht so alt als Klemens, Origenes, Augustinus? und ist der Gnosticismus, welchen Schellings und Hegels Schüler beschuldigt werden erneuen zu wollen, nicht von jeher in der Welt gewesen, so lange Menschengeist hat grübeln und Menschenzunge sprechen können? Wir wollen uns nicht täuschen noch ableugnen, daß ganze Windhosen eines unfruchtbaren und zum Theil leersten und dünnsten Skepticismus, Windhosen mit Sand, Spreu und Dreck gefüllt, über uns hingeweht werden, aber die werden, wie es in andern Zeitaltern auch geschehen, in ihnen selbst zerplatzen und endlich die leeren Schläuche als erinnerungslose Schemen des letzten Menschenalters ungefährlich — denn Schemen haben keine Schwere — zur Erde fallen lassen. Ich habe ja dieses letzte Menschenalter mit durchlebt und kann die angespielte Zweifeltobsucht und jene leeren Windhosen eines unfruchtbaren Skepticismus doch vielleicht etwas erklären. Dergleichen tiefst-liegende feinste Schäden und Seuchen des Geisteslebens haben auch in dem äußerlichen politischen Weltleben oft etwas einer Bezeichnung und Erklärung Aehnliches. Die verschiedenen Dissonanzen der Musik dieser Welt geben, wenn die grimmigeren Töne ihres Allegerrimo verklungen sind, in den stilleren mehr wie aus der Ferne vernommenen Nachtönen oft etwas der Harmonie Aehnliches. Ich weise hier so ein kleines Etwas. Als Kant blühte, um die Jahre 1780 und 1790, war eine schöne strebende hoffnungsvolle Zeit der Deutschen wie der übrigen Europäer, viel hoffnungsvoller, als sie sein durfte: man gab die Segel allen muthigsten Winden zur Fahrt nach den Glückseligen Inseln höherer Menschlichkeit und edlerer Freiheit preis; als Fichte blühte und Schelling begann, stand eine große von edlem Zorn und erhabenem Freiheitsstolz durchwehte und geschwellte Zeit; man hatte das Schwerdt des Worts und des Eisens mit Muth und Glück aus der Scheide gezogen. Die politischen Erfolge und diplomatischen Entwickelungen entsprachen den gläubigen Toden der fürs Vaterland begeisterten Jünglinge und den glänzenden Thaten der Männer nicht. Nach Kongressen von Wien und Beschlüssen von Karlsbad versank der Sinn des Volks aus einem jauchzenden Siegesjubel in ein bissiges, grolliges Hundegemurr oder in ein stummes noch schlimmeres mattes Schmollen, Schweigen und Träumen, in einen Zustand, wie wir ihn seit Frankfurt, Wien, Berlin, Olmütz, in den Begebenheiten dieser jüngsten Jahre ähnlich wieder haben durchleben müssen. Ich weise hier nur auf Eines hin, was mir ja tagtäglich vor Augen steht, ja was mir so dick recht eigentlich vor die Füße fällt, daß ich darüber stolpern könnte. Dies sind die oben angespielten mit sogenanntem Geist gefüllten Windhosen, welche die Menge wohl anstaunt, weil sie ihr eine erschreckliche Schwere zu tragen scheinen. Solche Windhosen steigen immer am Horizont auf, wenn zehnmal zu wenig gethan und tausendmal zu viel geschwatzt wird. Es ist allerdings eine wunderliche Geistigkeit bei uns entwickelt, die aber, wie mir däucht, nicht bloß bei uns in Deutschland als eine Krankheit grassiert, eine Erscheinung, welche ich Geistigkeit nenne, weil ich keinen andern Namen dafür finden kann. Der Geist ist freilich ein sehr Dünnes und ist nach dem Dünnen und fast Unsichtbaren genannt, aber das Ding, was ich hier meine und was ich, wenn ich könnte, gern beschreiben möchte, ist eben ein geistiger Bastard, eine Art Halbgeburt, Kind eines Alp oder Incubus, der mit seinem häßlich fantastischen

Fratzengesicht auf der Gegenwart liegt. Es ist ein Jammer zu sehen, wie so viele Jünglinge jetzt nach Geist schnappen, wie sie alle Dinge, auch die dicksten und plumpsten, (will sagen, auch die handgreiflichsten, die man nur immer mit der Faust angreifen sollte) und die Scheine derselben, mit sogenanntem Geist erfassen und sogleich mit ihrem bischen Geist messen und wägen wollen. Kurz, es ist eine Mattigkeit und Schlaffheit, die sich dann oft mit Ueberreizung spornen und springen und fliegen will, wo ihr der Muth zum tüchtigen Gehen und Schreiten fehlt. Woher das? fragt man mich. Ich antworte: Ich weiß es nicht, aber es däucht mir, diese Jagd auf Geist, dieses Haschen nach Geist, dieses Spielen mit leersten gestalt- und bildlosesten Geisterchen, daß ich's mit dem rechten Namen nenne — diese Geisterei, bezeichnet eine krankhafte Elendigkeit und Dünnheit, welcher der Stoff ausgegangen ist oder vielmehr welche den in jedem Stoff enthaltenen Geist und Lebensgeist nicht finden kann. Das Geschlecht ist zu fein und dünn geworden, so mit den Gespenstern und Schemen des Geistes verwebt und umweht, daß es ihn selbst, den einfachen und göttlichen, kaum noch empfinden und sein leises und unsichtbares Wehen nicht verstehen kann. Daher manche kranke Zweifelsucht und Geistestobsucht unsrer

Jünglinge, daher bei Vielen die traurige zweifelsüchtige Ungläubigkeit. Es fehlt dieser kranken Welt die frische Unmittelbarkeit jener Anschauungsfülle, wodurch Gott und sein Wirken, Wehen und Weben verstanden und geglaubt werden.

So weit habe ich gewinkt über den Geist als das dünnste und feinste Element, wie er seiner Natur nach sein muß, und wie er in gewissen Zeiten den Menschen, obgleich sie ihn ängstlich mit allen Leuchten und Laternen suchen, zu verschwinden scheinen will. Jetzt muß ich zu einer dickeren nur zu dicken leibhaften und körperlichen Erscheinung kommen, wo zum Theil gräuliche Ketzerväter und Sektirer geweihte Namen und selbst den Namen des Christenthums und seines göttlichen Stifters mit einmischen, ja wohl gar an die Spitze ihres tollen und verrückten Unsinns stellen. Ich meine hier die unter vielen verschiedenen Namen laufenden Socialisten und Kommunisten und alle die närrischen oder verruchten Schwärmereien oder Spielereien, die man unter diese Namen stellt. Denn Einiges wird auch darunter gestellt, was in der Welt seine gebührliche Berechtigung hat und darunter oder unter ähnlichen Ueberschriften Raum finden muß. Dies ist ja eine eigentlich französische Geburt und gehört ursprünglich dem nicht an, was Deutschlands Verleumder und Schmäher unter dem Namen deutsche Philosophie und deutscher Atheismus aufzuführen pflegen. Daß von den Aschen und Funken der an der Themse und Seine von Chartisten und Kommunisten angezündeten Feuer Vieles zu uns herüber geflogen sei, ist oben schon geklagt. Das ist bei der zehnmal und hundertmal leichteren und geschwinderen Weltverbindung als vormals und bei der ungeheuren unendlichen Treiberei, Reiberei und Zusammenfleigerei der Menschen aller Länder ein unvermeidliches Uebel geworden. Die unleugbar größere Abglättung, Bildung und Vergeistigung des europäischen Menschengeschlechts und die durch neue Erfindungen und ihre Anwendung beschleunigte Mittheilung und geschwindere Uebertragung aller Güter und Uebel von dem Einen zu dem Andern hat nicht nur ein unendliches Gewimmel und Getümmel unter einander, sondern auch eine neue und vermehrte Verpflanzung und Uebertragung der geistigen Strebungen und Entwickelungen veranlaßt. In einem gewissen Sinn darf man allerdings sagen, daß jener Voltairismus, der von 1740 bis 1780 bei den Fürsten und Vornehmeren und in den höheren Bürgerklassen blühete, gleichsam als eine neue Art, als eine schlimmere und gefährlichere Entpuppung und Verjüngung bis zu dem kleinen Bürger, bis in die Werkstätten der Handwerksburschen, ja bis in die Hütten der Bauern hinabgestiegen sei. Darf ich das einen Voltairismus nennen? Man wählt und giebt oft Namen nach Gleichnissen. Voltaire's und seiner Apostel Lehre war eine böse gefährliche Truglehre; unser Tag hat eben so schlimme wo nicht viel schlimmere Truglehre einer lügenhaften Freiheit und Geistigkeit und einer durch und durch erlogenen Menschlichkeit des Menschen, welche sich oft sogar erfrecht in dem Namen Jesu Christi aufzutreten und wie aus seinem Munde zu sprechen. Dies Uebel ist da, es hat auf der Pfingstweide zu Frankfurt, unter den Linden in Berlin, im Augarten und Prater und in der Leoboldstadt zu Wien und in tausend Gassen und Kneipen gepredigt, gelärmt und gewüthet; es ist eben eine Erscheinung unsrer Gegenwart.

Ei! ei! ruft man mir zu, wie gelinde nennst und schilderst du unser unnennbares Weh und Verderben! unser wüstes, unchristliches, unstätes, meuterisches, gottverlassenes und gottvergessenes Treiben und Wesen! Das schiltst du nur eine geistverirrte, verworrene Gegenwart? Wir stehen ja am äußersten Rande aller Sittlichkeit und Christlichkeit, am Rande eines Abgrunds, wo sich's grade in die Hölle hinabstürzt. Dein gegenwärtiges Menschengeschlecht welch ein Abschaum!

welch eine scheußliche Masse von Lastern, Missethaten und Verbrechen, wovon unsre Väter glücklich nichts wußten! Welche neue Namen von Bübereien und Schändlichkeiten, wofür jenen Glücklichen die Namen fehlten! So ruft man mir in der That zu und ich gebe den Rufenden und Wehklagenden einen Theil dieser Anklagen des Menschengeschlechts zu, und leugne den andern. Die Sünde und das Unglück und Unheil, das sie gebiert, sind unserm Geschlecht, wie es scheint, mitgeboren, und diese haben in keiner Zeit gefehlt. Sie scheinen jetzt verdoppelt und verdreifacht — das bejahe ich den Anklägern; ich führe ihnen aber auch zu Gedächtniß und zu Gemüth, daß die Menschenmenge im Vaterlande seit jenen gepriesenen tugendhaften und glückseligen Tagen unsrer Väter sich fast allenthalben verdoppelt, an manchen Stellen verdreifacht und vervierfacht hat, daß also auch die Menge der Gebrechen und Verbrechen allenthalben leider in einem gewissen Gleichmaaße vermehrt erscheinen muß; wozu noch kommt, daß die feinen Schäden und Verbrechen, die aus Ueppigkeit und feigen schleichenden Lastern erzeugten Verbrechen, mit der Verfeinerung und Ueberverfeinerung des Geschlechts in unsern größeren prächtigeren Städten allerdings gewachsen sein müssen. Wo waren aber in den Tagen unsrer Väter so viele und so glänzende Plätze der verfeinerten Laster? was war das Berlin, Wien, München, Hamburg, Brüssel der Jahre 1770 und 1780 gegen den Glanz und das Volksgedränge unsrer Zeit? Den Schein, ich meine den vermehrten Schein des großen menschlichen Elends und Jammers, giebt die hundertfach vermehrte Oeffentlichkeit und Mittheilung. Weiland wußte man kaum auf dem Umkreis von zwanzig dreißig Meilen, wann etwa eine gräuliche Missethat gethan und die Einfangung oder Hinrichtung des Verbrechers erfolgt war, jetzt fliegt, was von einem Ende Deutschlands zu dem andern geschieht, mit der Blitzgeschwindigkeit von Schnellwägen und Telegraphen, und in dreißig Sekunden kann man von Triest nach Stralsund und von Hamburg nach Augsburg melden, wer gräulich ermordet oder auch, wer erhängt oder geköpft ist.

Ich bin leichten Fußes und geschwinden Blickes über dieses gefährliche Kapitel und seine Verfänglichkeiten hingelaufen. Ich habe lange genug gelebt und sehe auch diese dunklen und schwarzen Dinge und Zeichen der Zeit alle, wie ihr sie mir zeigt, aber die Jahre, wohin ihr zurückweiset, als auf unschuldige paradiesische Zustände, mit den jetzigen verglichen, nehme ich als solche nimmer von euch an. Wahrlich das Laster ging damals eben so frech, es ging in den höheren vornehmeren Klassen frecher einher als jetzt, aber der böse Schein des Bösen und Bösesten hat sich mehr zu den unteren Stufen der Gesellschaft herabgesenkt und macht dort größeres Getümmel und Lärm und hat breiteren und schmutzigeren Schein. Dies ist der Hauptunterschied, und kein anderer. Und will man überhaupt die Zeiten und Geschlechter gegen einander halten und auf der Wage der Christlichkeit und Sittlichkeit wägen, wahrlich, wie ich schon mehrmals erklärt habe, ich tausche das Jahr 1850 gegen das Jahr 1760 und 1770 nicht um; wer das magre bleiche und graue Angesicht des verscheidenden achtzehnten Jahrhunderts gesehen, der kann das Antlitz des Jahrs 1850 nicht bloß mit Kains Fluch gebrandmarkt sehen. Soll ich bei diesem wahren Heidengeschrei, wo man uns gradezu zur Hölle des Verderbens entartet und verdammt verurtheilen will, nicht auch die ganze große Millionenmenge der kleinen damals sehr unterdrückten und verkommenen Menschen wägen, die verknechteten Bürger und Bauern nicht gegenrechnen? Ich sage, alles sieht von innen gewiß nicht schlechter, alles sieht von außen zehnmal und hundertmal besser aus als in jenen Jahren. Auf Einen Unterschied, auf Einen sehr entscheidenden Unterschied will ich zum Schluß dieses Kapitels nur noch hinweisen: Die Menschen beten heute nicht weniger als damals, aber sie lernen und denken mehr, haben auch besser arbeiten und länger leben gelernt als damals: Wo sonst der dreißigste Mensch starb, stirbt jetzt der fünfunddreißigste; wo sonst der fünfunddreißigste starb, stirbt jetzt der vierzigste. Was antwortet ihr mir hierauf? Ihr könnt mir nichts Vernünftiges darauf antworten. Weil besser und menschlicher gelebt, weil freier gewirkt und gearbeitet und mehr gelernt und gedacht wird, kurz weil der Geist des Menschen sich in seinem irdischen Gehäuse wohnlicher und behaglicher fühlt — deswegen wird auch später gestorben. Auch das liegt im Rathschluß Gottes wie in dem Verstande des Menschen.

Kein Wunder, daß bei dem Dampf unsrer Tage, in dem Wirbeln und Strudeln derselben viele Sterbliche vom Schwindel ergriffen werden, mich selbst will dieser Schwindel zuweilen als etwas dem Zweifel oder der Verzweiflung Aehnliches ergreifen, aber die Frommen und die Menge der frömmelnden Heuchler, welche in Kurzsichtigkeit oder in Feigheit diese Zeit als eine durchaus teuflische und entgöttlichte, als eine unchristliche und verruchte Zeit verschreien und verdammen — diese muß ich hier doch wieder auf die Wirklichkeit und auch auf die von ihnen gepriesene Vergangenheit hinweisen, nicht nur auf unsern fortgeschrittenen und verbesserten Ackerbau, auf unsre an Volksmenge, Gewerb, Handel und Reichthum doppelt und dreifach gemehrten und geschmückten Städte, sondern auch auf die allenthalben gebesserten und erhöhten Zustände und öffentlichen Verhältnisse der Menschlichkeit und Christlichkeit. Mit unsern Schulen und dem Unterrichtswesen, mit den Irrenhäusern, Krankenhäusern, Armenhäusern, mit unsern menschlichen und christlichen Hülfen, Missionen, Mittheilungen und Vermittelungen jeglicher Art wie steht es auch da viel besser! und wie hat sich durch Arbeit, Fleiß und Geschicklichkeit gar manche neue Hülfe geschaffen! Wir sind ein anderes, ein stärkeres und besseres, in so vielen Beziehungen ein sittlicheres, tüchtigeres, glücklicheres Volk geworden; unsre Bahn hat sich erweitert, sie wird noch mehr erweitert werden. Die Gescheidten und Wissenden schauen mit Freuden in diese Erweiterung, welche sich für viele Menschenalter den strebendsten Völkern Europas geöffnet hat. Schauen wir auf unsern Ackerbau, auf das Elberfeld, Krefeld, Bremen, Hamburg u. s. w. unsrer Tage, sehen wir, was sie vor einem halben Jahrhundert waren, so wissen wir, wohin gewiesen werden muß; davon muß unter dem Titel England und Amerika weiter gesprochen werden.

Man schreckt mit Gewitterwolken, die an dem deutschen Kirchenhimmel aufsteigen und will dem Protestantismus weissagen, daß er gänzlich in sich zerfallen und auseinander fallen, daß er der Raub der Jesuiten werden müsse, ja daß uns die Jesuiten möglicher Weise wieder Feuerbrände auf unsre Tempel und Scheunen zusammenpredigen können. Ich kenne die unversöhnlichen Feindschaften und unsterblichen Gegensätze wohl; ich kenne wohl die Stärke des Pabstthums, aber auch die Allmacht des lutherschen Spruchs das Wort sie sollen lassen stahn. Dieses göttliche Wort hat ja die Kraft, die Schlacken, welche sich von Zeit zu Zeit an ihm ansetzen und selbst durch den Kampf aus und an ihm hervorgeschmiedet werden, wieder von sich abzuschütteln und in verjüngtem Glanze wieder zu leuchten. Freilich mit den leichten Augen dieser äußerlichen Welt betrachtet, sieht der Protestantismus so aus, als wenn er sich auch seinen Pabst suchte; aber er sieht nur so aus, und wenn er sich besser besinnt, steht seine alte Sonne wieder hell vor ihm, und ringsum wird ihm alles wieder klar und licht. Er hat schon seine drei Jahrhunderte hinter sich mit einer Reihe geweihter und durch die Geschichte bewährter Kämpfer und Zeugen; er hat schon seine Tradition gewonnen zu der

Tradition von Sankt Paulus und Sankt Johannes, und darf darum nicht zagen.

Soll ich endlich noch die Anklage des Materialismus unsrer Tage zurückweisen, die Anklage der außerordentlichen Thätigkeit und Gerührigkeit der Menschen, die alte Adamserbschaft endlich voll anzutreten und aller Gaben und Güter dieser Erde von einem Ende zum andern endlich in der That Herr zu werden? Nein, auch dieser Materialismus ist ein Zeichen des frischen lebendigen Geistes, der jetzt Deutschland belebt. Eben dieses lebendige Leben in unserm Volke ist uns Bürgschaft und Siegel des Geistes und Verbürgung unsrer Zukunft. Wir sind in viele herrlichste Hoffnungen leicht hineingeschüttelt und noch leichter und unsanfter wieder herausgeschüttelt worden, aber Geist wird immer neuen Geist zeugen und sich aus dem schwebenden Element von bloßen Gefühlen und Hoffnungen zur lichten Klarheit des Verstandes immer mehr durchringen. Wir haben bis jetzt nur Anläufe gemacht und sind immer noch im stürmenden Anlaufen begriffen, wo wir meist zurückgeschlagen werden. Gefühle und Zorn sind bloß für den ersten Anlauf gut; den letzten Sturm der Festung können Einsicht und Verstand allein durchführen. Ein Volk, das so viel Muth und Geist hat als die Deutschen, kann als ein

Raub schlechterer Völker nicht untergehen; die Sehnsucht eines großen Volks nach Ehre, Macht und Majestät wird den Tag ihrer Erfüllung erleben. Glaubet nur, haltet fest und zusammen!

Ei! du alter Schneekopf, was sollen uns diese Zurufe des Muthes, da du doch gleich einem Jeremias der Klaglieder, der auf den zerbrochenen Mauern Jerusalems und in dem Vorhofe des geplünderten und entweihten Tempels seine Trauerlieder sang, uns mit so vielem und reichem Jammer die Ohren betäubt hast? Hast du keinen Geist fester Weissagung, so stecke die Flöte ein und schweige!

Und darf ich mich so herausfordern lassen und weissagen, wie die Narren weissagen, das heißt, soll ich lügen? Nein! es giebt nur Einen Geist der Weissagung, und das ist der Geist selbst. Dieser scheint dem Volke, das immer sogleich Neuestes hören will, oft tausend Siegel auf dem Mund zu haben, und siehe! wie seine Stunde gekommen ist, tönt und klingt er, und die Leute verwundern sich. Diesem Geiste vertraue ich, und das ist meine ganze Weissagung. Die Zeit ist Gottes und ihre Stunde und Minute darf kein Sterblicher weissagen, selbst mit einem Apostel Paulus möchte ich nicht irren; aber das darf ich euch zum dritten Mal zurufen: Glaubet! und haltet fest und zusammen!

Meine übrigen Tage müssen ja dahinsinken wie die letzten Schimmer eines Traums. Ich schaue von der höchsten Höhe des Alters in das tiefe Thal hinab, meine Abendsonne geht nicht mit Gold noch mit goldnen Hoffnungen zu Thal, aber von tapfern und männlichen Hoffnungen darf ich nicht lassen. Ich vertraue dem Geist und dem deutschen Geist, und rufe mit allen tapfern Aposteln und Propheten: de coelo et patria nunquam desperandum.

2. Die Andern.

Jetzt in kurzer Ueberschau die Fremden und die Andern, wie sie mit den Deutschen und ihrer Welt meist und zunächst in Berührung, Verbindung und Gemeinschaft stehen. Da ist Oesterreich billig das Erste.

a. Oesterreich.

Wie? Oesterreich unter den Fremden und Andern? Deutsch oder Nichtdeutsch oder gar Undeutsch? — Die Sache spricht sich selbst aus, die Mehrzahl und Macht entscheidet in der Welt einmal die Stellung. Ohne hier über Kopf und Herz mich in Streit einzulassen, und wo Deutschlands Kopf und Herz liegt, ob in und bei Deutschland oder in der Fremde, Oesterreichs Inhalt, sein sogenannter Leib, ich sollte sagen, sein dicker Leib von 38 Millionen, zählt nur acht Millionen deutscher Menschen: es bleiben, wenn man das fremde Gemisch in Böhmen, Mähren und dem eigentlichen Oesterreich abzieht, nicht über acht Millionen; also bleiben beinahe vier Fünftel Fremde und Andersartige übrig. Wir stellen also schon wegen dieser Ueberzahl Oesterreich zu den Fremden, obgleich es uns nimmer ganz fremd werden kann noch soll. Obgleich es Deutschland immer mit sich aufstellt ja in sich hineinstellt und seit Jahrhunderten so mitgeschleppt ja sich nachgeschleppt hat, ein deutsches Herz hat es lange nicht mehr gehabt, und trotz aller Betheurungen auch in diesen jüngsten Jahren genug bewiesen, daß es Deutschland wohl gern für sich gebrauchen aber sich nimmer für Deutschland einsetzen will. Und doch, nachdem es Deutschland in den Jahren 1814 und 1815 ganz versäumt ja selbst den deutschen Kaiser fast von sich gestoßen hatte, scheint es seit den letzten Jahren andern Sinnes geworden zu sein, sucht die alten Mißgriffe und Versäumnisse zu verschweigen und zu übertuschen und gebärdet sich unverstellt nicht nur als das geborne Oberhaupt der Lande und Fürsten, sondern meint endlich Deutschland als den letzten fettesten Bissen in seinen dicken Riesenleib einschlucken zu können. Was haben seine Schildträger uns nicht Wunder vorgefabelt von dem allgewaltigen und glückseligen europäischen Mittelreiche, dem China von 76 bis 80 Millionen Seelen, von dem an der Stelle und in der Stellung Karls des Großen jetzt erst wieder verjüngten Reiche! Kommt es uns zuweilen ja fast vor, als gaukelte ein napoleonischer Wiedergänger uns seine prächtigen Großthaten des gelobten ewigen Friedens vor, als sei Friedrich Schlegel aus dem Grabe erstanden und halte vor Fürsten und österreichischen und ungrischen Magnaten in Wien seine Vorlesungen über die Glückseligkeit des Perserreichs unter seinem König der Könige? Wir aber rufen mit dem klugen äsopischen Fabelthiere vestigia nos terrent: wir wollen keine Perser, wir wollen keine knechtische Chinesen eines neuen Mittelreichs werden. — Ueber Oesterreichs politische und fanatische Augen- und Herzens-Verdrehtheit seit Karl dem Fünften ist oben sattsam gesprochen worden. Im Jahr 1814 und 1815 war für dasselbe noch ein glücklichster Moment gekommen. Hätte es damals nicht wieder die behexten Augen vor allem auf Italien gerichtet, hätte es mit England, Rußland und selbst mit Frankreich nicht zu sehr geliebäugelt und sich in kleinlichen, undeutschen, diplomatischen Gespinnsten mit verstrickt, so willig waren damals die Deutschen, so treu, zutraulich und bereit war ihm der arglose König Friedrich Wilhelm der Dritte von

Preußen, daß es seine Haus= und Stammlande Belgien, Lothringen, das Elsaß und die alten habsburgischen Vorlande in Schwaben hätte wiedernehmen und sich in Wien die Kaiserkrone nach einem Zwischenstand von zwanzig Jahren wieder hätte aufsetzen können. Durch jene Lande bekam es einen Zuwachs von sechs Millionen deutscher und deutschartiger Menschen, mit der Schelde und Maas und Antwerpen eine herrliche Weltstellung muthigen Stolzes und edler Gefahren am Meer u. s. w. Dann stand es mit kräftigsten Vorderfüßen im Reiche; jetzt soll vor dem, dessen an unsern äußersten Gränzen hoch aufgerichtete Hinterfüße die lahmen Vorderfüße nicht merken lassen sollen, wie vor einem Gesunden und Starken paradirt werden. Es hat damals das Hohe nicht gewollt und den Stolz edler Gefahren nicht gewagt. Versäumtes ist überhaupt selten nachzuholen, Politischversäumtes kommt fast nie zum dritten vierten Mal wieder zum Einholen. Wir wollen an dem großen Staate Oesterreich loben was zu loben ist, wenn wir auch keine Lust haben, mit seiner uns so sehr angepriesenen Milde, Gutmüthigkeit und Liebenswürdigkeit eine auf ewig unzertrennliche Ehe einzugehen. Ganz fremd werden können wir ihm ja doch nicht, verbunden in gewisser Weise mit ihm, wie diese Bande auch geknüpft werden, müssen wir wegen seiner deutschen Menschen, unsrer wirklich sehr gutmüthigen und oft auch liebenswürdigen Brüder, doch immer bleiben. Oesterreich hat aus schrecklichen Wirren und Gefahren des Jahrs 1848 in seiner Weise und in der Art, wie es aus so gewaltigen Klemmen sich herauszureißen und aufzurappeln seit Jahrhunderten gelernt hat, sich aufgerafft und durch sein kühnes und kräftiges Auftreten mitten unter Brand und Trümmern Furcht und Achtung erzwungen. Damals, als Ungerland im Aufstand loderte, als Italien abgefallen war und seine Könige und Fürsten und selbst den Pabst unter dem Rufe Italiens Freiheit und Einheit! und Fort mit Oesterreich! zum Aufstand und Bündniß gezwungen hatte — damals, als Oesterreichs einzelne zerrissene und zersprengte Heerhaufen selbst Tirols Alpengränzen gegen die Wälschen decken mußten, als die Großmächte des Westens, England und Frankreich, zusammentraten und die Abtretung Italiens bis an die Friuler Marken vorschlugen und auf diesen Fuß den Frieden vermitteln wollten, da stand das österreichische Kabinett, selbst mit dem schwachsten Herrn an der Spitze, felsenfest im Sturm und erklärte, auch aus keinem italiänischen Dorfe werde es sich verdrängen lassen, und die Tapferkeit seiner Krieger unter dem dreiundachtzigjährigen Feldmarschall Radetzky, dem Freunde des unvergeßlichen Erzherzogs Karl, und die durch republikanischen Schwindel erregte und angezettelte Zwietracht der Italiäner haben es gerettet. Hier hat man aus dem Gesichtspunkt des Kriegsmanns großes Lob auszusprechen, wie Vieles man auch gegen die Schneidigkeit mancher österreichischen Beruhigungsmittel einwenden mag.

Ja hier allerdings; aber wie fällt das Lob aus, wohin fällt es, wenn man Oesterreichs Stummheit und Mattigkeit, seine lange und laue Gleichgültigkeit gegen die Angelegenheiten des deutschen Vaterlandes betrachtet, wo dessen Vortheile nicht grade innerhalb der Gränzen seines Landes und Gelüstes liegen? Daß Oesterreich, als seine eignen Dinge darniederlagen und Italien und Ungern im Aufruhr brannten, auf Deutschland kaum das Auge und für Deutschland kein warmes Herz haben konnte, als sein Herz von den Wunden blutete, welche die Wälschen und die Magyaren hineinhieben, kann man nur begreiflich finden; aber ein paar Jahre später wie da? wie mit der Geschichte der deutschen Flotte? wie mit der allertraurigsten Geschichte von Schleswig-Holstein und der Stillung des dänischen Krieges, das sich Oesterreich noch zu einem besondern Verdienst um Deutschland gemacht haben will? — Klagen Viele, daß das preußische Kabinett da schwach gewichen, so beschuldigen Andere Oesterreich der Gleichgültigkeit und feindseliger Niederschlagung dieser heiligen deutschen Sache, und daß es nicht Deutschland habe verlassen und verrathen, sondern Preußen in Norddeutschland und an den beiden deutschen Meeren habe schachmatt setzen gewollt. — Und die deutsche Flotte? Oesterreich hat sich zu ihrer Schöpfung und Gründung von Anfang an geweigert und auch später mit mehreren andern deutschen Fürsten jeden Beitrag abgelehnt; es ist bis zur Wegschaffung und Verkaufung des schon Geschaffenen gekommen, und da haben Oesterreichs Schildträger Preußen, welches mit seinem Beifall und Beitrag zuerst mit voran gewesen war und für mehrere Regierungen Vorschüsse gemacht hatte, am Ende gar noch zu beschuldigen gewagt, es sei an der Vernichtung und Verschleuderung jener Flotte schuld. — Und Schleswig-Holstein? Jenes Oesterreich, das für sich und seine Vortheile hinsichtlich Italiens gegen die mächtige Zudringlichkeit von Frankreich und England in den Jahren des italischen Aufruhrs von 1848 und 1849 so fest gestanden, Oesterreich, das im Jahr 1846 das angegriffene gute Land- und Fürsten-Recht der Herzogthümer gegen Dänemark beim Bundestage anerkannt und verbürgt hatte, dieses unterzeichnete für Rußland und mit Rußland, England und Frankreich gegen Deutschland und Preußen in London den dänischen Gesammtstaat und alle seine Folgen, ließ die Zerreißung der uralten herzogthümlichen Gemeinsamkeitsrechte zu, und — was für Herrscherhäuser noch viel bedenklicher und gefährlicher dünken mußte — genehmigte den Bruch des Salischen deutschen Fürstenerbfolgerechts in den Herzogthümern, mit diplomatischer Verdrängung der älteren Linie Holstein Augustenburg durch die jüngere Glücksburger, auch dies zum Vortheil des alles mit einfädelnden und mitbestimmenden Rußlands, welches alle seine durch viele Verträge losgebundenen und an die Vettern übertragenen Rechte wieder hervorzuspielen und mit hineinzuspielen suchte. Diese russischen Listen sah das dumme England nicht und das schwache Deutschland sollte, weil Oesterreich so undeutsch vorangegangen war, dazu schweigen. — Und die Stillung der dänischen Fehde und Entwaffnung der Herzogthümer? Es lief ein Schrecken ja ein Angstruf durch ganz Norddeutschland, als die Botschaft erklang, Oesterreich marschirt mit seinen Panduren und Kroaten als Friedensstifter über die Elbe. Wenig Gutes konnte man da erwarten, aber so Schlimmes, als endlich erfolgt ist, hatte man doch nicht erwartet, daß man das schöne Land ohne alle sichernde und bindende Bedingungen den Fremden so hinwerfen, daß man die guten Menschen, die für ihre ältesten bebrieften, von dem Könige von Dänemark zerrissenen und gebrochenen Rechte zu Gott gebetet und im Glauben auf Gott und ihr Gesetz dafür gestritten hatten, so der Gnade des erbitterten Dänenvolkes preisgeben würde. Freilich sogleich beim Anfange des österreichischen Aufmarsches war die Ahnung aller Menschen, welche mit deutschen Gefühlen und Wünschen gegen Norden blickten und die Aspekten des politischen Sternhimmels kannten, eine sehr trübe. Mußten sie nicht denken — und haben sie Unrecht gehabt, so zu denken? — daß Oesterreich den Aufstand und die Waffenerhebung Schleswig-Holsteins ganz aus dem Gesichtspunkte des Aufstandes seiner Italiäner und Magyaren ansehen, daß es die für ihr deutsches Land und Recht streitenden Männer für verruchte, gegen eine Königliche Majestät empörte Rebellen erklären werde? Hat es das nicht gradezu gethan, so hat es doch ruhig zugesehen, daß sie so behandelt worden sind. Freilich man hat von einer allgemeinen Amnestie gesprochen, aber wo und wie sind die Zeichen dieser Amnestie? Die dänische Auslegung dieser Amnestie und die dänische Behandlung und Züchtigung ihrer sogenannten rebellischen Unterthanen liegen ja nun schon seit Jahren vor unser Aller Augen. — Und der deutsche Bund und seine von Oesterreich geleitete Erklärung? gleichsam ein Bundestagsabschied in dieser Sache? Nirgends sieht man eine feste bestimmte Land und Menschen sichernde Bedingung, die für die unglücklichen Entwaffneten und Verlassenen gestellt wäre; es lautet immer ungefähr: man hoffe, S. M. der König von Dänemark werde in den ihm zurückgelieferten Herzogthümern gegen seine Unterthanen Gnade und Gerechtigkeit walten lassen. O die Verträge auf Hoffnung! Auf Hoffnung kauft man keine Hütte, ja nicht einmal eine Kuh oder ein Kalb. Ueberhaupt dieses ganze wunderliche und widerliche Verhältniß Deutschlands zu Dänemark ist für den Theil der Herzogthümer, der doch hinfort noch deutsches Land und deutsches Bundesland heißen soll, auf so lockern und losen Füßen und ohne Sicherung deutscher Ehre und deutschen Namens hingestellt, wie man früher das ähnliche Verhältniß von den deutschen Stücken der Herzogthümer Luxemburg und Limburg zum Königreiche der Niederlande gelassen hat: alles mit dem leichten Wunsch und Hoffnung auf Gerechtigkeit und Gnade der fremden Majestät. — O! o! beide schöne Lande kann

Deutschland wie manche seiner früheren Landschaften fast wie verlorne ansehen: im Frieden leere Titel und Namen, im Kriege wo wird die brüderliche Hülfe sein? und können die Verhältnisse und Interessen jener fremden Reiche nicht so laufen und werden sie nicht häufig so laufen, daß der Limburger und Holsteiner auch heute wie weiland gegen Deutschland wird ins Feld gestellt werden?

Nun, da wir einmal bei deutschen Schmerzen weilen und deutsche Wunden eben mit recht bittern Gefühlen wieder betastet haben, muß doch noch von der Möglichkeit oder Unmöglichkeit des großen europäischen Centralstaats der Mitte, von dem sogenannten Großdeutschland etwas gesagt werden. Es ist eben etwas still davon, aber darum glaube keiner, daß Oesterreich einen solchen schmeichelnden und streichelnden Gedanken aufgegeben habe, daß es nicht hoffe so piano und pianissimo Deutschland und die Fürsten allmälig in sich hineinzuschleppen oder gar durch die Schrecken des aufgestellten Vogelscheuchs der republikanischen Rothmütze in sein Netz hineinzujagen. Die alte ewig junge Geschichte von der Eule und den kleinen Vögeln. Diese Möglichkeit wer will sie ableugnen? ja ist nicht schon ein Anfang davon da? Aber die Unmöglichkeit? Das ist eine andere Frage, die auch mit einigen kurzen Worten oder einer trotzigen Verneinung nicht abgemacht ist. Diese trotzige Abweisung und Verneinung spreche ich nun sogleich mit Millionen guter alter Deutschen aus: Nolumus gentem germanicam mutari et pejorari. Eine geistige und sittliche Verneinung mehr als eine politische. Hier muß ich mit meinen Gedanken und Erwägungen auch etwas weiter umherschauen und ein wenig spazieren gehen.

Ich sage mit gutem Vorbedacht mehr eine geistige als eine politische Verneinung. Politisch, o du ächtes Hexenwort! was ist politisch unmöglich? Sind die armen Deutschen durch vielhundertjährige Gewöhnung und Uebung nicht so gequetscht und zerstampft, durch so vielfache Wechsel von Enthäutungen und Behäutungen gegangen, daß sie sich jeglicher neuen Umhäutung, Wiederhäutung und Berindung mit jederlei anderm Volke fügsam und willig und leicht umgestaltlich erweisen müssen? Warum sollten sie nicht zur Probe allenfalls auch einmal mit Szecklern, Wallachen und Kumanen und Morlachen zusammenwachsen wollen und können? Also in diesem Sinne spreche ich mein trotziges Unmöglich! nicht aus; denn was ist politisch nicht alles möglich? Hört nur ganz kurz mein geistiges und sittliches Nein! Unmöglich!

Zuerst mein menschlicher Zorn, wenn ein Deutscher noch irgend einen Zorn haben darf, ist empört nicht allein über die übermüthige Zumuthung, sondern noch mehr über die Epoche, ich sollte sagen die Stunde, in welcher Oesterreich uns diese Zumuthung seines großen germanischen chinesischen Gesammtreiches gemacht hat. Gebet Acht! folgt mir treu! Oesterreich hatte das Zusammengeröll seiner verschiedenen Völker und Völkerbruchstücke Jahrhunderte hindurch, so gut es eben gehen konnte, wegen der verschiedensten Sprachen, Sitten, Gewohnheiten, Gesetze, einige Stücke auch ziemlich sultanisch absolut, eben ohne viele bestimmte allgemeine Formen und Gesetze, zusammengehalten und regiert. Nun brausten die Sturmjahre 48 und 49 herein; nach vielen unglücklichen Verfassungsproben wurden für die Gründung der letzten jüngsten gültigen Verfassung Soldaten berufen: eine kurze derbe soldatische Arbeit, Zusammenschüttung des Verschiedensten, medëische Einstampfung, woraus das neue österreichische verjüngte Leben hervorgehen sollte. Als der vom Schlachtfelde gerufene verwegene Schwarzenberg daheim diese Einstampfung vollbracht hatte, blickte er gar anders als Metternich ein wenig gegen

Norden und Nordwesten und kam auf den Gedanken, es wäre doch so übel nicht, die Leute, die dort zwischen Ostsee und Nordsee und Rhein und Weichsel wohnen, die lieben guten Deutschen, ein wenig mit einzustampfen und so ein neues persisches oder chinesisches Großreich und Mittelreich der Zukunft zu gründen. Die österreichische Arbeit, die er eben mit großer Festigkeit vollbracht hatte, hatte ihn natürlich auf den Gedanken gebracht, mit den Deutschen etwas Aehnliches zu versuchen. Mit so weichen und bildbaren Leuten müsse das ja offenbar viel leichter sein als mit hartnäckigen Magyaren und trotzigen Slaven. — Soll das nun den deutschen Zorn nicht empören ja aus den kältesten Herzen Funken schlagen, daß Oesterreich solche heillose Schwäche, solche matte Ehrvergessenheit, solche Zusammenstampfung des deutschen Stoffes mit allen verschiedensten und barbarischesten fremden Stoffen uns in dem Augenblick zumuthete, wo alle edle Deutsche noch von der Einheit und Majestät und von der Wiederherstellung deutscher Macht und Ehre träumten?

Dies der Zorn über den Augenblick und über den Gedanken, mit welchem die Benutzung des Augenblicks ergriffen war. Dies schon lief weit über jeden Aerger hinaus, aber Grimm muß der Zorn werden, daß wir uns grade da in diesen wüsten medëischen

Kessel unter dem Titel von Stärkung und Verjüngung werfen lassen sollten, als alle unsre besten und treuesten deutschen Gefühle grade auf uns selbst, auf das, was noch aus uns selbst heraus für unsre Herrlichkeit zu Licht und Leben gebracht und geschaffen werden könnte, noch mit schönsten Hoffnungen gerichtet waren. Grade da hatte Schwarzenberg, eine Zersplitterung und Zerreißung des Vaterlandes hoffend und erzielend, unter dem Titel einer Vereinigung mit Oesterreich schon seine Unterhandlungen und Zettelungen mit den unentschlossenen oder einem festen Zusammenschluß Deutschlands zu einem Ganzen abgeneigten Fürsten begonnen. Aber hievon abgesehen mußte den Deutschen grauen vor dieser neuen Größe, welche durchaus nur eine Dicke oder eine leibliche Größe, nimmer aber eine geistige und sittliche werden konnte, die einzige Größe, die solchen Namen verdient. Wirklich die erste konnte nur Dicke heißen, und vor dem Dicken empfindet das Gefühl des Guten und Schönen immer ein Grauen. Dies erinnert, um den Unterschied zwischen den sehr verschiedenen Größen zu bezeichnen, an eine pariser Anekdote vom Jahr 1810. Dort stand bei der großen Kunstausstellung der dickste und längste Mann der kaiserlichen Leibwächter als Wache an der Thür des Eingangs. Nun trat auch Napoleon zur Schau herein und sprach dem Koloß, dem er kaum an die Brust reichte, von wegen seiner Stattlichkeit ein freundliches Kaiserwort zu, worauf dieser mit französischer Geschwindigkeit erwiederte: Ici l'on voit la difference entre un grand homme et un homme grand. Vor diesem schwarzenbergischen deutschen homme grand, dessen werdende Riesenglieder man uns so anpries, überlief uns denn nun ein natürlicher und sehr begreiflicher Schauder. Warum?

Das Deutsche, wie es beisammen liegt, ist an ihm selbst doch noch ein ziemlich dickes Ding, was, wenn man das in der Schweiz, Belgien, Holland, im Elsaß mitenthaltene Deutsche hinzurechnet, doch wohl ungefähr ein vierzig Millionen Seelen ausmacht; aber die Mehrung, welche mit uns vereinigt werden sollte, oder vielmehr welche uns beigeschüttelt und mit uns zu Einer Masse zusammengestampft werden sollte, war doch für uns eine gar zu mächtige Zugabe auf einmal, ungefähr dreißig Millionen Fremde — und was für Fremde? Die meisten derselben haben für uns einen rohen und widerlichen Barbarengeruch. Zwar der Deutsche kann viel vertragen, mehr Gestaltungen und Umgestaltungen als irgend ein anderes Volk; aber bei unsrer weltbekannten Weichheit und Gutmüthigkeit geht er leichter als die meisten Andern in fremde Art ein und in fremder Sprache Art und Sitte unter. Was hat er bei dieser seiner Natur von jener Art und Sitte, die man ihm von den Karpathen und von der Niederdonau als Brüdergenossenschaft zubringen wollte, und die er nicht allein durch das Gerücht kannte, nicht alles zu fürchten? Mußte er nicht fürchten sich endlich in jener Masse der fremden dreißig Millionen mit zu verlieren und sein gutes bischen Eigenthümliches und Deutsches, was noch in ihm ist, auch zu verlieren und einzubüßen? Er kennt ja die Winde und Hauche, die aus dem Osten wehen; er kennt auch den Athemzug, der ihn jetzt durchblasen und beleben sollte, als einen Athemzug uralter Barbarei und despotischer und knechtischer Rohheit. Er kannte auch die Art und Weise recht wohl, und gutentheils aus eigener Anschauung, wie diese gewohnt waren regiert und beherrscht zu werden. Er hatte die jüngsten österreichischen Beispiele vor Augen, und mußte zittern, daß solche Beispiele und Muster von Gesetzen und Ordnungen und von Strafen und Lohnen, dann auch im Vaterlande künftig immer mehr Geltung und Anwendung gewinnen möchten. Also ganz einfach nach den Gesetzen der Natur und den Ergebnissen von Geschichte und Erfahrung betrachtet, konnte solche Dicke ihm weder ächte Macht und Würde noch neues Glück und Freude versprechen.

Die Natur hat nach Gesetzen, welche der Mensch nicht immer erklären kann, welche er mehr aus einem angebornen Instinkt als mit klarem Verstande erschaut, allen Dingen und Geschöpfen ihr Maaß gesetzt, wo das über das Maaß hinausgehen meistens viel mißlicher ist als das unter dem Maaße bleiben. Das Gefühl und der Begriff von Gesundheit, Stärke und Schönheit stehen so innerhalb eines gewissen freilich meistens unbeschreiblichen Maaßes. Riesen läuft man anzustaunen und zu bewundern, aber man erwartet fast nimmer Thaten oder Werke von ihnen, wünscht auch kaum eine ähnliche Zeugung von ihnen, die sie auch fast nimmer liefern können. Solche Dicke und Größe, die man riesisch nennen kann, ist fast nie von Stärke und Gesundheit begleitet, wohl aber, wo irgend ein organischer Fehler in dem ungeheuren Leibe ist, wird und wirkt er meistens viel gefährlicher auf die übrigen mitleidenden Theile, als ein Aehnliches in einem Leibe gewöhnlichen Maaßes. Ich frage hier nun, könnte man bei solcher Zusammenschmelzung, wenn die Mischung sich vielleicht im Verlauf einiger Jahrhunderte machte, könnte man dabei erwarten, daß diese Mischung des vielen Fremdartigen und Ungleichartigen jemals eine organische Gesundheit und Stärke hervorbrächte, daß nicht vielmehr aus verkehrter oder halber Organisation specifische Grundfehler entspringen? Und ferner und ferner? Wir bilden uns doch auf ein gewisses germanisches Erbtheil etwas ein, auf eine gewisse angeborne und eingeborne idealistische geistige Anlage, auf einen stillen einfältigen Geist der Beschauung und Anschauung der Dinge, wodurch allein zuletzt nur in die Tiefen des Herzens und der Gottheit hineingeschaut und gedrungen werden kann — wir bilden uns auf dieses kleine Große, auf diesen von gebildeten und rohen Barbaren so oft verspotteten deutschen Schatz des Geistes und des Gemüthes etwas ein; er ist unsre letzte und fast einzige Freude, die wir noch übrig haben, und wie viel Widerstandskraft und beinahe Allmacht wir dem Geiste auch zutrauen, in die Stoffe und Leiber der Erde gemischt, muß er Jeglichem, dem er zugemischt wird, immer einige seiner göttlichen Funken abgeben. Sollen wir hier bei der Mischung und dem Durchgange deutschen Geistes durch gar andersartige und fremdartige Stoffe und Leiber, als die germanischen sind, durch den Zusammenstoß und Krieg mit fremden halbgeistigen, halbleiblichen, elementarischen Trieben und Reizen nicht mehr und mehr eine Erschöpfung und Verflüchtigung und gelindest gesagt, eine verworrene Entartung dieses unsers schönsten Erbes fürchten?

Ich spreche die Worte Rohheit und Barbarei aus, indem ich gegen den Entwurf und Zwang mich empöre, den Oesterreich gern ausführen wollte und heute noch auszuführen strebt, seinen ganzen großen Haufen von beinahe dreißig Millionen Fremder in unser Leben hinein zu diplomatisiren oder vielmehr unser Leben und Lieben uns zu zerstückeln und zu zerreißen und langsam in sich hinein zu saugen und allmälig mit sich einzuleben und einzuleiben. Nun wirft mir einer ein: Sind diese Aussprüche nicht in ihnen selbst eine deutsche Rohheit? und sind die Italiäner, Ungern, Polen, Slavonier nicht auch bedeutende Namen? Freilich sind sie das, sie haben auch einzelne Thaten und Männer aufzuweisen, die hoch über der Rohheit stehen, aber im großen Laufe und Lichte der Weltgeschichte und der Weltwirkungen der Völker durch Künste, Wissenschaften und Erfindungen gehören diese Namen, mit Ausnahme der einzigen Italiäner, nicht zu den glänzenden Namen der Bildung und Gesittung; und neben ihnen wie viele Namen liegen noch in den österreichischen Gebieten und Gränzen dieser Namen, wie viele verlorne gleichsam vergessene Reste und Brüche untergegangener oder bloß durchziehender oder überschwemmender Völker! medische und sarmatische Jazygen, tatarische und türkische Szeckler und Kumanen, römischer Nachlaß von Wallachen und Rumänen u. s. w. — Wunderbares Geschick oder Art der einzelnen Länder, diese mittlere und untere Donau bis ins Schwarze Meer hinein hat, so alt die Geschichte ist, immer Athem von Rohheit und Wildheit gehaucht und nimmer Spuren höheren göttlichen Lebens und Strebens hinterlassen, mit Ausnahme der Sagen von den Mysterien und Gottesdiensten des alten Thraciens, vielleicht Uebertragung von den Thraciern Asiens. Die reichen und prächtigen Länder, welche die Donau dort durchströmt, die Länder zwischen den Karpathen, den Bergen Dalmatiens und Macedoniens und des thracischen Hämus, der jetzt Balkan heißt, waren von jeher eine breite Dreschtenne der Krieger, auf welcher auch meistens nur Arbeiter und Drescher für solche Tenne gezeugt wurden. Schon Philipp und Alexander von Macedonien zogen von hier einen Theil ihrer besten Officiere und Soldaten und manche der tüchtigsten und besten unter den Imperatoren Roms (Maximinus der Thracier, Aurelian, Diokletian, Valentinian) waren Söhne dieser Lande.

Genug, wohl den Meisten schon viel zu viel über Oesterreich und Oesterreichs jüngste Verhältnisse und Bestrebungen mit uns, zu uns, über uns. Betrachten wir uns nun Oesterreich zum Schluß noch als einen fremden und außerdeutschen Staat, was er, wenn man seine verschiedenen Volksbestandtheile zählt und wägt, beinahe mit vier Fünfteln seines Inhalts ist. Der jetzige österreichische Staat ist fast das Reich, was der berühmteste deutsche Sagenkönig, der große Ostgothenkönig Dietrich von Verona oder Bern, in seinen Tagen zusammengeschlagen hatte und etwas über ein Menschenalter beherrscht hat; nur ist Oesterreich nicht Herr von ganz Italien, wie Dietrich es auch war. Dieses Reich Oesterreich, wenn man es auf der Landkarte mit den Blicken übermißt, hat einen Umfang nicht weit unter dem Umfang Deutschlands. Es hat reiche, Einige sagen unerschöpfliche Kräfte und Hülfsquellen. Jetzt ist nun der kleinere österreichische Gesammtstaat fertig, es sind alle verschiedenen Länder und Völker zu einer Einheit zusammengeworfen und zusammengezwungen; nun soll eine für alle geltende Verfassung und Gliederung auch alle seine Kräfte und Hülfsquellen für Eine Kraft und Wirksamkeit sammeln und zu Stärke und Gesundheit gestalten. Wird das gelingen? wird das, was früher größtentheils das

Gegensträubigste war, zu Liebe und Treue zusammen-wachsen? sind nicht zu viele sträubige und feindselige ja feindseligste Elemente da, die dies fast zu einer Unmöglichkeit machen? Für die deutschen Landestheile kann man hier Ja sagen — da ist die altgeborne angeborne Treue gegen das Kaiserhaus; aber der Pole ist leicht wie Spreu im Winde und Schaum auf dem Wasser, hat auch noch viele neueste und unvergeßliche Erinnerungen und horcht auf alle neuen politischen Winde; der stolze Magyar ist noch grollig und wird noch nicht so bald vergessen und vergeben; aber der Italiäner den hält man nur mit Furcht und Gewalt fest. Also noch weit von fester Gründung und sicheren Aussichten in die Zukunft. Ich habe oben mehrmals angedeutet, wie Oesterreich sich und uns seit drei Jahrhunderten zu Italien gestellt hat und noch gegenwärtig zu Italien stellt. Es ist dies für beide Länder eine wahrhaftig tragische Stellung. Oesterreich hat in den entscheidenden Jahren 1814 und 1815 Italiens Geschicke und seine gegenwärtigen Verhältnisse und Zustände vorzugsweise bestimmt und bestimmen geholfen. Der Pabst, die Könige von Neapel und Sardinien, die kleinen Fürsten und Oesterreich selbst, das jedoch noch das ganze Gebiet des Staats Venedig für sich nahm, wurden in ihren Landen so ziemlich auf den Fuß von 1790 wiederhergestellt; nur die beiden einzigen noch da gewesenen größeren Republiken Venedig und Genua — gleichsam eine europäische oder italiänische Ungebühr — blieben, wozu Napoleon und die Franzosen sie gemacht hatten, abgeschafft und zerstört und mehrten Oesterreichs und Sardiniens Gebiet. Nur das kleine Republikchen Marino mit 8000 Seelen unter päbstlichem Schutze blieb dem Namen nach stehen. Oesterreich hat nun hier jenseit der Berge mit seinen übrigen Süd- und Ost-Landen seine Abrundung gesucht und hat zugleich mit vollem Ernst gemeint ein Uebergewicht über das übrige Italien und ein allerdings nothwendiges Gegengewicht gegen Frankreich gewonnen zu haben. Ich glaube nicht, daß es dieses Gewicht erlangt hat, daß es aber, wenn es die italiänischen Dinge in andrer Art ordnete und machte oder ordnen und machen half, dieses große Gewicht viel wohlfeiler haben und seinen Besitz viel edler sichern konnte. Oesterreich rechnet seine fünf sechs Millionen Lombarden und Venetianer uns als eine Stärkung vor — es ist eine österreichische Schwächung, weil es eine Stärke der Täuschung ist. Die Italiäner sind einmal Italiäner, die Deutschen Deutsche; wenn der Italiäner den leichten lebhaften Franzosen auch nicht liebt, so findet er ihn doch mehr mit sich verwandt als den Deutschen, den er schon aus alten Erinnerungen nicht leiden kann; den Oesterreicher haßt er, und seine Art und Weise ist ihm widerlich und unerträglich. — Was hat Oesterreich von diesem seinen schönen Oberitalien? Im Frieden mag es dasselbe als eines seiner reichen Juwelen mit aufzeigen, aber was ist dieses Juwel, wann die Kriegstrompete in der Nachbarschaft ertönt? Oesterreich muß Italien mitten im Frieden mit 70,000 bis 80,000 deutschen oder ungrischen Soldaten hüten, die italiänischen Kriegsleute in seine Lande jenseits der Berge verlegen; im Kriege kann es diese kaum irgendwo mit Zuverlässigkeit gebrauchen.

Aber, wird man mir einwenden, du hast es leicht, das so darzustellen, es ist in der That meistens so; aber antworte mir: steht Oesterreich mit seinem Willen und seinen Beschlüssen, wenn sie auch die besten sind, in Europa allein? hat es nicht auf andere zu sehen, die auch mit dabei sind? hat es in Hinsicht Italiens nicht auch auf Frankreich zu sehen, dem Alpennachbar auf der Westseite, welches, hier sein geborner Gegner, auch immer mit dabei sein möchte? hatte es nicht diesem Frankreich gegenüber eine solche Stellung zu nehmen? Nein, antworte ich, nicht eine solche, woraus nur Haß, Aufruhr und Gewalt geboren werden kann. Oesterreich mußte, wenn es für sich und Italien aufs beste sorgen und hüten und schirmen wollte, in seiner natürlichen stärksten und schönsten gottgegebenen Stellung stehen bleiben, der Hüter und Wächter auf den Alpenzinnen, wie die europäischen Dinge stehen, der geborne Wächter und Freund. Oesterreich und Frankreich stehen durch ihre Alpen über Italien, ihre Alpen hangen den Italiänern über den Köpfen, sie können beide leicht zu den Italiänern herabkommen, die Oesterreicher aus Tirol und Friul noch viel leichter als die Franzosen, welche schwereren Eingang und Niedersteigung haben; aber die Italiäner können zu beiden Gränznachbarn schwer hinaufkommen. Was konnte und sollte nun Oesterreich thun in jenen Entscheidungsjahren 1814 und 1815, da es den alten Widerwillen und Haß der Italiäner gegen seine Herrschaft und seine italiänischen leichten und gefährlichen Gewinnste und Verluste aus der Erfahrung von Jahrhunderten kannte? Es mußte mit Menschlichkeit und Gerechtigkeit Italien wiederherstellen und ordnen helfen, nicht sich, sondern andern in Italien Abfindung und Entschädigung geben, sich aber beide anderswo nehmen. Oesterreich bedarf Italien nicht, es steht in seinen Alpen Tirols und deren Ausläufen von Bergen und Strömen in den mächtigsten Naturfestungen hoch über ihm und ist, wenn es an den Gränzen Friuls, etwa als einen Ersatz für die alte römische Gränzfestung Aquileja eine Hauptfestung gründet, von Süden fast unangreifbar. Dann steht es, wie gesagt, hoch von seinen Alpen auf die schönen Ebenen des Po hinabschauend der geborne Hüter, Schirmer und Freund Italiens, wenn es nicht sein Gewaltherr sein will. Und wenn es als solcher Wächter und Freund dastehen bleibt, so muß der länderlüsterne Franzose, der es viel schwerer als der Oesterreicher hat, in Italien hinein und aus Italien heraus zu kommen, auch immer das Schwerdt in der Scheide halten.

Nein, hier war der deutsche Weg und Schritt von jeher ein sehr mißlicher und gefährlicher und hat nimmer zur Größe und Stärke geführt; so ist es auch Oesterreichs Geschick bis diesen Tag, ein Geschick, bei welchem auch das unglückliche Italien keine Rosen pflückt. Oesterreich mit seinem alten Rhätien, Norikum und Pannonien mußte, wenn es doch in die Fremde schauen wollte, anderswohin schauen, es mußte längs ihrer Weltstraße, der Donau, hinunter schauen, es mußte nur immer gradaus längs seiner Nase hin schauen. Wahrlich hätte es von hier aus mit immer hellem und festem Blick nach Sonnenaufgang geschaut, so würde das Hauptgewicht seines Scepters jetzt anderswo liegen, wenigstens würden dann heute keine Russen in Bukarest und Jaßy gebieten und von dort aus den Türken in Konstantinopel Protokolle zu unterschreiben zuschicken.

Das Anspiel auf dieses gemeine Gleichniß weist allerdings auf eine sehr richtige Auffassung der österreichischen Lage und auf ein großes Versäumniß hin; aber man muß hier billig sein und Verhältnisse und Zeiten unterscheiden. Bis zu den Jahren 1690 hin war die Türkei an Deutschlands und Ungerns Ostgränzen noch so mächtig und hatte in ihr selbst noch einen so kräftigen Kern, daß man sich in der östlichen Nasenrichtung die Nase nur blutig stoßen konnte. Auch war das österreichische Kaiserhaus in jenen Tagen in den zum Königreich Ungern gehörigen Landen durch den Ablauf von Menschengeschlechtern und sogenannter altgeborner Gewohnheit und Treue der Unterthanen noch wenig befestigt; kurz, Oesterreich stand hier noch nicht fest genug, ward dagegen durch alle seine Familienbande und altgewohnte eingerostete Strebungen der Religion und Politik zu sehr nach dem Südwesten hingewendet, auch durch eine seit der Mitte des siebenzehnten Jahrhunderts nothwendige Politik, da Frankreichs Uebergewicht und Uebermuth sowohl in Deutschland als in Italien einen langen Kampf der Habsburger gegen die Burbonen unvermeidlich geboten. Da war der Türkei noch wenig abzugewinnen. Aber seit dem Anfang des achtzehnten Jahrhunderts änderten sich Stellungen und Gewichte, die türkische Tapferkeit und Schneidigkeit begann zu ermatten und der große Prinz Eugenius von Savoyen hatte die Oesterreicher siegen und die Türken schlagen gelehrt. Schon hatte er im Süden der Donau die herrlichen Lande Bosnien und Servien von den Osmanen gewonnen, als auch sogleich der alte verderbliche habsburgische Glaubenseifer wieder da war, der unvertilgbare Haß Roms gegen den griechischen Patriarchen von Konstantinopel, so daß die Kapuziner verdarben, was die Soldaten gewonnen hatten, und die patriarchalischen Christen sich von der Herrschaft des römischkatholischen Oesterreichs unter das mildere Joch der islamitischen Osmanen zurücksehnten. Darauf ist bald seit der Mitte des achtzehnten Jahrhunderts ein hochnordisches Volk, die Moskoviter, in diesen Gegenden zu der Höhe der Macht emporgestiegen, wozu Oesterreich an den Karpathen und der Donau angewiesen war. Von dieser fremden Emporsteigung trägt Oesterreich doch keine Schuld; viel schwerer ist die kurzsichtige Politik Englands da anzuklagen, welches im Interesse des welfischen Hauses Hannover das schwächere Schweden unterdrücken und das zahlreiche bis dahin in Europa wenig vernommene Volk jener nordischen Barbaren zu Herren der Ostsee machen half. Seit dem Jahr 1780 aber, seit Kaiser Josephs des Zweiten Tagen, hätte es auf die Russen viel mehr Acht geben gesollt, als es bis dahin gethan hatte. Joseph, der in der Eile ja in der Uebereilung seiner vielen und weiten Entwürfe und Pläne das Nächste leider fast immer übersah und in die Zukunft zu sehen überhaupt weder Augen noch Ruhe hatte, schaute auch in seinen Osten mit verkehrten Augen und ließ sich von der schlauesten aller Weiber, von der großen russischen Katharina, zu einem Bündniß gegen die Türken bethören, woraus sie nach der damaligen Weltlage, deren schwarze Gewitterwolken sich schon im Westen thürmten und Oesterreichs Augen jetzt dahin wenden mußten, allein ihren Löwentheil ziehen konnte, welchen sie und ihr Enkel Alexander aus den Orkanen, welche jene Gewitterwolken im Westen verkündigten, auf das schlaueste und reichlichste zu ziehen verstanden haben. Denn es war mit der französischen Umwälzung und den in ihrem Gefolge ausgebrochenen unvermeidlichen Kriegen für die große Katharina und ihre Russen die Zeit der politischen Aerndte auf den Gefilden der Polen und

Türken gekommen. Die Russen sind den Oesterreichern offenbar aus der Queere in den Weg gelaufen, der ihnen von Gottes und Rechts wegen gehörte, und halten ihnen jetzt den Weg fast gesperrt. Europas Lage ist damals und noch in den letzten Menschenaltern eine solche gewesen, die Gunst der Zeit und Gelegenheit ist so wenig für Oesterreich gewesen, daß es mehr auf Rußlands Beobachtung und leise Zurückweisung als auf Zurückschlagung angewiesen war. Die Beschuldigung Metternichs, daß er moskovitisirt habe, ist wenigstens eine ungerechte. Es steht jetzt eben an dieser Gränze, wo die Donau mit sieben Münden und mit keinem einzigen tüchtigen offenen Maul ins Meer fällt, die Frage: Was soll aus der Türkei werden? Ist sie schon reif dafür, daß man fragen darf, was aus ihr werden soll? Die Russen aber stehen hier schon auf einem Wege, auf welchem, wenn die Türken nicht mehr Fuß genug haben, darauf fest stehen zu können, statt ihrer die Oesterreicher stehen müßten. Bessarabien, Moldau, Wallachei, welche Rußland fast schon sein nennen kann, sind die Landschaften, welche dem Donauherrn nach dem göttlichen Fingerzeig der Natur zugehören müßten. Fällt die Türkei auseinander, wird sie zersprengt und als Raub vertheilt, so muß Oesterreichs Schwerdt hier bis ans

Schwarze Meer dringen: die eben genannten Lande und die Donaulande Bulgariens, Serviens, Bosniens u. s. w. bis an die höchsten südlichen Scheideberge, daß ich's kurz ausspreche, dieses Donaugebiet gehört dem Herrscher Pannoniens, der in Wien seinen Kaisersitz hat. Es machen in den hier genannten Ländergebieten die Karpathen im Norden und die zu beiden Seiten des Dnestrs befindlichen Sümpfe und Steppen wirklich eine Naturgränze der verschiedenen Völker, und besonders jene der Russen und Oesterreicher. Jeder österreichische Diplomat, der Geschichte und Welt versteht und Naturkräfte und Weltstellungen wägen kann, darf dem Czar in Petersburg ins Gesicht sagen: „südlich nach Diesseits vom Dnepr und „Dnestr hast du nichts zu thun, mache dich mir hier „aus dem Wege!" Denn es kommt für das Doppelte noch hinzu, daß hier auch eine Kriegsnaturgränze ist, jene berühmte Naturgränze, die der mächtigste König der Könige, der Perse Darius Hystaspis in seinen Tagen, schon gefühlt hat und die auch die Russen wohl fühlen sollten, wenn der schwarzgelbe Czar, der in Wien Thronende, ihnen mit 200,000 Mann einmal auf den Leib rückte. Um den Dnestr, hier die große russische Hauptkriegsstraße nach dem Süden, sind vierzig funfzig Meilen unfruchtbaren dünnest bewohnten

Landes, wo der Durchmarsch und die Verpflegung großer Heere die allergrößten Hindernisse findet. Und wirft mir einer hier ein: Rußland hat ja rechter Hand hier nicht fern sein fruchtbarstes Polen, so sage ich dagegen: jenes fruchtbarste Polen rechter Hand liegt wegen Sümpfe und Wüsten und wegen ihrer nothwendigen Umwege immer noch ein funfzig Meilen fern, und Oesterreich hat linker Hand, und zwar näher, auch sein Polen; aber es hat, wenn es einmal zum Kriege kommen sollte, seine Donau als die bequemste und wohlfeilste Kriegslieferantin und kräftigste Bundsgenossin, welche Krieger, Geschütz, Waffen und Speise für Hunderttausende immer nachfließen und zufließen läßt. Nur eine einzige große Schlacht über die Russen am Pruth oder an der Donau gewonnen, und Rußlands Herrschaft auf diesem Gebiete ist dreimal schwerer wiederherstellbar, als wenn Oesterreich dasselbe von den Russen widerführe. — Liegt ein solcher Zusammenstoß der beiden Großczaren fern oder nah? wer weiß es? Das werden die nächsten Entwickelungen und Geschicke der Türkei und des Orients entscheiden, um welche jetzt in allen Hauptstädten Europas so viel gerüttelt und protokollirt wird; aber, wie gesagt, in die eben gewiesenen Lande muß Oesterreich, wenn die Türkei nicht Türkei bleiben kann, seine Heere einrücken lassen und den Russen Marsch! weg! zurufen. Einstweilen geht ein Klang der Freundschaft, wohl gar der Dankbarkeit zwischen den Kaisern Nikolaus und Franz Joseph, ja manche politische Dummköpfe meinen, Oesterreich dürfe schon aus Dankbarkeit dem stolzen Russen nirgends in den Weg treten, müsse demüthig ihn überall vortreten lassen. Wie die Gefühle der Freundschaft oder gar der Dankbarkeit zwischen dem jungen und alten Kaiser stehen, weiß ich nicht, aber das weiß ich, durch Pflichten der Dankbarkeit kann Oesterreich gegen Rußland sich nicht gebunden halten. Man weist auf den ungrischen Krieg der Jahre 1848 und 1849 und auf das russische Hülfsheer hin, und wie edelmüthig und uneigennützig Rußland damals als Retter über die Karpathen gekommen sei; ich aber sage dagegen: Rußland hat an der Theiß und Donau für seine eigenste Sache gefochten, hat seine Heere gegen einen Aufstand, der eben so sehr ein Aufstand gegen Rußland als gegen Oesterreich war, ins Feld gestellt; denn wenn Kossuths Feldherren und Republik siegten, glaubt man, daß es nördlich der Karpathen in den weiland polnischen Gebieten still bleiben konnte?

Ich habe eben von Polen, Oesterreich linker Hand und Rußland rechter Hand bei'm Ausmarsch gegen das Schwarze Meer hin gesprochen. Hier nenne ich bloß Polen. Dieses zauberische Wort Polen klingt als ein wunderlicher Knoten, als ein Freundschaft und Feindschaft umwickelnder und zusammenhaltender Knoten, für dessen Durchhieb wohl so bald noch kein Alexander erscheinen wird. Dieser Zauberknoten liegt zwischen den drei Staaten, welche Polen unter sich getheilt haben. Wenn die zur Theilung ausgeschnittenen Stücke davon auch die verschiedensten sind, wenn die beiden deutschen Mächte dem Russen, der sich ohne Schaam und Gram das große Löwentheil genommen, auch zuweilen finster ins Gesicht sehen, so fühlen sie sich doch auf eine unaussprechliche Weise durch einen Knoten gemeinsamer Schuld wie durch einen zwischen ihnen wirkenden unsichtbaren Zauberzwang mannigfaltig an einander gebunden, wenn sie sich auch einander nicht verbunden fühlen können. Glücklicher Weise ist bei den polnischen Gefühlen und Erinnerungen Preußen am wenigsten gefesselt, weder durch ein Gefühl der Sünde noch der Dankbarkeit, und könnte und sollte sich von so widerlichen Gefühlen und Erinnerungen leicht losmachen. Denn sein Antheil war kein ältestes Polenland, sondern fast ganz ein deutsches Erbe, welches die Polen in schwacher vaterlandsvergessender Zeit als leichte

Beute vom Reiche abgerissen hatten, wo allerdings seit ihrer Ausbreitung in den unteren Weichsellanden einzelne Polacken sich in den fetten Thälern der Weichsel als Herren angesiedelt hatten, worin aber bis diesen Tag unter den Deutschen höchstens eine halbe Million slavischer Art sitzen. — Um von hier nun wieder auf die sogenannte Dankbarkeitsverpflichtung des österreichischen Kaisers gegen den Czaren zu kommen, so hat Kaiser Nikolaus in Ungern für sich und für alle nächsten russischen Interessen und nicht bloß für das Haus Oesterreich das Schwerdt gezogen. Denn siegten die Ungern und wurden Oesterreichs Fahnen völlig in den Staub getreten, so wälzte sich der siegreiche magyarische Aufruhr wie ein feuriger Lavastrom mit unwiderstehlicher Gewalt von den Karpathen auf die Ebenen Polens hinunter. Fochten ja doch genug Polen in den magyarischen Heerhaufen, Generale, Officiere in Menge, und zwar meistens russische Polen. Ja so ist es, drängt sich die Gewalt größter und dickster politischer Knoten und Knotenfragen an die Gewalt der Völker und Kabinette, so reißen alle kleine Knoten von selbst, ihr Zauber ist gelöst, die zerrissenen Fäden schwirren durch die Luft dahin, durch welche statt ihrer die klirrenden Schwerdter geschwungen werden. Zwischen Dnepr und Donau müssen einst unvermeidlich fürchterliche russische und österreichische Schlachten geschlagen werden.

Bis hieher sind wir Oesterreich und Ungern und ihrer Nase, d. h. der Donau, bis an das Schwarze Meer gefolgt, und hier werden wir an viele Klänge und Stimmen der jüngstverflossenen Jahre erinnert, welche auch noch immer wieder in die Gegenwart hineinklingen. Diese Klänge und Stimmen sind meistens aus den Fragen über den Zollverein und über den Handel und Verkehr mit dem Morgenlande, und sollten bei der Hinweisung, daß es Oesterreichs Bestimmung sei Deutschlands Bildung und Gesittung die Donau hinunter zu den verschiedenen Völkern in den Orient zu tragen, zugleich eine Anpreisung des großen Gesammtreichs der Mitte sein. Hierüber ein Kürzestes:

Handel und Verkehr vermittelst der Donau und des Schwarzen Meers mit dem Morgenlande. Oesterreichs Partheigänger und Lobpreiser bei den Entwürfen des deutschen Großreichs und eines Centralzollvereins dieses europäischen Mittelreichs von 75 bis 80 Millionen Seelen haben allerdings nicht ableugnen können, daß der deutsche Handelsverkehr, der Absatz deutscher Waaren den Donaulauf hinab, bis jetzt kein sehr bedeutender gewesen sei, daß er sich höchstens auf den Werth von zehn Millionen

Thaler belaufen habe, aber sie weisen uns gern eine goldene Zukunft der Ausbreitung und Herrschaft desselben, wenn Oesterreichs großartige Entwürfe für das künftige Deutschland würden angenommen und durchgeführt werden. Wir betrachten uns die Dinge und ihre Lage ganz ruhig. Bei Deutschlands und Oesterreichs von Jahrzehend zu Jahrzehend mehr wachsendem und entwickeltem Kunstfleiß, bei besserer Ausbeutung und Benutzung der Hülfsquellen der reichen österreichischen Donaulande kann hier allerdings Manches gewonnen werden, aber so groß und bedeutend, als man es uns vorgespiegelt hat, kann es nimmer werden. Zuerst das Schwarze Meer ist ein Sack, wovon Andere die Lösung und Zuknöpfung der Bänder in der Hand halten. Die Donaumündungen und die ganze Westküste jenes bösen Meers haben nirgends gute Häfen und sichere Buchten, die Herrschaft über jenes Meer hangt von den Gebietern der Nord- und Südküsten desselben, von den Herren der Taurischen Halbinsel und des Bosporus ab; Oesterreich kann auf dem Schwarzen Meer nur in Kraft von Verträgen, nicht durch eigene Macht als Handelsstaat etwas bedeuten. Zweitens, wenn dieser weite Sack Oesterreich auch besonders offen stünde, so denke man doch nur an das große weite Meer, welches von Konstantinopel bis

Alexandria, von Alexandria bis Kadix die Küsten von drei Welttheilen umspült — was bedeuten da Deutschland und seine Donau gegen England, Frankreich, Niederland und Nordamerika und deren Kriegs- und Handels-Flotten? Diese Donau ist ein einzelner leicht versperrlicher und oft versperrter Weg zu Asiens Verkehr und Reichthümern.

Die Verbreitung und Weitertragung deutscher Sprache, Bildung, Gesittung gegen Osten. Bei diesem Kapitel vorzüglich haben sich die Oesterreicher und ihre Freunde auf Oesterreichs große Weltbestimmung berufen, ihre Gegner aber haben ihnen den Vorwurf gemacht, sie hätten diese Bestimmung bisher gar nicht erfüllt und würden sie nach ihrem ganzen Wesen und Streben auch künftig wenig erfüllen können. Dies haben ihnen während des Zanks der letzten Jahre besonders die Preußen ins Gesicht geworfen: wie nämlich der preußische Geist, der lebendige, freie, die Völker, welche mit ihm irgend in Berührung gekommen, ganz anders durchweht und durchlüftet und endlich durchläutert und durchleuchtet, und deutsche Sprache und Sitte auch bei den Fremdesten zur Anerkennung und Geltung gebracht habe. Dieser Vorwurf war leicht und wohlfeil; denn auch, wenn Oesterreich viel lebendiger und geistiger und mit seinem Geiste viel thätiger und strebender gewesen wäre, es lagen viel dickere finstrere Nebelgewölke der Barbarei vor ihm, die es mit Luft und Licht zu durchwehen und durchleuchten hatte; es hatte ganz andere, viel schwerere und plumpere, viel vielartigere und rohere Massen vor sich anzustoßen und durchzustoßen und zu verarbeiten, als Preußen in und an seinen Gränzen. Jetzt möchte solche geistige Bearbeitung und Durcharbeitung der fremdartigen Karpathen- und Donau-Völker in manchen Gebieten überall wohl zu spät kommen. Es sind, während Oesterreich geschlafen und versäumt hat, dort unterdessen manche andre Arbeiter im Stillen thätig gewesen, vorzüglich wohl auch von Petersburg und Moskau her die Geistlichen der griechischen Kirche und des Slaventhums, welches unter dem Titel Panslavismus gegen die Deutschen und Magyaren in den letzten Jahren so viel Lärm und Getümmel erregt hat. Kein Zweifel, die deutschen und österreichischen Gewichte der Herrschaft durch Sprache und Sitte würden in dem weiten Donaugebiete bis zur Sulinamündung hin ganz andere und viel mächtigere sein, wenn man den freien Geist ohne die Plage spanischer Zwangstiefeln hätte einherschreiten lassen, wenn die Jesuiten und ihr geistiger Nebelniederschlag seit der Prager Schlacht und dem finstern und grausamen Eiferer Kaiser Ferdinand dem Zweiten in Oesterreich nicht Schulen und Universitäten beherrscht hätten. Wird es jetzt heller und lichter werden? wird die alte Verdummung und Verdumpfung der Geister nicht wiederkehren? oder hat sie schon genug aufgehört? Wahrlich die Zeichen der Zeit weisen eher wieder zu dem Dunkeln, Dummen und Stummen zurück; geistliche und weltliche Jesuiten laufen wie Gespenster, aus einer kalten unteren Schattenwelt wie schaarenweise in diese obere Lichtwelt emporgestiegen, halb unsichtbar in ihren Tarnkappen umher und flüstern und lispeln hier und schreien und fluchen dort: Hütet euch! nur nicht mehr Freiheit dem verruchten Menschengeschlecht! Wollen sehen, ob der Jüngling Franz Joseph der gefährlichen Zeit und ihren wirklichen Schrecken und gaukelnden Gespenstern kühn ins Gesicht sehen und durch die Nebel und Dünste, die sie reichlich um ihn werden sausen und wirbeln lassen, noch eine Josephssonne erblicken kann. Ach! sein Vorgänger Joseph ist grade an zu viel Sonne, die er den Leuten machen wollte, gestorben. Sonnenmuth heißt höchster Muth.

b. Italien.

Wer von Oesterreich spricht, der muß immer an Italien denken. Richtig. Wir haben bei dem Namen Oesterreich ja nicht bloß an Italien gedacht, sondern schon viel von Italien gesprochen. Wir sprechen hier noch ein paar Worte über das unglückliche Land, dessen Schicksale mit den unsrigen weiland die größte Gemeinsamkeit gehabt haben, und noch heute in ihren Verhältnissen und Stellungen manche nicht eben lustige Aehnlichkeit zeigen. Wir leben in dieser Zeit der allgemeinen Erschütterung der Gemüther und der Unzufriedenheit und Ungenüge der Völker, die zuweilen kaum einen Gegenstand zu finden weiß, woran sie gleich einem zahnlosen Hunde an seinem Knochen sich zergrolle und zerbeiße und zerreiße. Wo sind jetzt die Glücklichen, die nicht nach andern Dingen und Zuständen, als worin sie leben, trachteten und davon sehnten und träumten? Und doch welcher Deutsche, der nicht grade neuerungstoll ist, kann es wagen sich und seine Geschicke italiänischen gleichstellen zu wollen? Wir Deutsche wohnen und leben allenthalben doch noch so ziemlich nach unsrer Art und Weise, nach unsern Sitten, Gewohnheiten und Gesetzen, welcherlei sie auch sein mögen, mit wenigen traurigen Ausnahmen unter Königen und Fürsten unsers Volks und unsrer Sprache; das italiänische Roß, das sich wild gegen die Zügel bäumt, wird seit beinahe vier Jahrhunderten von fremden Reitern geritten, welche dem sträubigen mit den Sporen die Rippen oft blutig stoßen. Dies ist die große äußerliche Verschiedenheit der Lage, viel größer ist aber die innerliche Verschiedenheit der beiden Völker, was man ihr Gemüth, ihren Charakter zu nennen pflegt. Einem fällt dabei sogleich das Gesetz des Nordens und Südens ein und welche Verschiedenheiten das Klima da zu schaffen pflegt, und wie deswegen das südliche Roß, wenn es von dem Reiter hart oder verkehrt geritten wird, mit viel heftigerem Zorn gegen Sporen und Zügel aufsteigt; aber das ist es nicht allein, sondern es wirken hier viel mehrere widerstreitige und gegenstrebische ursprüngliche Elemente als bei dem stilleren und zahmeren Volke aller Deutschen. An dergleichen ursprüngliche Elemente haben wir bei den romanischen Völkern überhaupt immer mehr zu denken als bei den germanischen, wo uns alle Stoffe und Keime einfacher, man möchte sagen noch mehr ursprünglich, offener zu liegen scheinen. Bei Italien können wir solche zwieträchtige gegenstrebische Elemente des Volks sogar mit ziemlicher Gewißheit nachweisen. Zuerst denkt, wenn ihr Italiens und Griechenlands ältesten Völkermytheninhalt überschlagen wollt, denkt nur an das welthistorische Rom und welche bunteste Völkermischung von Sklaven, Kriegsknechten und Einwanderern jeglicher Art diese Weltherrscherin in fünf sechs Jahrhunderten in die schöne Halbinsel zusammengeschleppt und zusammengelockt hatte. Zwar sind forthin und zwischen dem fünften und neunten Jahrhundert neue Einwanderer gekommen und haben zum Theil neues und anderes Leben und Streben und neue Namen und Entwickelungen gebracht, aber der Hauptstock der Bewohner Italiens muß doch größtentheils als Abkömmlinge der alten Einwohner gedacht werden, wie die neuen Ankömmlinge, Gothen, Longobarden und Saracenen, sie fanden. Italien ist meistens Gebirgland, und solche Länder können nicht so leicht als die Ebenen von ihren alten Bewohnern rein gefegt werden. Diese Wegfegung ist wohl nur in den Ebenen zu beiden Seiten des Po einigermaaßen geschehen, in den andern Landschaften haben Berge und Wälder vor der ersten Wuth und Gewalt der fremden Einwanderer oder räuberischen Durchzügler Bergung und Zuflucht gegeben, und nach deren Stillung oder Abfluß sind die von der Verheerung und Ueberschwemmung noch übrigen Flüchtlinge wieder zu ihren Häusern und Feldern herabgekommen. Nach solchem geschichtlichen Erfund und Beispiel steht auch heute noch Italiens politische und geistige Gestalt und Gemüth: auf der großen Nordebene die Enkel der Lombarden, und an den Alpen hinauf im Westen burgundische, im Osten gothische Reste, auf den Hochgebirgen und in den Felsenschluchten der Apenninen vom Var bis zum Garigliano, überhaupt in der gebirgigten italiänischen Mitte, die Sprossen der alten und ältesten Bewohner und ihrer Mischlinge aus griechischen und römischen Zeiten; im Süden und auf den Inseln Sicilien, Sardinien, Korsika neben ältesten phönicischen, tyrrhenischen, hellenischen Resten Vieles, was die späteren Saracenen durch Eroberung und Einwanderung vom achten bis elften Jahrhundert dort abgesetzt haben; die später gekommenen Normänner, Spanier und Franzosen haben doch keine neuen Volksstämme sondern nur einige Zehntausende vom Krieger- und Ritter-Geschlecht hinzugebracht. Also wenn man Italien hier bei dieser Betrachtung gegen Deutschland hält und mit ihm vergleichen will, so ergiebt sich in Italien eine bei weitem größere Verschiedenheit und Mannigfaltigkeit der Elemente der besondern Volksarten, und obgleich sie jetzt von den Alpen bis zum Vesuv und von ihm bis nach Palermo so ziemlich in Einer Sprache und Literatur verwachsen sind, so kann der Deutsche doch zehnmal mehr als der Italiäner ein Volk derselben Art und Anlage und gleichen Lebens und Strebens genannt werden.

Wir wissen, wie dieses schöne Südland, der Sitz der Oberkirche des Christenthums und seines Oberbischofs für das Abendland, durch die Kämpfe zwischen Kaiser und Pabst Jahrhunderte lang gleich Deutschland erschüttert und zerrissen worden ist; wir wissen auch, wenn wir uns an Namen und Vorwürfe, welche bei vielen Deutschen noch heute gelten, erinnern, daß von jenen Kämpfen her die Italiäner ein grausames, tückisches, hinterlistiges und meuterisches Volk gescholten werden, daß bei dem Namen Italiäner deswegen so häufig an Mörder und Banditen gedacht wird. So gewaltig steht der Unterschied beider Völker selbst bei Lastern und Verbrechen: was dort geschwind ist, ist bei uns langsam; was dort ganz ist, ist bei uns halb. Italien hat allerdings viel mehr Aufruhre und Empörungen gehabt als Deutschland, und immer haben sie grimmiger und blutiger sein müssen als die unsrigen. Diese Aufruhre haben nun auch in den letzten Jahrhunderten eben wegen der Herrschaft der Fremden, welche oft gleich einer Unterjochung und Verknechtung geübt und von den stolzen Italiänern als 'solche gefühlt ward, sich in manchen Landen und Städten wiederholt. Man kann sagen, die italiänische Kriegsgeschichte ist zugleich fast immer auch eine italiänische Aufruhrgeschichte. Da das unglückliche Volk seit den Jahren 1480 und 1490 wie ein Ball zwischen den Fremden, zwischen Spaniern, Franzosen und Deutschen, besonders zwischen den beiden ersten, hin und her geworfen war und mit allen seinen besten Gefühlen sich unterdrückt und zerrissen fühlte, kam endlich die Vollendung des dritten Jahrhunderts seiner Unterjochung, es kam das Jahr 1790 ins Land. Da donnerte der große pariser Vulkan mit seinen Feuermassen auf und streute seine Flammen und Schrecken über ganz Europa aus; seine Erschütterungen zucken und beben heute noch durch alle Länder und Herzen. Uns ist die Geschichte jener Zeit und ihrer bedeutendsten Ergebnisse und Erlebnisse noch nicht ganz in der Erinnerung verdunkelt. Italien hat jene Erschütterung mehr als irgend ein anderes Land mit durchmachen und bezahlen müssen, hat gleichsam wie ein Probetanzbär vor allen Andern die wechselnden Nachäffereien in neuen Republiken, Königthümern, Großherzogthümern u. s. w. nach allen beliebten pariser und bonapartischen Wechseln und Umpuppungen, wie sie ihm vorgetanzt wurden, nachtanzen und durchtanzen müssen. Napoleon, der geborne Italiäner, hätte hier vielleicht durch einige verständige Anfänge bessere Gründung und Gestaltung machen können, deren Spuren nicht so leicht wegzuwischen gewesen wären, aber dieser unedle und unruhige Selbstsüchtling konnte und wollte in keinem Lande nichts für die Zukunft bauen, er wollte nur Stolz und Herrschsucht des Augenblicks befriedigen, seine Brüder, Neffen und Vettern mit königlichen und fürstlichen Pfründen versorgen, und — was er nicht vermeiden konnte — der französischen Habsucht, Ländersucht und Hoffart schmeicheln. Er hat Italien genug Stacheln und Dornen der Unruhe aber keine Erinnerungen von Liebe und Sehnsucht hinterlassen. Nach Napoleons Sturz ist, wie wir oben geschildert haben, die Wiederherstellung gekommen mit einem gewissen österreichischen Uebergewicht, welches die Italiäner wieder nur als eine schwere Last und fremde Schmach gefühlt und daran geschüttelt haben. Wer kennt nicht die italiänischen Aufruhre der letzten vierzig Jahre von einem Ende des Landes zum andern? und wer kennt nicht die Geschreie und Rufe Independenza ed unita' della bell' Italia? Aber so leicht wie die Rufe, eben so schwer ist hier die That. Endlich ist das Jahr 1848 gekommen, wieder eine pariser Bescherung. Hier ist es dem sogenannten Volkswillen leicht geworden, alle Regierungen niederzuschrecken oder vielmehr sie zu einem allgemeinen Aufstand gegen die verabscheute Fremdherrschaft der Oesterreicher zusammenzuschrecken: Italiens Könige und Fürsten, die von Neapel, Sardinien, Florenz, dann die kleinen Fürsten, selbst der Heilige Vater in Rom haben unter Sardiniens Anführung ihre Krieger unter dem Feldgeschrei Unabhängigkeit und Einheit Italiens! versammeln müssen, eben so leicht und wild zusammenlaufend, als sie später auseinander gelaufen sind. Die italiänische Tapferkeit hat sich in dem kurzen Kampfe leider schlecht bewährt; nur das Heer der Piemontesen, etwa 50,000 Mann stark, und die Stadt Venedig unter Maninis starker und edler Führung dürfen hier mit Ehren genannt werden. Kurz diese patriotischen italiänischen Träume und Aufmärsche sind blutig zerstoben, Radetzky's Degen hat Oesterreichs Herrschaft wiederhergestellt; aber statt Eines Fremden scheinen jetzt zwei im Lande zu gebieten: 30,000 Franzosen lagern in Rom und Civita vecchia und stehen dort wie auf der Warte der Auflauerung, und eben so viele und wohl mehr Oesterreicher halten Florenz, Bologna und Ferrara besetzt.

Das schien denn eine italiänische Posse gewesen

zu sein; ist ja auch die gleichzeitige deutsche Bewegung und Bestrebung ein nachgeäfftes wälsches Affenspiel und eine Posse gescholten worden. Auf den Unglücklichen ist es leicht Steine zu werfen.

Obgleich in der Regel jeder Italiäner ein Mann eignen Muthes und Entschlusses ist, so haben sie eben durch die Zerrissenheit ihrer Zustände und durch die lange Unterjochung der Fremden den Muth der Ordnung und des Gehorsams sehr und an vielen Orten ganz verloren. Muth der Ordnung und des Gehorsams das ist eben das Wort und die Sache, welche ich meine. Sie sind durch die vielen Aufruhre und Aufstände von Jahrhunderten und durch die unseligen Aufruhre und Erschütterungen der beiden jüngstverflossenen Menschenalter ein meuterisches und ungehorsames Volk geworden, das bei jedem neuen Geschrei zu den Waffen läuft und, wie ein anderes Geschrei aus andern Winden tönt, die Waffen leicht wieder wegwirft. Und diese Unglücklichen, welchen Zucht und Ordnung und Gehorsam abhanden gekommen ist, rufen Eintracht und Einheit des schönen Italiens und wollen die Fremden aus dem Lande heraus schreien und fluchen. Sie müssen denn wohl dulden und sich gedulden lernen und sich einstweilen noch von Kraut und Loth und dem Harl des Hanfstängels züchtigen und regieren lassen. O ich kann hier nicht spotten. Ich habe eben gesagt, daß sie im Schreien und Fluchen stärker sind als im Stehen auf dem Schlachtfelde. Das Wort Flucht paßt zum Wort Fluch. Ja außer dem Geist des Ungehorsams und der Meuterei liegt noch ein anderer unsäglicher Fluch auf ihnen, der sich an einen ihrer Söhne hängt, an den Namen Mazzini. Manini und Garibaldi sind in dem traurigen Kampfe nicht mit Unrecht berühmt geworden, auch einige venezianische alte Namen sind durch im Kampfe edel gefallene Jünglinge wieder aufgefrischt, aber der Name Mazzini hat einen unseligen Klang. Die Italiäner unsrer Tage wollen auf einmal und plötzlich aus allen Ordnungen und Gestalten ihres Landes und Lebens vollständig herausspringen, sie wollen nicht bloß Ein Land, Ein freies und unabhängiges Land, sondern auch Eine freie und untheilbare italiänische Republik werden, sie wollen den Ruf und Beruf des Zeitalters, welche laut ihrem Vorrufer Republik heißen, ganz erfüllen. Dieser Mazzini, dieser abentheuerliche und räthselhafte Genueser, den man mit Recht einen Ueberall und Nirgends nennen könnte, und seine Doppelgänger *) und Trabanten wissen nichts und

*) Der geheimnißvolle Feuerträger wird oft an drei vier Orten zugleich gemeldet.

wollen nichts als Republik. Aber es ist wahr, dieser republikanische Wahnsinn hat mehr als vieles Andre die italiänischen Anfänge und Ausläufe des Jahrs 1848 zerrüttet und zerstört und dem Feldherrn des Aufstandes, dem König von Sardinien, Thron und Leben gekostet. Dieses schwarze, gräuelvolle, unmögliche, republikanische Gespenst geht seit jenen Tagen in hundert verschiedenen Verpuppungen und Verkappungen durch Italien hin und her und will mit Gift und Dolch, durch welche jede Freiheit stirbt, Italiens Freiheit gründen. So liegt Italien in schrecklicher Verwirrung und Unordnung da, und stehen seine beiden Oberwächter sich einander beobachtend mit aufgereckten Bayonetten darüber. Es sind die oben Gewiesenen, Oesterreich und Frankreich. Diese meinen in derselben Weise über allen politischen Wechseln und Wirren der Schweiz stehen zu wollen; aber die beiden absoluten Herrscher mögen sich in Acht nehmen, vorzüglich aber Oesterreich. Denn wie wäre es: wenn Oesterreich die Schweiz zu sehr ängstete und preßte, und wenn diese einmal einen kühnen verwegenen Entschluß faßte und mit 50—60,000 Mann und 200 Geschützen über den Rhein setzte und die Schreckensrufe Republik und deutsche Konföderation! ertönen ließe? Welch ein möglicher Aufruhr dann zu beiden Seiten der Alpen!

wie würde Italien brennen! wo würden dann die deutschen Fürsten bleiben! Wir haben ja schon die Zeichen gesehen. — Hierauf kann man antworten: Solche Gedanken, die auch für sie nicht ohne Gefahren wären, werden die Schweizer nicht fassen; sie denken nicht an deutsche Konföderationen, an Schwäbische, Rheinische u. s. w. Solche Gedanken mochte Dieser und Jener vor drei vier Jahrhunderten hie und da wohl noch haben; diese heutigen Schweizer wollen nichts als Schweizer sein und bleiben: so mächtig ist ihre vereinzelte Schweizerei, ihr Kantönligeist: die Deutschen sind ihnen Fremde, Deutschland ist ihnen ein fremdes Land; vor solchen Konföderationseinfällen können die Könige und Fürsten ruhig schlafen.

Wir stehen hier einen Augenblick still und fragen: Was ist Italien? was wird aus Italien? was kann aus ihm werden? Wer weiß hier eine Antwort? wer weiß sie heute, wenn man über uns Deutsche und viele andere Völker solche Fragen aufwirft? Wenn die Lösung solcher Fragen anderswo schwer ist, so ist sie über Italien die allerschwerste. Italien hat außer der Fremdherrschaft und manchen andern verworrenen und verschrobenen Verhältnissen auch noch den Pabst im Leibe. Meint ihr, daß das, wo an Freiheit und Unabhängigkeit gedacht wird, ein Kleines sei? Wir sind ja in den letzten dreißig vierzig Jahren viele Italiäner, theils recht sehr gescheidte und liebenswürdige Männer, begegnet mit diesem ihrem Losungswort, und wenn ich ihnen auf den Pabst und seine europäische Rolle, die er zu spielen hat, gekommen bin, wenn ich ihnen zu entwickeln gesucht habe, daß der Pabst durch die Stellung, welche er hat, und kraft jener Rolle, die er den Großmächten Europas gegenüber spielen muß, als der da durchaus immer den Friedenskönig Melchisedeck machen und den Freiheitskämpfern das Schwerdt in die Scheide zurückdrängen müsse, daß er also ihren Entwürfen immer im Wege sein würde, daß sie, so lange er in Rom sei, im Mittelpunkte Italiens, ihre unita und liberta nimmer erlangen und erstreiten würden, dann wichen sie gewöhnlich mit verlegenen und blöden Gesichtern zurück und riefen, als wenn ich durch die Möglichkeit der Wegschaffung des Pabstes ihnen einen Frevel zugemuthet hätte, stotternd: Ma, signore, il santissimo padre? come questo? — Dies Come questo? ist es eben, an solchen Hochgebirgsschrecken scheitern die Gedanken der Völker — wie viel mancher Italiäner sich augenblicklich auch gebärdet, den Pabst und alle Priester auf einmal aus dem Lande zu jagen, es kommt doch die geglaubte im

Pabst ruhende göttliche Majestät ihm wieder und schlägt ihm in den trotzigen Nacken.

Diese verlegenen Gesichter und herausgestotterten Worte der Fuorusciti, dieses Come questo? fallen mir ein, wenn ich meine Augen und Gedanken auf Italien richte. Auf den Alpen stehen nördlich und westlich die Völker, welche Italiens Schirmer und Hüter sein könnten und sein sollten, aber lieber Mitherrscher und Oberherrscher darin sein wollen; Oesterreich steht wenigstens mit einem ziemlich starken Fuße schon im Lande; da nun unita und liberta und independenza versungen und verklungen sind, so ist vielfältiglich von einem zu bindenden großen italiänischen Bunde in der Art des deutschen Bundes die Rede gewesen. Stärker und fester als dieser würde er wohl schwerlich werden. Aber wer soll der Erste, wer soll der Fürst und Führer des Bundes sein? Oesterreich sagen die Einen, der Pabst sagen die Andern. Wäre diese Zweiheit nicht da, so wären noch wohl manche andre Hindernisse und Bedenklichkeiten, besonders die Bedenklichkeit, ob Napoleon ruhig zusehen würde, wenn Oesterreich an die Spitze treten wollte. Es liegt einstweilen unter den aufgehobenen Schwerdtern der Fremden, welche neben der großen Balancierstange Italiens, dem Pabst, ihre Schwerdter als eben so viele kleinere Balancierstangen über den Köpfen der kleineren italiänischen Fürsten halten, alles noch in Unordnung und Verwirrung darnieder.

c. Rußland.

Unsere kurzen Gedanken müssen dem Gange unsrer vorigen Betrachtungen folgen, und so kommen wir von Italien und Oesterreich auf dem natürlich gegebenen Wege zu den Russen, und mit ihnen kommen wir zu den Slaven, dem zweiten Hauptvolk der Neueren Geschichte, welches sechs sieben Jahrhunderte später als die Germanen auf der großen Schaubühne aufgetreten ist: denn erst mit dem sechsten Jahrhundert sind die slavischen Namen und Stämme zur Kunde der Welt durchgebrochen. Wo sie früherhin in dicker Fülle gesessen, wird wohl keiner genau darthun können. Als das große Gothenreich im Norden über den Karpathen und dem Schwarzen Meer durch die Hunnen gebrochen war, und als diese wieder nach ihres Attila Tode mehr und mehr zerbröckelt und verschollen waren, kamen sie einzeln zum Vorschein in den weiten Bezirken zwischen Karpathen, Weichsel und Wolga: In dem geographisch und historisch so fabelhaften Sarmatien und Scythien haben sie wohl gesessen. Der Fall der Gothen und Hunnen hat ihrem Namen zuerst Luft gemacht. Jetzt wohnen sie, wenn man einzelne deutsche Kolonieen abrechnet, viel weiter verbreitet als die Deutschen, von der Spitze von Morea bis ans Eismeer, von der Kaspischen See bis zur Adria: weiteste Länder, verschiedenste Klimate. Schon diese verschiedenen Klimate in ihren Wohnsitzen haben im Ablauf vieler Jahrhunderte große Mannigfaltigkeit und Verschiedenheit der Anlagen, Strebungen und Entwickelungen hervorbringen müssen: denn wenn auch der in unbekannter Vorzeit den Völkern gegebene Stämpel zuletzt gleichsam zu einem Naturstämpel derselben geworden ist, die Macht des Klimas wird und bleibt endlich doch immer eine gewaltige, und grade diese Macht scheint einem gewissenhaften Forscher und Betrachter der menschlichen Entwickelungen zur Ausprägung und Aufdrückung jenes sogenannten Naturstämpels auf die Stirn der Völker am meisten gewirkt zu haben. Wenn wir uns nun die verschiedenartigen Völker betrachten und sie vergleichend neben einander stellen, so dünkt es uns, es sei zwischen den Slavenstämmen eine viel größere Verschiedenheit als zwischen den verschiedenen Stämmen unserer Deutschen. Vorzüglich drückt sich dies zwischen den Hauptstämmen aus. Da mögen nun außer den klimatischen Einwirkungen noch andre Grundursachen sein bei der Entstehung und Ausprägung der Lebensformen der einzelnen Stämme, Ursachen, zu deren Erklärung uns jeder geschichtliche Schlüssel fehlt. Wir Deutsche haben wenigstens noch zwei reine wenig gemischte Hauptstämme außer solchen Mischlingen (Engländer, Schotten u. s. w.), die wir uns etwa halb zuzählen können: nämlich die eigentlichen Deutschen und die Skandinaven. Obgleich diese vielleicht schon durch die Urstämme dann noch mehr durch das Klima große Verschiedenheiten zeigen, so scheinen sie mir wieder doch einander nicht so fremd und fern, als zum Beispiel nur die Russen und Czechen.

Wollen wir von einem Grundunterschied des Germanen und Slaven sprechen, so ist der erste schwer und fröhlich, der zweite leicht und lustig, der erste sinnig und zutastend, der zweite leichtfertig und zugreifend; im Handeln scheint der erste geschwind und fertig, der zweite langsam und unfertig. Man stelle einmal die Russen und Polen einander gegenüber, welche ungeheure Unterschiede erscheinen da augenblicklich! Auf den ersten Anblick und nach dem Eindruck des ersten Anblicks ist der Pole offenbar der Leichtere, Schönere, Gewandtere, mit einem feineren Weltschein, möchte man sagen, wenn man's nicht Menschenschein nennen darf. Der Russe hat etwas ihm ganz Eigenthümliches, was sich sogleich als etwas Ungewöhnliches und Barbarisches ankündigt; es ist nicht ein gewisses Asiatisches, was sich ihm vielfach angehängt und aufgeprägt hat, es ist ein Insichfestes, Insichglückliches und Insichstolzes, welches ihm eine eigne Heiterkeit und Behaglichkeit giebt, wo die andern Slaven nur den Ausdruck von Leichtsinn und Lustigkeit zeigen. Die meisten Russen, wenn sie satt und eben nicht geprügelt sind, tragen in ihren Gesichtern eine breite Selbstgenüge und fast alle mancherlei Schatten und Linien von Schalkheit und List, wenigstens von einem Etwas, was der gutmüthige, einfältige Deutsche mit diesen Namen bezeichnen wird. Sie und, ich meine, die meisten slavischen Stämme haben daher auch viel mehr wechselnde und springende Gebärdenspiele heftiger Leidenschaften und schalkischer Gefühle in ihren Gesichtern, als die Deutschen und ihre nächsten Verwandten. Daß nun viele Russen durch mannigfaltigste jahrhundertlange Mischungen mit Tataren, Mongolen u. s. w. und durch die häufige Gemeinschaft mit vielen Asiaten in Haltung und Gestalt ein gewisses Asien zeigen, wer wollte das leugnen? Eine dahin spielende Aehnlichkeit der Erscheinung habe ich in den Köpfen der Donauslaven gewahrt, welche unter dem türkischen Scepter leben. Solche Aehnlichkeit, muß man nicht meinen, weise immer auf Abstammung und Mischung des Bluts hin; nein, es ist und kann die einfache Wirkung des Auges durch das lange Zusammenleben verschiedenartiger Völker sein. Die Bilder, welche man täglich sieht, spiegeln sich zuletzt in den Gestalten der Lebendigen ab. Wenn man dem gebildeten Deutschen, Engländer und Franzosen immer den denkenden, um sich schauenden und oft auch den sorgenden und mühevollen Menschen ansieht, so verräth jeder Slave am Don und an der Wolga, wie an der Donau und an der Adria in einer breiten Sorglosigkeit und häufigen Trotzigkeit des Antlitzes den Menschen, der nach dem Himmel nicht wie nach der liebenden Vorsehung sondern wie nach einem eisernen fatum blickt. Weil er jenes Eisen nicht beugen kann, verschmäht er sich vor ihm zu beugen. Der Deutsche und Engländer nennt selbst den russischen Knäs einen Knecht, und dieser Knäs, weil er gewohnt ist, den Willen seines Czars wie ein fatum divinum anzusehen und anzubeten, so trägt er, was uns freilich kaum begreiflich däucht, die Stirn oft stolz und hoch. Wem jeden Augenblick das Plötzlichste und Gewaltigste widerfahren darf, wie sollte der sorgen und fragen, was morgen oder übermorgen etwa sein wird? Wir sehen ja Russen bei uns mehr, als uns lieb ist, auf allen Gassen und Landstraßen umherlaufen, meistens aus den vornehmeren Klassen, welche am meisten Gelegenheit und Uebung haben sich ein verwegenes Fatumsgesicht zuzulegen; wir verwundern und ärgern uns ihrer groben knechtischen Unverschämtheit und ihres asiatischen Uebermuths, aber wenn wir uns genug geärgert und unsre Blödigkeit genug gescholten haben, müssen wir endlich doch sagen: wie diese vornehmen Barbaren immer sein mögen, es sind doch Kerle für sich und die da auf ein Volk hinter sich hinweisen. Wer aber in einem russischen Feldlager gewesen ist, wer in den großen Hauptstädten bei Aufzügen und Festlichkeiten die Köpfe der hervorragenden moskovitischen Männer sich betrachtet hat, der nimmt einen Eindruck und eine Erinnerung mit, als wäre er einmal in Asien bei dem Schach von Persien oder bei dem Sultan in Konstantinopel gewesen. Ja wer in solchem Feldlager und in den stummen oder flüsternden Palästen der Höchsten zehn zwanzig Jahre durch die Eisen- und Stal-Härtung des Despotismus zugleich hart und geschmiedig geschmiedet ist, der kann, ohne ein großer Mann zu sein, doch das Gepräge und Antlitz des festesten und entschlossensten Mannes gewinnen. Also hier manche bedeutungsvolle Gesichter mit einer Art Mannsgepräge ohne Mannsinhalt. Ich habe in Petersburg manche solche Köpfe nicht ohne Erstaunen gesehen. Die Menschen wollen einem kaum glauben, daß eine solche Art im Lande der Knute und Padogge möglich sei; aber man begreift, daß auch der Knecht, der Kerls genug ist des Entschlusses sich vor nichts mehr fürchten zu wollen, sich in der Gebärde zum stolzen Schein des Herrn erheben könne. Solche Gesichter zeigen sich in Moskovien, sie zeigen sich gewiß auch in Bosnien und Bulgarien und unter den Albanesen und Arnauten. Wer alle Furcht überwunden hat, muß immer einem mächtigen und gewaltigen Kerl gleich sehen.

Ich habe schon von der Verschiedenheit der äußern Gestalt der verschiedenen slavischen Hauptstämme gesprochen. Sie ist wirklich die allerverschiedenste. Der Russe, wie viel man auch fremdartige besonders asiatische Spuren in ihm entdeckt, hat sich in allen seinen Ständen doch zu einem sehr gemeinsamen Gepräge der Gebärde und des Ausdrucks ausgebildet; man kann sagen, der Edelmann sieht dem Knecht ähnlich, der Edelmann, wenn es nicht zufällig ein Deutscher oder Schwede (aus Esthland, Liefland) ist, und der Knecht fließen ganz zu Einem Volk in einander. Ganz anders zeigt sich das bei dem Polen. Dieser, äußerlich gewandter, hübscher, schwunghafter, mit einem Anstrich von abentheuerlicher Ritterlichkeit, hält die Gestalt und das Gepräge des Ausdrucks von Gestalt und Gebärde zwischen dem Herrn und Knecht himmelweit auseinander. Dies ist ja Polens Unglück gewesen, daß die Ersten nichts haben als Ritter sein wollen, daß die Zweiten nichts als Knechte haben sein und bleiben sollen. Sie sind durch ihr ausschweifendes und übermüthig liederliches sogenanntes Ritterthum, womit sie noch heute prahlen und was die Unglücklichen selbst in den Gassen von London, Paris und Neuyork noch nicht vergessen können, untergegangen. Noch heute kennen sie daheim kaum etwas Anderes als den stolzen Herrn, den demüthigen Knecht und den bei ihnen vorzüglich hausenden versprengten Kavalier der Weltgeschichte, den Juden, als mäkelnden und Gold schaffenden und Gold pressenden Vermittler zwischen ihnen beiden. Es begegnet einem ja täglich die Gegenwart und die Erinnerung des polnischen Jammers, aber man kann mit Solchen nicht singen Noch ist Polen nicht verloren. Sie waren zu leichtfertig, zu treulos, als daß sie ein Volk und Staat hätten bleiben können. Ich sage treulos, will das Wort aber nicht in dem schweren deutschen Sinn genommen wissen, sondern ich meine damit ungefähr etwas dem französischen leger et perfide Aehnliches. Den Inhalt dieser beiden Wörter haben die Polen selbst den leichten Franzosen gegenüber im dreifachen Maaße. — Stelle sich uns nun einmal die Czechen her, die in Böhmen und in den Karpathen lebenden Slaven, wie erscheinen die uns gar anders, beinahe wie ein durchaus fremdartiges Volk! Wer wird uns heute die Mischung nachweisen, wodurch sie geworden sind, was sie sind? Körperlich betrachtet haben sie auch die allgemeine slavische Gewandtheit, aber im Ganzen geschmeidigeren, feineren Gliederbau als beide der Russe und der Pole, größere Blondheit als diese beide, kleinere Köpfe mit sehr hellen leuchtenden Augen, schlankeren Wuchs. Man empfindet dies so recht, wenn man einige böhmische Regimenter aufmarschiert gesehen hat und sie mit russischen und deutschen vergleicht. Auch in der Gebärde der Czechen herrscht ein viel größerer Ernst fern von der Lustigkeit und Leichtfertigkeit der beiden andern. Diesen Ernst kann man nun wohl zum Theil aus ihren Geschicken erklären, aus den schrecklichen Verfolgungen und Zertretungen, welche sie ihrer Religionen wegen erlitten haben; aber wir fallen hier sogleich in den historischen Zirkel hinein, indem wir vielleicht sagen müssen: Nicht daraus ist jener Ernst entsprungen, sondern weil der czechische Stamm so viel Ernst und Tiefsinn im Gemüthe hatte, mußte er so harte und grimmige Geschichten erleben und machen.

Doch von allen diesen Absprüngen zu unsern Russen zurück. Wir in unserm Westen hören mit Schauder und Grausen die Fabeln und Mährchen von der schrecklichen Scutica oder Knute und von den Zobeljägern in Sibirien und den Goldgräbern zu Nertschinsk, es weht uns von Petersburg und Moskau der eiskalte Hauch eines asiatischen Despotismus. Wer wagt zu sagen, daß dies bloße Fabeln und Mährchen sind, welche die verfluchten Liberalen und Demokraten über das christliche Rußland, das herrlichste, mächtigste Reich der orthodoxen griechischen Kirche, verbreiten und ausrufen? Es ist hier, wie gesagt, vielfältiglich ein asiatisches Gepräge des Lebens und sichtlich auch ein ähnliches Gepräge von Verfassung, Staat und Verwaltung, aber man darf hier über großen Gebrechen und Mängeln den Kern eines großen Volks nicht verkennen. Ja die Russen, wie despotisch und asiatisch sie immer geführt und regiert werden mögen, haben einen mächtigen Kern, sie müssen mit Recht ein großes gewaltiges Volk heißen. Bei aller Schrecklichkeit und Fürchterlichkeit, welche die sultanische Macht des Czars und das Gerücht der scheußlichen Knute auch auf die

Einbildungskraft des Westens üben mag, es wird in Rußland eben wegen des ganz verschiedenen Volkscharakters doch ganz anders, doch viel menschlicher und christlicher gelebt, als jemals in dem freien Polen — daß ich von dem gegenwärtigen schweige — gelebt worden ist. Es ist bei diesem moskovitischen Volk mitten in aller Knechtschaft viele Christlichkeit und Menschlichkeit, es ist Treue und Gottesfurcht unter den Russen. Solche Tugenden decken die Menge der Sünden zu und machen auch Zustände und Gebrechen erträglich, die sonst unerträglich sein würden. Die Russen sind, aus welchem Gesichtspunkte man ihre Zustände auch beurtheilen möge, ein tüchtiges ganzes Volk, und verdienen ein ganzes Volk zu sein. Sie sind in langen viele Jahrhunderte dauernden Kämpfen mit Mongolen, Schweden und Polen gleichsam zu Einem Volk zusammengekeilt worden, zu dem Stal und der Eisenhärte gehärtet worden, wodurch sie sich zu Hause und im Kriege auszeichnen. Man datirt ihre Geschichte gewöhnlich von Peter dem Großen an, das heißt von 160 Jahren her. Freilich Peter, dieser außerordentliche Barbar, hat sie mit einer gewissen Gewalt in die europäische Welt gleichsam hineingestoßen, aber ihr Verdienst bleibt, daß sie sich gar bald und gar klug in diese Welt finden gelernt haben und nur zu flink gescheidt und geschwind darin einherschreiten und fortschreiten. Sie sind mit Gewalt hineingestoßen, sie haben sich selbst weiter fortgestoßen, und stoßen sich durch einen Trieb der Geschwindigkeit, mit welcher Peter sie schnellte, so gewaltig durch uns fort und in uns hinein, daß uns darüber die Augen übergehen wollen. Man messe nur die Weite der Schritte, welche dieses Volk, dem Peter die ersten Zotten von ihren Pelzen und Bärenbärten ausriß, in diesen 160 Jahren gemacht hat. Die Geschichte Rußlands liegt ja vor uns, und dieses Volk, wie in alten Tagen die Römer, wie in neuen die Engländer, hat unter schwachen und starken, unter weisen und dummen Regierungen nimmer sein Ziel aus den Augen verloren, und Peters Losung, des späteren Suworows Losung Vorwärts! und nimmer zurück! dies ist sein Eigenes, dies ist sein Inhalt und sein Kern, ein Kern, den man nicht beschreiben kann. So ist es, so unglaublich ist es, und doch ist es wahr: Bei allen Gebrechen der russischen Zustände und Verhältnisse, bei allen gräulichen Gebrechen der Verwaltung in bürgerlichen und kriegsmännischen Abtheilungen und Verhältnissen, bei aller Gewissenlosigkeit, Faulheit, Liederlichkeit und Bestechlichkeit der Beamten, wie es in despotischen Staaten immer zu sein pflegt, und auch in Rußland ist, lebt und webt in dem Ganzen doch ein Geist des Lebens, der Kraft und des Muthes, ein Stolz, Gefühl und Sinn der Gemeinsamkeit, der viele der größten Mängel bessert. Man möchte sagen, der Name Russe ist bei dem Volke einem Schöpfungsworte gleich, kraft dieses Lautes und Namens und seines Stolzes und Ruhms sind sie ein gebietendes europäisches Volk geworden. Ja in der Brust des gemeinsten russischen Kriegers glüht dieser Stolz, wie in der Brust eines Suworow und Saballkansky, und der ärmste russische Bettler stößt den dargebotenen Goldklumpen von sich, wenn er gegen sein Vaterland den Späher oder Verräther machen soll. Wahrlich hier sind sie dem Stolz von Spaniern, Engländern und Franzosen zu vergleichen — und wir Deutsche, wo bleiben wir hier mit unsrer oft so närrisch aufgerufenen und gepriesenen deutschen Treue? Wie viele deutsche Namen in der Geschichte, die durch die lange Schande noch nicht blaß gemacht sind! wie viele der noch lebenden Deutschen — mögen sie hiebei ihres Götzen Napoleon gedenken — die vor den Kantschuleuten erröthen sollten! Ja ihr, die deutsche Treue nennt, schreit nur durch den von deutschen Buben und Verräthern mit verwüsteten deutschen Reichswald Ist denn kein Dalberg da? Haben wir etwa die

Ahrenberge, Isenburge, Dalberge, Wolfradte von Linden der Jahre zwischen 1806 und 1813 schon vergessen? ja sitzt nicht ein Dalberg, von Napoleon mit deutschen Millionen Thaler zum Duc de France ernannt, der mit schaamlosester Stirn noch bei den Kongressen von 1814 und 1815 für die Wälschen den Reichsmitverkäufer machte, heute als ein deutscher Franzose unter Franzosen? Schweige!

Dieses mächtige, einträchtige, einige, ganze Volk steht hart an uns, und, wie Einige sagen und klagen, es steht schon hart auf uns. Nun so arg ist es gottlob noch nicht, aber ein Hütet euch! müssen wir uns bei seinem Anblick zu jeder Stunde zurufen. Man nennt uns immer nur den russischen Kaiser; man hat früher Katharinen und auch Alexander genannt. Ganz recht; es sind die großen Hauptfiguren, und der Nikolaus, dessen Name ja Volksbesieger bedeutet, ist ein ganzer Mann und ein tüchtiger Kaiser für die Russen; aber wie sehr der Herrscher und Gebieter auch lenke und treibe, er wird doch durch das Volk nicht nur immer mitgetrieben, sondern im eigentlichen Sinn fortgetrieben: er muß mit diesem seinem Volke eben so vorwärts, wie die freieren Völker, die Engländer und Franzosen, eben durch das Ding, was sie Volksmeinung, den öffentlichen Geist nennen, ihre

Regierungen treiben. Für sein Vaterland, für seines Vaterlandes Ruhm und Größe ist jeder Russe der thätigste und gerührigste. Deswegen sind die russischen Diplomaten eben so berühmt und gefürchtet als die französischen, weil die Russen das mit den Franzosen gemein haben, daß sie in der Fremde immer spähen, zetteln und schaffen müssen, wo der Deutsche zum Beispiel sich nach seiner Haus- und Gemüthsweise bald wieder in seinen gewöhnlichen Ruhestand zu setzen sucht. Wie man nun auch den Kaiser Nikolaus beurtheilen mag, er muß ein geschwindes, scharfes, kluges, nach allen Seiten hin gewendetes Auge haben, er muß ein russisches Auge und ein russisches Herz haben, er muß den Sinn und Willen seines Volks ausführen. Der Kaiser ist ein sterblicher Mann, aber dieses Volk trägt einstweilen noch den Stämpel, als sei es für die Ewigkeit gebaut! Ich meine hiemit nicht das tiefste innerste Vermögen, sondern jene Unruhe wimmelnder und strebender Kräfte, die sich nach allen Seiten hin für die Ausgreifungen der Fäuste Raum und Luft sucht. Will ich uns Deutschen, welchen böse Narren und feige Memmen nur zu viele leere und falsche Schrecken vorgaukeln, hiemit einen russischen oder gar nikolaitischen Vogelscheuch hinstellen? Nein, dies will ich gewiß nicht; aber auf das Rohr Aegyptens will ich hier hinweisen: Deutsche, wollet euch auf dieses Rohr, das an der Newa wächst, nicht stützen, fürchtet vielmehr die euch gefährlichen russischen Listen und Hinterlisten. Dieses Volk ist keinem treu als ihm selbst. Wie gesagt, die russischen Listen und diplomatischen Zettelungen und Stämpelungen unter uns und gegen uns haben wir immer zu fürchten, auf dem politischen diplomatischen Schlachtfelde können wir bei unserer jämmerlichen Zerrissenheit und Eifersüchtelei nimmer Siege erfechten; auf dem wirklichen Schlachtfelde, wo von den Federn nicht Dinte sondern von den Schwerdtern Blut versprützt wird, werden wir ihnen, wenn wir uns nicht selbst verlassen, immer noch gewachsen sein.

Wie Rußland Oesterreich gegenüber steht oder vielmehr wie Oesterreich sich Rußland gegenüber endlich an der Donau stellen sollte, haben wir vorher gesehen. Jetzt ist ein russischtürkischer Krieg wirklich ausgebrochen und die europäischen Diplomaten schaaren sich in London, Paris und Wien, um das türkische Reich vor den räuberischen Klauen des übermüthigen und länderdurstigen Moskoviten zu retten. Wird dieser Krieg ein großer Krieg werden? wird er eine europäische Noth und endlich auch gar noch eine deutsche schwere Noth werden? Das Letzte wolle Gott verhüten!

Bei den politischen Wirren, worin wir stecken, würden wir unser Blut und Geld wieder umsonst zu Markt tragen, und Russen und Engländer sich am Ende damit lustig machen.

Also ein Türkenkrieg, weil Nikolaus, der auch von England verwöhnte Nikolaus durchaus den allgebietenden Großrussen spielen will. Einige meinen, es habe die letzte Stunde des osmanischen Reichs geschlagen und es müssen über seine schönen Lande die Theilungsloose geworfen werden. Wir glauben, daß die Stunde noch nicht da ist, daß die Jäger sich über das Fell des Bären noch nicht vertragen haben, in dem gegenwärtigen Augenblick auch nicht leicht werden vertragen können. Es wäre doch auch nicht unmöglich, daß der Bär, wenn er merkte, daß es ihm an das Leben gehen solle, schärfere Tatzen der Gegenwehr herausstrecken könnte, als man jetzt an ihm sieht. Es ist wahr, der Osmane mit seinen Sitten und Gewohnheiten, mit seiner Vielweiberei und der davon unzertrennlichen Sklaverei und Sultanei ist kein europäisches Gewächs und müßte also aus Europa herausgewiesen werden. Aber wohin mit ihm? und was dann? Der Russe dürfte auf keinen Fall von dem Raube etwas bekommen; er hat genug, wenn er mit Don und Dnepr an das Schwarze, mit der Wolga an das Kaspische Meer gelangt, wo er schon ist; Oesterreich haben wir an dem westlichen Schwarzen Meer und an der Donau schon sein gebührliches Theil angewiesen; aber wohin mit dem Uebrigen? was daraus machen? Entwürfe und Zuschneidungen sind das Allerleichteste von der Welt, aber der horazische Spruch ist da mit seiner ewigen Wahrheit Aus jedem Trittvögelholz meißelt man keinen Merkurius. Man sagt so leicht obenhin: Nun wenn Oesterreich sein gebührliches Theil genommen hat, so bleibt der übrige Theil als ein griechisches Reich und man verlegt die Residenz des Königs von Griechenland aus Athen in die alte Hauptstadt Konstantinopel. Und in Asien? je nun, in Asien da mag der Großtürk sich's auf seine Weise nach Belieben wieder zurechtlegen und bequem machen. — Ei! allerliebst. Das sind zu leichte und überhinfliegende Reden. Da vergißt man alle Geschichte und gebärdet sich, als wenn Europa und Asien in den Dardanellen und dem Bosporus mit den schärfsten und mächtigsten Weltscheeren von der Natur am weitesten von einander abgeschnitten wären. Ich sage, wenn ich die Geschichte frage und Land und Meer und Vogelflug und Schiffsflug betrachte, grade da, wo Konstantinopel liegt, sind die beiden Welttheile wie zwei Zwillinge, die hier gemeinsam Athem holen müssen, recht fest und wie auf ewig an einander verwachsen. Konstantinopel ist einer der größten und entscheidendsten Weltpunkte. Wer dort als Herr sitzt, der greift mit dem rechten Arm nach Asien hinein, wie er mit der Linken in Europa gegen Westen hin das alte Thracien, Mösien und Macedonien faßt. Ich rede deutlicher: Wie ich eben die Lande des westlichen Umgriffs der Hand, die von Konstantinopel ausgreift, bezeichnet habe, muß ich behaupten: Zu dieser herrlichen Stadt und ihrer Gelegenheit gehört die Herrschaft über Vorderasien bis an den Kaukasus und den cilicischen Taurus, also die Herrschaft über das ganze Anatolien. Also bis so weit müßte nun unser neues griechisches Reich sich erstrecken. Aber ich frage nun weiter: Was für ein neues christliches Reich? und aus welchem Holze sollte man den neuen Merkurius zurechtschnitzeln? Leider kennen wir ja die neuen Graeculi; wir wissen auch, mit welcher Jämmerlichkeit ihre entarteten und doch christlichorthodoxesten Vorfahren ihr bischen Christenthum und sich selbst von einigen hunderttausend Saracenen haben vernichten und unterdrücken lassen; und nun sollten ihre durch lange Sklaverei und hündische Erniedrigung verkommenen und welken Reste ein neues Reich schaffen und bilden helfen, und zwar dies mit den muhamedanischen Osmanen zusammen, deren in Europa und Vorderasien doch wenigstens sechs sieben Millionen sein werden? Oder meint man alle Osmanen mit einander, sowohl die europäischen als die asiatischen, durch die cilicischen Thore nach Süden hinauf in Syrien und Mesopotamien hineintreiben zu können? Aber solche Menschentreiberei ist bei den gegenwärtigen politischen Zuständen der Osmanen, die nicht mehr wie ihre berittenen tatarischen Vorfahren als Hirtenvolk unter Zelten lagern, eben nun eine kleine Unmöglichkeit. — Nun es muß dann eben werden, wie es werden kann, ein Tale Quale, wie die Mönche ein gewisses unvollkommnes Halbding zu nennen pflegen. Auf jeden Fall würde es zwanzigmal dicker werden als das jetzige Königreich Griechenland. Freilich ein Tale Quale, und welches! welch ein wunderlichstes Gemisch der verschiedensten Völkerstämme und ihrer zum Theil verrotteten Brüche! Es würde eine wahre Schöpferkraft dazu gehören — und könnte solche aus dem neuen Stambul hervorgehen? — aus solchen Elementen mit starken gewaltigen Fäusten Etwas zusammenzuschlagen und dann ein neues Ganzes daraus zu bilden. Hierunter Reste von türkischer Art, dann die Menge der verschiedenen Slavenstämme, endlich Arnauten, Albanesen, Halbchristen, Halbmuhamedaner, aus allem Diesem ein Neuchristliches zu machen. Einzelne dieser Stoffe möchten zu einem Grundbau wirklich brauchbar sein, zum Beispiel die wilden tapfern trotzigen Arnauten und Albanesen, Enkel der weiland Macedonier, Illyrier und Epiroten; aber der Arm, der Arm, oder vielmehr die gewaltige Faust, welche das Alles zusammenschlagen und zusammenhalten sollte? Wahrlich bei manchem Blick, welchen wir auf reichste schönste Gebiete dieses Erdballs werfen, müssen wir an den Menschen fast verzagen, die berufen wären, menschliche Erdstücke daraus zu machen.

Doch genug. Die Türkei ist noch nicht getheilt, und ich sage mit Schmalz: Ich stecke nicht mit darin. Das griechische Christenthum hat das alte verfaulte Griechenland und Asien nicht vor Knechtschaft retten gekonnt; nur das abendländische Christenthum hat freie himmlische Sonnenkinder gezeugt.

d. Spanien.

Auf Rußland folgt ganz natürlich Spanien. Wie durch und über die Russen die Luft Asiens hinweht, so weht eine solche Luft als eine Luft beide Asias und

Afrikas über und durch Spanien hin, ja sie weht und haucht fast aus Spanien heraus, viel mehr, als man das von den Russen sagen darf. Hierin haben die beiden großen Völker eine Aehnlichkeit, die Luft selbst aber ist die allerverschiedenste. Bei dem Russen hat sie den Athem des Sultans und des Sklaven, wovor uns andern Europäern graut; der Spanier hat die feinen Winde und Lüfte Asiens geschlürft, er hat noch heute viel von dem Gepräge und dem Schwunge des asiatischen Ritters. Dieser Ritter ist der Araber auf dem fliegenden Hengst der Wüste in voller blinkender Waffenrüstung, wie die Edelsten und Geschwindesten der Beduinen noch heute vor uns aufreiten und ein Abdelkader vor einigen Jahrzehenden vor den Franzosen aufgeritten ist. Saracenen, Mohren, Türken, diese Namen reihen wir an einander und mischen ihre Bedeutung ganz wie die gleiche und verwischen daher die glänzenderen Farben in den Zügen und Sitten der verschiedenen Völker, die uns seit dem lieben Mittelalter her nach christlichen Gefühlen als dieselben gräßlichen Heiden in Prosa und Versen vor die Fantasie gestellt werden; das Wort Türk vollends löscht allen Glanz der asiatischen Bilder aus, er steht in der Fantasie unsers Volks noch immer als das Bild jeder Grausamkeit und Gräßlichkeit, wie viel von dieser Gräßlichkeit er seit anderthalb Jahrhunderten auch verloren habe. Aber man wolle doch erwägen, welch ein Unterschied zwischen einem kurdischen und arabischen Saracenen und einem rohen und wüsten Osmanen aus dem alten düstern Turan des asiatischen Nordens ist. Auch auf den Namen Afrika darf man hier nicht zu sehr drücken. Freilich aus Afrika kamen die Saracenen nach Spanien und Gallien hinein und brachten auch einen guten Schwarm Numidier und Mohren mit nach Hispanien hinüber. Aus arabischen und christlichen Berichten des Mittelalters wissen wir ungefähr, selbst aus den Sagen, Mährchen und Gedichten des Spaniers des vierzehnten fünfzehnten Jahrhunderts noch, wie in der prächtigen pyrenäischen Halbinsel im Kriege und im Frieden gestritten und gelebt worden ist; wir sehen in den Resten der saracenischen Denkmäler, Schlösser, Paläste u. s. w. in Granada, Kordova, Sevilla und an andern Stellen, welcher Art jene saracenischen Sultane und Ritter der Geschichte und der Sagen haben sein müssen. Sie hauchten milderen Athem über Spanien, als den Russen aus den nordischen Wüsten und Steppen und von den gräulichen Völkerschaften des alten Turan über den Ural und die Wolga und von der Kaspischen See her zugeweht worden ist. Wir wissen aus der Geschichte der langen acht Jahrhunderte dauernden Kämpfe der Christen und Heiden um die Herrschaft Spaniens, daß, wenn in der Gleichgewichtsschale des spanischen Krieges die Saracenen mit dem Schein des Unterliegens zuweilen von den Westgothen bedroht wurden, daß dann der mahnende Glaubensruf durch die Lande des Islam tönte, und nicht bloß aus Afrika und von den nächsten Küsten des Mittelmeers Tausende frischer Kämpfer über das Meer kamen, sondern daß Arabien, Syrien, Mesopotamien und selbst Persien, nach dem Beispiel der in Palästina kämpfenden christlichen Ritter des Abendlandes, oft die Blüthe ihrer Ritterschaft in den heiligen Kampf sandten. Dies waren keine rohe Barbaren wie Kirgisen, Mongolen und Mandschus, sondern Männer und Jünglinge, damals durch Begeisterung geadelt und auch viele von ihnen weit vor der Ritterschaft des Abendlandes mit dem Schmuck der Wissenschaft und Bildung angethan. Man geht gar nicht fehl, wenn man behauptet, daß das Schönste und Liebenswürdigste des christlich abentheuerlichen Rittergeistes, welches Spanien geschmückt hat, über die Pyrenäen auch nach Frankreich und von dort nach Italien und England und in seinen milderen Schatten und Farben selbst nach unserm Allemannien übergegangen ist. In Spanien hat es sich mit den Westgothen, dem mildesten und edelsten Stamm der Germanen zu der Zeit, als ihnen die Zügel des Christenthums um die trotzigen heidnischen Nacken geworfen wurden, auf die allerliebenswürdigste, anmuthigste Weise zusammengelebt. Der arabische Ritter war mit seinem abentheuerlichen Schwung auf den westgothischen, den die Sagen von Wodan und Thor und von dem Heldenreigen Walhalls die Brust noch durchlüfteten, als auf einen natürlichsten Verwandten gleichsam angewiesen. Dies hat sich auch in Frankreich offenbart. Die französische Ritterschaft erscheint in den oft wiederholten Kreuzzügen nach dem gelobten Lande und in den vierhundertjährigen Kämpfen mit den Angelsachsen nächst der spanischen vor allen Europäern als die glänzendste; vorzüglich gilt dies aber von den ächtesten französischen Ritterlanden, von den Landschaften des gothischen Stammes, von dem Languedoc, der Normandie und der Provence, neben der Bretagne, welche die Fabeln der celtischen Artusritterschaft gehegt und entwickelt und selbst in unsern Tagen in den fürchterlichen Feldzügen der Umwälzungsjahre von 1794 bis 1804 zur Wahrheit gemacht hat.

In solcher Weise, mein geliebtes Spanien, hast du deine ritterliche Zumischung von dem besten arabischen und syrischen Saracenenstoffe erhalten. Mir bist du schon im Knabenalter als ein wundersames Mährchenland zufällig zugeklungen worden, und wie habe ich aufgehorcht, als eine schöne Dirne meiner Heimath, deren Vater einige Jahre in Kadix gewohnt hatte, mir sang

Nach Hispanien! nach Hispanien!
In das Land der goldnen Mährchen!

Dieses Mährchen sollte dem Manne die glänzendste Wahrheit und das fröhlichste Glück werden: im Elend, aus der Heimath verjagt, als ich im alten Lande der nördlichsten Gothen am Mälare saß und an seinen Wassern das Trauerlied von dem verlornen Vaterlande gleich den Kindern Jerusalems an den Wassern Babylons singen konnte, da, im Jahr 1808, als die Freudenbotschaft von dem Kampf und Aufstand der Spanier in Madrid wie eine Blitzleuchtung der Hoffnung und Rettung über die Länder flog, sagte ich mit meinem närrischen Könige Gustav Adolf dem Vierten: „in Spanien wird der Weltwürger untergehen.“ Von da ab hat man wirklich wieder spanische Mährchen singen können, als Saragossa, Gerona, Tarragona Numantien wurden und Hannibal-Wellington durch glänzendste Märsche und Siege seinen Zug durch die Pyrenäen vorbereitete. Seit jenen Tagen wohnt in mir eine unauslöschliche Liebe zu den Spaniern, und wenn ich ein Jüngling wäre, und doch, wenn ich kein Deutscher wäre, und von meinem Vaterlande nichts Hoffnungsvolles und Siegreiches für die Zukunft mehr hoffte, so steht das Bild des Spaniers nächst dem eines tapfern, frommen, nordischen, schwedischen Bauers so leuchtend in mir und vor mir, daß ich vor allen Völkern und Ländern im schwedischen Norrland oder im spanischen Katalonien und Arragonien mein Volk und Land suchen und wählen würde. Das sind Fantasieen und Liebschaften der verschiedenen Herzen, aber was können die verschiedenen Herzen dafür, daß sie von ihrer Gewalt gefaßt werden? was kann jeder einzelne Sterbliche dafür, daß es gleichsam von seinem Ursprunge her für ihn eine harmonia praestabilita gewisser Anschauungen und Träume giebt, wie Gesichte und Gebilde einer frühesten Vorwelt, daß er seine bestimmten Gestaltungen, gleichsam Bilder ursprünglicher Liebe, lange vor jeder wirklichen weltlichen irdischen Liebschaft auf diesem unsern Planeten hat? Spanien hat mir vom Jahr 1808 bis zu unsern großen deutschen Kriegsjahren viele schönste Träume gegeben, aber wunderbar, diese Träume spielten immer in das mittelaltrige romantische Leben spanischer Ritter, Ritterspiele, Reigen und Zauberschlösser hinein, nimmer in die blutigen Wirren und Getümmel der fürchterlichen Jahre von 1808 bis 1814: ein Beweis, daß selbst aller politische Zorn nebst seinem politischen Wirrwarr in den dichterischen Zaubergärten der Fantasie sich verklärt und erlischt. Weil dem Allem so ist, so muß ich noch einmal, wohl zum letzten Mal, in diesem irdischen Leben noch einige Worte von Spanien und zum Lobe der Spanier sagen.

Ja, es ist ein starkes nicht nur durch die ganze Gestaltung und Färbung des Spaniers, durch sein Leben und seine Sprache und Literatur gehendes, sondern auch sein Innerstes durchdringendes saracenisches Etwas in dem Spanier; Spaniens Grundelemente gehören überhaupt zu den vortrefflichsten: die alten Celtiberier und Asturier, welche unbesiegliche, unbezwingliche Heldenherzen der Freiheit und Ehre! dazu die germanischen Sveven und Westgothen, ritterlichste Kämpfer, endlich der saracenische, erlesenste, ritterliche Stoff — aber freilich es sind auch viele Romanen und Hebräer dabei. Diese letzten beiden Elemente hat man sich in den reichen und üppigen spanischen Südlanden am meisten zu denken, welche überhaupt das leichteste beweglichste Geschlecht unter den andern Unbezwinglichen sind, in hartnäckiger Tapferkeit und Ehrenfestigkeit mit ihnen gar nicht vergleichlich. Ich meine hier die Landschaften Valencia, Murcia und den Süden Andalusiens. Aus der Geschichte der langen Sveven- und Westgothen-Kämpfe wissen wir, daß die romanischen Reste, die festen und reichen Küstenstädte dieser Landschaften, von der See her immer durch Zufuhr neuer Mannschaft und Speise gestärkt, ihr früheres romanisches Leben unverrückt bewahrt und gerettet haben, indem sie langsam nach immer wiederholten Kämpfen fast alle durch Vertrag unter die westgothische Herrschaft übergingen und also von ihren alten Sitten, Gebräuchen und Gesetzen fast alles behalten und vieles davon nebst der festgeordneten christlichen Hierarchie der Kirche den Siegern mitzugebracht haben. Hier muß man sich also ein mehr verderbtes und verweichlichtes Römisches denken, welches späterhin seit dem achten Jahrhundert manche Jahrhunderte hindurch, viel mehr als die Mitte, geschweige der Norden, Spaniens mit dem Mohrischen und Saracenischen durchmischt worden ist. Wer hat die Kämpfe des sechsjährigen französischspanischen und französischenglischen Krieges auf der Halbinsel nicht noch im frischesten Gedächtniß und auch die mannigfaltigsten und zum Theil gräulichsten Züge von einer Hartnäckigkeit und Grausamkeit, welche uns als Zeichen eines wahren Saracenismus und Asiatismus — darf ich sagen

Numantismus? — zugleich mit Bewunderung und Grausen erfüllt hat? Der große englische Feldherr, vor welchem Napoleons Sterne hier untergingen, konnte sich freilich die spanischen Junten und Generale und die Ordnung und Zucht ihrer Heere nicht loben, aber von den Spaniern selbst hat er doch gesagt: ein solches Volk kann wohl viel besiegt aber nimmer bezwungen werden. In der Hartnäckigkeit der Einzelgefechte, in der bis zum Untergange ausdauernden Vertheidigung von Wall und Mauern, in der stolzen Lebensverachtung des Einzelnen, kurz in der überschwänglichen Ritterlichkeit jedes Spaniers ist, wenn ihr wollt, eine Art Araber und Türk erschienen. Grausamkeit? Ja sie war fürchterlich da, aber diesen blutgierigen Tiger hat der Spanier nicht zuerst geweckt; der türkische Korse konnte ja allenthalben, wo edler Stolz und muthige Freiheitsliebe seinen übermüthigen, räuberischen Banden begegneten, Hunderte und Tausende solcher Kämpfer der Freiheit, die er mit dem Titel brigands als Räuber und Mörder stämpelte, mit lächelnder Ruhe niederhauen und niederschießen lassen. Er war auch hier der grausame und hinterlistige Anfänger und fand den spanischen Grimm und Stolz unbezwinglich gegen den Ueberzieher, der ein großes Volk für die Unterjochung reif gefunden zu haben meinte. Wie sehr nun auch Napoleon und seine Lobpreiser den edlen spanischen Trotz und Freiheitsstolz als Barbarei und Verwilderung verschreien mochten, jene Jahre des langen und mörderischen Kampfes haben den spanischen Namen zuerst wieder aus einer gewissen Vergessenheit geweckt und in Europa gewissermaaßen wiederhergestellt. Es war den Spaniern die beiden vorigen Jahrhunderte schlecht ergangen; die hohe Meinung von ihrer Tapferkeit und Ritterlichkeit war mit ihrem alten Kriegsruhm seit der Mitte des siebenzehnten Jahrhunderts immer tiefer gesunken; ihr Land war durch die zu geschwinde Auswanderung der kräftigsten Jugend nach beiden Indien entvölkert, und bei allem Rufe von den Reichthümern dieser Indien an Silber und Gold und den edelsten Juwelen und kostbarsten Gewürzen der Welt lag Spanien seit dem Ausgange des siebenzehnten Jahrhunderts ermattet und erschöpft da auf seinen fabelhaften Heldenschild gesunken, gleichsam wie ein Traum von einer Traum gewesenen Größe. Zu diesem ist gekommen, daß sich seit Philipp dem Zweiten und seinem Alba der Begriff von einer afrikanischen Grausamkeit der Spanier in den europäischen Gemüthern und Geschichten festgesetzt hatte, daß man sich von Spanien noch mehr als von Italien Gift und Banditendolche und Räuberpistolen träumte. Freilich ein jähzorniger glühender Mensch ist der Spanier, aber zugleich der ritterlichste und wahrhaftigste und in sich vollendetste der Romanen, der für sich eine prächtige und glückselige Welt zu durchleben versteht und auch deswegen von den mehr den Wechseln und Veränderungen unterworfenen Völkern wenig verstanden und oft falsch beurtheilt wird. Er ist, wie gesagt, mehr als irgend ein anderer Europäer ein eigenthümlicher und in seinem Wesen abgeschlossener Mensch, aber im Leben und Weltverkehr der Redlichste und Getreueste, ja auch da von wahrhaft ritterlicher Treue. In seinen Gebirgen hat er hin und wieder allerdings auch sogenannte Buschklopfer (soll ich sagen Beutelklopfer?) und Strauchräuber, aber leichtsinniges oder schleichendes banditisches Morden ist nimmer spanisch gewesen. Auch das böse Gerücht der Grausamkeit kann er viel mehr als die andern Romanen, besonders als der leichte lebendige Franzose, von sich weisen. In seinen unterworfenen fernen Landen und Kolonieen ist er immer viel gerechter und menschlicher gewesen als jener.

Was das Land und seine Gaben und Herrlichkeiten neben der Herrlichkeit des Menschen betrifft, so beginnt der Spanier auch darüber sich zu besinnen und die Fremden haben auch über dieses Kapitel

Besseres zu erzählen als aus dem verflossenen achtzehnten Jahrhundert. Ein Land mag noch so schön und herrlich sein, ohne den Menschen hat es doch nur eine öde Blüthe. Als Land ist Spanien eine einzige Herrlichkeit in Europa, auch eine Absonderlichkeit, wie sein Volk eine solche ist. Es vereinigt die seltensten Gaben und Erscheinungen, man könnte sagen, es hat drei ja vier verschiedene Klimate und die Wechsel und Scheine dieser Klimate oft in jeder einzelnen Landschaft schon beisammen: eine kalte, gemäßigte, warme Zone: die meisten Südfrüchte, Wein, Oel, Reis, Weizen, edelste Rosse, kriegerische Rinder, berühmte Merinoschaafe, obgleich die Rosse und Merinos durch verschuldete Vernachlässigung und auch durch die Verheerungen der französischen Ueberziehungskriege an dem alten Ruhm gelitten haben. Hiezu ein unerschöpflicher Reichthum von gemeinen und edlen Metallen und Steinkohlen. Es ist eine ungefähre Berechnung der Statistiker, daß Spanien um das Jahr 1700 auf sechs sieben Millionen Einwohner heruntergekommen war; jetzt zählt es beinahe wieder fünfzehn Millionen, und mit den Menschen beginnt gottlob auch das Land wieder zu wachsen. Wenn dieses Land seine natürlichen Vortheile und Hülfsquellen auch nur mäßig benutzt und ausbeutet, in welcher Macht und Pracht wird es nicht im Anfange des zwanzigsten Jahrhunderts da stehen können! Schon hat es begonnen Eisenbahnen zu bauen. Was kann dieses herrlichste reichste Land nicht an Erde und Wassern, ja selbst in der Luft bauen und aufrichten, wenn es immer mehr zugreift! Es hat diese schöne Halbinsel leider auch ihren Buckel, welcher mit ihm zu einer schönen Gradheit ganz verwachsen sein sollte; aber wie wenige Länder, die nicht solche Buckel haben! wie viele derselben hat unser liebes Deutschland nicht, die ihm den gebeugten Rücken krümmen helfen. Unsre Buckel, die in vier Jahrhunderten aus unserm Leibe herausgewachsen sind und ihm die gute Hälfte seiner angebornen Gesundheit und Kräftigkeit verkümmert haben, heißen die Schweiz, Elsaß und Lothringen, Belgien und die Niederlande, Schleswig und Holstein. Sprache und Sitte, Wasser und Land, Meer und Ströme weisen diese nach Deutschland, sie werden in besseren glücklicheren Zeiten durch natürliche Züge der äußeren und inneren Verhältnisse und Triebe einmal wieder an das uralte Mutterland zurückfallen. Spanien hat glücklicher nur Einen Buckel, aber das ist ein großer oft sehr gefährlicher Buckel. Er heißt Portugal. Dieses Portugal hat oft genug durch Spaniens Glück einen Riß gerissen, wenn es in Beziehungen und

Verbindungen mit fremden Völkern seine politischen Winde gradezu in feindseliger Richtung über die pyrenäische Halbinsel hinwehen ließ. Und immer muß gesagt werden, wenn Portugal fremden Anstößen folgt und sich von fremden Trieben treiben und stoßen läßt, kann es nach seiner Lage Spanien viel mehr schaden als Spanien ihm. Diese portugiesische Frage wird noch als eine viel wichtigere da stehen, wenn Spanien bei wachsendem Leben und vermehrter Volksmenge in Kunstfleiß, Handel und Gewerbe sich rüstiger und thätiger bewegen und tummeln will, als es jetzt noch kann, wenn die Adern seines Lebens, die Flüsse, für Schiffahrt und Verkehr mehr gebessert und geöffnet werden sollen, wenn das für die gemeinsame Wohlfahrt der Halbinsel geflochtene Netz von Eisenbahnen u. s. w. über die beiden Länder nach allen Richtungen, zu den drei Meeren, wovon sie umspült sind, gezogen werden soll.

Viele hübsche romantische Träume, wird man sagen, über das fabelhafte romantische Hesperien. Freilich — aber es ist ein Land und Volk, worüber man romantisch träumen muß, und dieses M u ß will in der Geschichte der Völker auch etwas sagen. Spanien war, wie erzählt, seit anderthalb Jahrhunderten in Europa fast vergessen; Napoleon hat sein Gedächtniß wieder erweckt und gezeigt daß dieser spanische Löwe nicht in Schaafgeduld mit sich spielen läßt; die Stöße jener Jahre, die Kämpfe gegen seinen Uebermuth haben auch als schüttelnde Wecker dienen müssen. Spaniens äußere Geschicke liegen ja vor Aller Augen; nicht so klar verstehen die andern Europäer sein eigenstes innigstes Leben und Weben, Vieles in seiner spanischen Art, die uns mit Recht spanisch heißt. Spanien liegt den Meisten noch als eine dunkle Insel Atlantis im äußersten Ocean des nebelhaften Westens. Nur sein angebornes unzerstörbares Leben kann uns über seine Zukunft trösten; vieles Andere ist immer noch sehr trostlos. Vorzüglich ruht auf der Königsdynastie, die seit anderthalb Jahrhunderten seine Geschicke geführt hat, ein eigener Unsegen von Unfähigkeit und gutentheils von Niedrigkeit und Verworfenheit, welche das monarchischeste Volk von der Welt immer übertragen helfen und häufig als schwerste unwürdigste Lasten tragen muß, ohne sie irgend übertragen zu können. Doch schreitet das tapfere Volk meistens unglaublich ruhig und verständig durch alle die Ränke, Zettelungen und Wirren, welche aus den Schlössern und Palästen der Höchsten und Hohen über das Land ausgesponnen und ausgegossen werden. Ich sage, die Spanier schreiten fort, sie offenbaren auch einen Geist der Verständigkeit und Mäßigung mitten in den Erschütterungen des Welttheils, welcher uns, zumal in den Jahren 1848 und 1849, wahrhaftig erstaunt hat und welchen wir uns aus dem Charakter ihrer Herrscher wahrlich nicht erklären können. Denn wie vortrefflich das Unten (das Volk) ist, so verdorben ist in Spanien das Oben (Prinzen, Granden u. s. w.). Kein Wunder; denn solche Könige und Königinnen haben das älteste edelste westgothische Blut wie eine Pest anstecken müssen. Zwar kennen wir die eigentlichsten innersten Zustände und Verhältnisse des gegenwärtigen Spaniens in ihren einzelnen besonderen Beziehungen immer noch viel zu wenig, doch unser Urtheil steht fest: Ein Volk, das so viel Tapferkeit, Wahrhaftigkeit, Treue und Liebe hat, wird und muß seine Zeit wieder erleben.

e. Frankreich.

Und wieder muß ich zu unsern nächsten Romanen, an welchen wir unsere und ihre Gebrechen am meisten erkennen können, zu den Franzosen kommen. Was hilft es? Wie viel wir uns immer zerzaust haben und künftig noch zerzausen werden, wir können einmal politisch und menschlich von einander nicht lassen, haben auch in jeder Beziehung viel nähere und verwandtere Gemeinschaft mit einander als mit den Bewohnern Hispaniens. Der Spanier steht als ein großartiger Sonderling, der leichter zu bewundern als nachzuahmen ist, in stolzer sicherster Einsamkeit und Abgeschiedenheit in seinem äußersten Westen; der Franzose, wie viel wir uns auch mit tausend Betheurungen dagegen verwahren und wehren mögen, ist doch mehr gleich Unsereinem; er gehört uns durch Klima, Anlagen und Triebe weit mehr an, und nicht bloß die leiblichen auch die geistigen Winde und Lüfte, welche über das jetzige Gallien hinfahren, wehen auch durch unsre Köpfe und Herzen; und doch darf und wird in dem tieferen Grunde der beiden Völker auch eine in größten Verschiedenheiten gegründete Feindseligkeit derselben nimmer fehlen. Wie der Franzose durch eine gewisse wallende Beweglichkeit und Empfindsamkeit, die dem starken und festen Spanier nur wallender Wind däucht, uns verwandt ist und uns und unserm ganzen Wesen, unsrer Sitte, Sprache und Literatur eben durch diese Verwandtschaft und leichtere Zukommlichkeit und Zugänglichkeit unsäglichen Schaden gethan hat, das wissen und beklagen wir; wir wissen aber zu wenig und wollen in auch deutscher Eitelkeit nicht bekennen, daß eine gewisse heillose Schwäche und Unbeständigkeit, die auch recht tief und reich in uns liegt, die Einflüsse dieses leichtesten und wetterwendischesten Volkes auf uns so mächtig und gefährlich macht. Ueber die politischen Wunden und Risse, welche Frankreich uns geschlagen und gerissen hat, und noch zu schlagen lüstern ist, haben wir oft genug geredet. Da würden ihre Gelüste und ihre Listen uns am wenigsten gefährlich sein, wenn wir, alle Deutschen, in unsrer Waffenrüstung einmal als Ein Mann ihnen gegenüber zu stehen kämen — sie wissen recht gut, was wir da werth sind — aber mit den pestilenzialischen, geistigen, gemüthlichen Einflüssen und Einwirkungen, welche der gallische Wind immer zu uns herüberwehen will, da ist es freilich ein gar anderes Ding. Sie sind durch die verschiedenartigen Volksstämme, aus welchen das große Frankreich zusammengeründet ist, vorzüglich durch das Hauptelement ihres Geistes und Blutes, durch den gallischen Stoff das leichteste, wankelmüthigste und eitelste Volk auf Erden. Um die letzte Beschuldigung, nämlich die Eitelkeit, zu begreifen, braucht man nicht grade ihre Bücher aufzuschlagen und die Meisterwerke ihrer Literatur zu durchblättern, noch auf die Klangwörter des Tages „Paris und Frank„reich sind der Mittelpunkt aller europäischen Bildung

„und die Führer des Zeitalters“ zu horchen, man darf sich nur die Glieder der Franzosen ansehen und betrachten, wie sie vor unsern Augen einherwandeln, noch mehr, man darf nur die Konterfeie ihrer Helden, Seher und Genien ansehen, und in der Gebärde, von den Nüstern und den bewußt lächelnden Münden bis zu dem Blick der Augen, verräth sich auch bei den besten ein Zug von Hoffahrt und Eitelkeit. Indessen wir wollen in unserm Urtheil über ihre Geschichte der letztverflossenen achtzig Jahre, über die Wechsel und die unendlichen Sprünge ihrer Umwälzungen nicht ungerecht sein. Ihre erste Umwälzung ist ihnen durch eine allgemeine europäische Sehnsuchtskrankheit und durch den Lauf ihrer Geschichte vorzüglich in solche Krankheit hinein als eine Unvermeidlichkeit gekommen, und es hat ihnen in den Jahren 1780 und 1790 wahrlich nicht an weisen und guten Männern gefehlt, welche die Noth Israels begriffen und den Tempelbau einer starken und würdigen Verfassung aufzuführen strebten; aber ihr Windelement, den leichten gallischen Stoff haben sie nie genug in die Rechnung mit aufgenommen, jenen ursprünglichen Wankelmuth und Leichtsinn und die angeborne Hoffahrt, welche sich selbst immer das Höchste zumuthet und deswegen das Gute, was unten oder in der Mitte liegt, nicht erreichen kann. Welch ein französischer Wahnsinn, der aber in Europa nur an zu vielen Stellen zu rasen beginnt, daß sie gemeint haben und viele von ihnen immer noch meinen, sie hätten die Eigenschaften und Tugenden gute Republikaner zu sein, daß sie immer nicht bedacht haben, daß die Geschichte noch keine Proben geliefert hat, daß ein großes Volk von dreißig vierzig Millionen Seelen, vollends ein Volk der leichtfertigsten losesten Sitten, ohne Gefahr durch die unendlichen Rottirungen und Erschütterungen einer Republik, die sich bei solcher Leichtfertigkeit ja immer wiederholen müssen, hindurchkommen könne. Sie haben diese Proben ja schlecht genug durchgemacht und gefährlich und unglücklich genug bestanden, und so sind sie vor zwei Jahren wieder bei einem zweiten December angelangt, der ihnen mit einigen blanken Scheinen den baaren Absolutismus zurückgebracht hat. Will ich hier das Unglück eines großen Volks bespotten? Gewiß nicht. Sie haben ihre Umwälzungen und alle ihre Verfassungsproben theuer genug bezahlen müssen; sie haben sie auch damit bezahlt, daß sie fast schlechter geworden sind, als sie in der despotischen Zeit des absoluten Königthums von 1788 waren, daß es mehr habsüchtige, niederträchtige, verkäufliche, knechtische, zu jedem schlechten Dienst für Gold und Silber feile Diener der Gewalt, viel schaamlosere Schurken unter ihnen giebt als damals. Das haben sie wahrlich nicht allein verschuldet, das ist die Saat des Lasters und der Schande, die aus dem Wechsel der Umwälzungen unvermeidlich aufgeht, wenn die wachsende herrenlose Unordnung nicht bald zur Gesetzlichkeit gelangen kann. Man schlage nur die englischen Geschichtbücher auf und lese die Jahrbücher und Denkschriften jenes Landes, und mustere daraus die Begebenheiten und Personen Englands zwischen den Jahren 1640 und 1740. Unter Karl dem Zweiten und Jakob dem Zweiten, dann unter dem großen Königstatthalter Wilhelm und dem ersten hannoverschen Georg, welch eine Menge nichtsnutziger, ränkevoller Charaktere unter einzelnen Vortrefflichen! Solch Unkraut wächst in Umwälzungen geschwind und vergeht langsam, und erst seit den Jahren 1740 und 1750 hat ein edleres und frischeres Geschlecht in England wieder aufzublühen begonnen. So steht's in Frankreich. Viel stinkender Schaum oben auf den Wassern des Absolutismus. Werden sie sich in einigen Menschenaltern reinigen wie die Engländer? Ich zweifle. Auf jeden Fall wird es bei ihren Sitten das Schwerste sein; bei ihrem Regierungssystem eine Unmöglichkeit.

Die Engländer sind durch eine edle freie Verfassung vor allem am meisten gebessert worden.

f. England und das Englische Amerika.

Mit der Ueberschrift Deutschland habe ich begonnen. Mit der Ueberschrift hier schließe ich gewissermaaßen mit den Deutschen, das heißt ich weise auf allgemeine Verhältnisse, Entwickelungen und Geschicke hin, welche Deutschland wahrscheinlich mehr berühren werden als irgend ein anderes europäisches Land. Nicht, daß ich in die Engländer so verliebt wäre wie in die Spanier, wiewohl die Engländer mehr unsrer Art und unsers Blutes sind, oder daß ich ihnen besondere Theilnahme an unsern Geschicken zutraute oder eine Brüderlichkeit, die sie zu uns weder haben noch haben wollen, sondern weil die Weltgeschichte solchen Lauf hält, daß wir in dieses Volk wie in einen Erkennungsspiegel und auch Warnungsspiegel unsrer Zukunft und der ganzen künftigen äußeren Weltgestaltung und Weltordnung durchaus schauen müssen.

Die Engländer sind das größte europäische Volk, sie sind seit siebenzig achtzig Jahren ein Weltvolk geworden, sie werden das größte Weltvolk werden, wogegen das alte Weltvolk Römer in einigen Menschenaltern fast wie ein kleines erscheinen wird. Englische Sprache und Literatur, englische Sitte, Gesetz, Verfassung, so viel ganz andere und verschiedenste Klimate und Völker davon ertragen können, werden in hundert Jahren in zwei Welttheilen ganz herrschen, in den übrigen mitherrschen. Also eine Größe, deren Gedanken wir mit vielen andern Völkern nicht hegen dürfen, an welcher wir Vieles zu bewundern, wenn auch Weniges zu loben haben. Die Engländer, wie sehr immer unsers Blutes, haben für uns keine Liebe; sie sehen stolz über uns und über die meisten europäischen Völker hinaus in die Weltweite, die ihnen einstweilen zu gehören scheint, haben auch mit sich selbst und mit dem Gewicht ja mit der Wucht ihrer Größe so viel zu thun, daß wir zärtliche Anblicke von ihnen gar nicht erwarten können. Wir können sie als untreueste und undankbarste Verwandte anklagen; sie haben uns bei ihren Verlegenheiten und Bedrängnissen immer gern als Helfer und Bundsgenossen herbeigezogen, aber bei allen Friedensschlüssen und Verträgen, zuletzt noch durch die Londoner Protokolle über unser Schleswig-Holstein, auf das eigennützigste und schändlichste betrogen und verkauft; aber was wollen wir sie anklagen? Uns geschieht wegen unsrer jämmerlichen Schwächlichkeit und Zerrissenheit das Natürlichste, nach dem bekannten Sprüchwort Der Wolf zerreißt den, der zum Schaaf sich macht. Wir haben auf uns selbst zu schelten und, wenn wir zum Fluchen Muth haben, zu fluchen. Doch müssen wir diese Größe schon anschauen, eben weil sie eine gewisse Unermeßlichkeit hat, und dann auch, weil uns Gutmüthige immer eine gewisse natürliche Zärtlichkeit beschleicht, eben in dem Gedanken der Gemeinschaft der Herkunft und der Triebe des Blutes: denn was dieses Volk Tüchtigstes hat, Langmüthigkeit, Stätigkeit, Beharrlichkeit und Endelichkeit — das Alles sind doch Aussprünge deutscher Tugenden und Zeichen, was aus uns werden könnte, wenn wir jemals das Glück der Eintracht und Einheit des Staates als eines gesunden vollendeten Körpers gewönnen.

In dieser Weise weisen wir auf England und auf die Größe seines Volkes hin; so weisen auch die gescheidtesten und kundigsten Engländer. Ihre Nachbarn die Franzosen weisen aus einem ganz andern Gesichtspunkte der Geschichte; sie sagen mit gewöhnlicher gallischer Eitelkeit: die Normänner sind es, die romanisirten, französirten Normänner und ihre Ritterschaft, welche den Angelsachsen den hohen stolzen freien und strebenden Geist gebracht und in das träge, langweilige Angelsachsenvolk diesen Athem des ritterlichsten und feurigsten germanischen Nordens eingeblasen haben, wodurch sie geworden sind, was sie jetzt sind. Wer will einen solchen Zank der Eitelkeit, wenn er sich zwischen zwei Völkern erhebt, schlichten und scheiden? Wir gestehen den Franzosen gern zu, daß Wilhelm der Eroberer in seinen 60,000 Kämpfern eine herrlichste streitbarste Ritterschaft aus Nordfrankreich und von den Küsten des Kanals und der Nordsee nach England hinübergeführt hat, daß diese Ritterschaft den angelsächsischen Zustand mächtig verändert und in alles Leben Britanniens neue Strebungen und Entwickelungen gebracht hat; daß auch die stolze und gewaltige Aristokratie, welche aus diesen kriegerischen Rittern erwachsen ist, in Englands Leben und Geschichte bis diesen Tag den allergrößten und in vielen Beziehungen wohlthätigsten Einfluß auf Großbritanniens Glück und Macht übt; aber wir werfen die Franzosen bei allem dem mit einer einzigen Frage aus dem hohen Sattel ihrer Behauptung, wir fragen sie: Wenn das Element jener französischnormannischen und französischgallischen Ritter, welche Wilhelm nach England hinüberführte, ein so mächtiges und gewaltiges Element der Größe, ein so tief eingreifendes und bleibendes Element von Gesetzlichkeit und edler

Ordnung, von würdiger freier Verfassung war, warum sind bei euch in der Heimath jener Ritter nicht dieselben Wirkungen und Einflüsse erschienen? warum haben die Brüder und Vettern jener Ritter bei euch nicht Aehnliches gewirkt und geschaffen? warum sind sie und ihr nicht heute zuerst sondern schon früher durch Knechtschaft und Absolutismus in einen so jammervollen Zustand von Unordnung, Herrenlosigkeit und Liederlichkeit der Sitten und der Verfassungen gerathen, woraus ihr nicht herauskommen könnt? warum müßt ihr — was die Besten eures Volks schon lange traurig genug gestehen — in einem doppelt so großen Lande, in einem mit einem viel glücklicheren Klima und mit seltenen Gaben und Hülfsquellen von der Natur gesegneten Lande, so weit hinter dem beneideten Nachbar stehen bleiben? Nein, in eurer selbstgefälligen Eitelkeit malt ihr euch das ganz falsch aus, diese flunkernde und selbstspiegelige Eitelkeit ist es ja eben, welche euch nicht zu Glück und Ruhe gelangen läßt. O dies verhält sich ganz anders, als ihr es euch vorspiegelt. War jener ritterliche Adel Wilhelms von der Normandie auch noch wild und roh, ein Enkel des skandinavischen Wikings oder des romanisirten und verwälschten leichtsinnigen Franzosen, er ist von den Angelsachsen, von der Zähigkeit und der Schwere ihres

Stammes in der Mengung, Durcharbeitung und Durchbildung in drei vier Jahrhunderten immer mächtiger zu dem Angelsächsischen hinübergezogen und zuletzt fast ganz in dasselbe hineingezogen und in den Sinn und das Wesen desselben hineingeleibt und hineingelebt worden. Ruhigkeit, Beharrlichkeit, Hartnäckigkeit und Gesetzlichkeit, das heißt volleste Tüchtigkeit zu einem tapfern gesetzlichen Gemeinwesen, das war und ist bis diesen Tag die Grundanlage des Sachsenstammes, welcher in ältesten Tagen nördlich über dem Thüringer und Katten zwischen dem Elbufer und den Gestaden der beiden deutschen Meere saß. Diese schöne Grundanlage haben die andern Ururenkel desselben, die Schleswig-Holsteiner jüngst voll offenbart, mit größerem Ruhm als Glück für sich selbst. Durch diese Bürgertugenden ist England groß geworden und hat Wilhelms wilden und übermüthigen Feudaladel gehorsam und gesetzlich werden gelehrt. Dies ist merkwürdig genug, aber es ist eine merkwürdige Wahrheit, wodurch uns die englische Aristokratie in Verfassung und Sitte erklärt wird, eine Wahrheit, welche durch eine Vergleichung hell erklärt vor uns steht. Ohne diesen Adel, der von jenseits des Meers herüberkam, würde Englands Leben und Verfassung sich eben so demokratisch entwickelt und gestaltet haben aus dem angebornen Wesen und Sinn der Angelsachsen und Friesen, wie dies in den Niederlanden bei den Brüdern und Vettern dieser Stämme, bei den Holländern, geschehen ist und noch heute gilt. In Holland und Seeland, unter diesen stillen und einfachen Seelöwen hat selbst der Graf und Freiherr, der eingeborne wie der eingewanderte, ganz bürgerlich, und mehr nach bürgerlicher Gleichheit und Gemeinsamkeit leben lernen müssen. Dieser Gegensatz, den ein schmales Meer durchströmt, ist eben dadurch doppelt merkwürdig, daß beide Völker von jeher von gleichem Streben nach würdiger Ordnung und Gesetzlichkeit beseelt gewesen sind. Kamen auch sie durch Hader von Rotten und durch Risse und Brüche in ihrer Freiheit zuweilen aus dem Gleichgewicht der Ordnung und fielen in Aufruhre und Umwälzungen, so daß der verlorne Friede wohl mit dem Eisen wieder gesucht werden mußte, immer sind sie bald wieder zur Beständigkeit und Besonnenheit und durch diese wieder zur Ordnung und Gesetzlichkeit zurückgekommen.

Wir betrachten die Schritte und Fortschritte Englands; wir müssen nach dem Gange und Laufe der Weltgeschichte jetzt jeden Schritt Englands beobachten. Seine Läufe und Durchläufe, alle seine Entwickelungen und Veränderungen und Neuerungen und Verbesserungen und Verschlimmerungen, wie sie von Vielen, die den Kopf dazu schütteln, auch genannt werden — kurz seine vielgepriesene Erbweisheit und wie es mit einer gewissen Sicherheit und Großartigkeit alle Erschütterungen der Zeit und auch die Bewegungen und Erschütterungen seines eignen Volks überwunden und bisher leidlich bewältigt hat. Alles Dies und der ungeheure Umfang seiner Macht und Umgriff seiner Weltherrschaft liegt offen vor uns. Blicken wir dann nach dem Ueberblick jener Weltweite auf die Inseln Großbritanniens, die ungefähr nur den halben Inhalt der pyrenäischen Halbinsel haben, und sehen das Treiben, Leben und Weben seiner Bewohner, das Gewimmel seines Kunstfleißes und Handels und seiner weltdurchsegelnden Flotten, seinen allgewaltigen unermeßlichen Reichthum bei einem vielgestaltigen unermeßlichen Elend, so gewahren wir in dieser erstaunlichen Wirthschaft, in allem dem Glanz der höchsten Strebungen, Entwickelungen und Erfindungen unsers Geschlechts, welche in den mannigfaltigsten Fabriken auch ein Proletariat von acht bis zehn Millionen Halbmenschen erzeugt haben, doch auch sehr große Gefahren der Zukunft, welche freilich mehr und mehr allgemeine europäische Gefahren werden müssen, und wir können uns wohl einen stolzen Engländer denken, etwa einen Wellington oder Nelson den Jüngeren, der, wie der jüngere Scipio weiland im Lager von Katalonien über den Jüngling Marius hinblickend seinen homerischen Spruch hersagte, an dem Gestade des Indus oder auf einem Admiralschiffe den Spruch aufsagt:

Kommen wird einst der Tag, wo das
stolze Albion hinsinkt.

Einstweilen steht es noch, und zwar auf starken Füßen.

Wir müssen nun zuletzt noch die Augen auf seinen gewaltigen Sohn wenden, der Englands Leben und Ruhm am weitesten und längsten durch die Welt tragen wird, auf Nordamerika. Dieses Nordamerika, dürfen wir beinahe sagen, ist auch gleichsam unser Stiefsohn, so viel von unserm Leben ist zu ihm von Anfang an abgeflossen und fließt jedes Jahrzehend in Hunderttausenden unsrer Kinder zu ihm über, die sich seinem jugendlichen Leben hingeben und einverleiben, und die Zukunft der Welttheile mit gestalten und verändern helfen werden. Bei einer Unendlichkeit von Gedanken, Betrachtungen und Einfällen hier nur einige Winke.

Groß ist Amerika durch die Keime und Sprossen seiner Zukunft, viel größer und bedeutender als England. Wir kennen ja die Geschichte des Welttheils oder vielmehr die Geschichte der Neuen Welt seit Kolumbus; wir wissen, wie die meisten erstaunten Völker Europas sich an dieser Neuen Welt versucht und ihre Menschen, Verfassungen und Herrschaften dahin hinübergepflanzt haben. Spanier, Franzosen, Engländer, Portugiesen, Holländer sind als Herrscher, Menschen aller westlichen Nationen nicht allein als solche dahin gekommen, sondern als Einwanderer und Pflanzer, aber jetzt, jetzt um die Mitte des neunzehnten Jahrhunderts ist nur noch Ein Namen und Ein Volk von Bedeutung, die Andern sind schon wie weggewischt in Amerika, und werden in künftigen Zeiten keine neuen Namen mehr zeugen. Man nennt in dem Welttheil nur noch Nordamerika und die Nordamerikaner. Nordamerika eine einzige und wundersame Erscheinung. Vor siebenzig Jahren, als es sich von England losriß, ein Staat von kaum drei Millionen Seelen, und jetzt auf gleichem Fuß mit der Volksmenge des Mutterlandes, etwa sechsundzwanzig Millionen. Damals arm an Vermögen und Menschen war der größte Theil der Lande noch roh und ungebaut, wenig Handel und Verkehr, noch keine mächtige Schiffahrt und Kriegsflotte — und jetzt flagget, wimpelt und braust sein mächtiges Streben an allen Küsten und in allen Häfen der Welt, und seine Kriegsflotten scheinen Engländer und Franzosen schon herauszufordern: Kommt, wenn ihr wollt, und versucht es mal mit uns. So ist diese Republik gewachsen, so wächst sie fort und wird fortwachsen an Herrschaft und Menschen. Ein wunderbares und für Zuschauer und Zuhörer fast unglaubliches Beispiel von Geschwindigkeit und Lebendigkeit in allen menschlichen und bürgerlichen Entwickelungen und Gestaltungen. Es schwindelt einem wirklich bei der Vorstellung von dieser Geschwindigkeit. Man denke nur: Jedes Jahrzehend entstehen neue Namen von neuen Landschaften, Gauen und Städten, und die Städte, welche mit fünfzig oder hundert Einwohnern beginnen, zählen in zehn fünfzehn Jahren 20,000 bis 30,000 Seelen. Bei Nennung dieser Zahlen gehe man nur auf das Jahr 1785 zurück: ihre größten Städte hatten damals nur 10,000 bis 20,000 Einwohner, jetzt zählt Neu-York 700,000, Philadelphia 500,000, Boston 300,000, Baltimore 200,000, Cincinnati (sie nennen diese Stadt die künftige geborne Hauptstadt Nordamerikas) 100,000. — Die Thätigkeit und Gerührigkeit dieses Volks in allem politischen und bürgerlichen Treiben, im Ackerbau, Kunstfleiß, Schiffahrt, Handel und im Bezug auf alle

Strebungen und Erfindungen des Zeitalters und in geschwindester Benutzung und Anwendung derselben, auch das Mitschreiten und Fortschreiten in Kunst und Wissenschaft — alles dies hält Schritt mit dem ganzen äußern politischen Glücke dieses außerordentlichen Gemeinwesens. Kurz, welche Gewichte auch hier! und ihr Handel und Weltverkehr, welch ein ungeheures Gewicht! dessen Bedeutung, so wie sie fortschreiten und Land nehmen und bebauen und ordnen, sich fast mit jedem Jahrzwanzig verdoppeln muß. Von dem, was sie der Erde abgewinnen, nenne ich nur die mächtigen Namen Taback, Zucker, Reis, Weizen, Mais, vor diesen allen aber die Baumwolle. Man erstaunt auch hier bei den Zahlen. Noch bei Washingtons Verwaltung war die Baumwolle ein kleiner Artikel, jetzt gewinnen sie jährlich drei Millionen Ballen, von welchen sie 700,000 Ballen schon bei sich verweben. Die Dampfschiffe und Eisenbahnen, auf welchen ihr Verkehr rundläuft, wer kann sie zählen, wenn er sie mit der europäischen Wenigkeit vergleicht? Seinen Handel in Ausfuhr und Einfuhr schlägt man ungefähr auf 560 Millionen Thaler an. Welche Zahlen stellen sich vor die Augen von Macht, Größe und Menge, wenn wir ein paar Menschenalter weiter vorwärts denken! So wächst dieser Staat und wird fortwachsen, wenn man bloß seinen eignen, gegenwärtigen, ungeheurren Umfang berechnet; aber er rückt auch unverrücklich und unwiderstehlich weiter gegen Süden fort, offenbar im Auftrage Gottes und im Beruf seiner Bestimmung. Schon nimmt er in der Nordhälfte des Welttheils Landschaft nach Landschaft ein; zuerst wird er Mexiko und Westindien, und dann in immer kühnerem, rascherem Fortschreiten die Südhälfte, wenn nicht mit seiner Herrschaft, doch gewiß mit seinen Menschen, einnehmen und ausfüllen, und die spanischen und portugiesischen Reste und Nachbleibsel dort wegspülen oder überschwemmen und ihnen seine Sitten, Sprache und Gepräge aufdrücken. Dies liegt ganz klar vor uns in seiner Kühnheit, Schneidigkeit und Tüchtigkeit und in seiner seltenen leiblichen und geistigen Zeugungskraft. Schon in diesem Letzten liegt dieses klare Ergebniß. Der Nordamerikaner zeugt nach deutschem und englischem Muster sechs bis zwölf tüchtige Kinder, wo der Spanier und Portugiese und sein kreolischer Nachkomme nur zwei oder drei hat, und diese selten tüchtig und unternehmend sondern meistens ein weichliches mattes Geschlecht, das wenig zeugen und schaffen kann. So wächst Nordamerika durch frische Zeugungen jährlich um Hunderttausende, und erhält jedes Jahr noch ein paar Hunderttausende an Einwanderern aus Europa dazu, die meisten und tüchtigsten derselben Engländer und Deutsche. Hiebei erwähne ich beiläufig, daß die Deutschen einmal geträumt haben, in Texas oder andern Landschaften Amerikas auch etwas Deutsches, was da deutsch bleiben könnte, also ein Neu-Deutschland, zu gründen. Vergeblich. Sie kommen zu spät, das Angelsächsische fährt über sie hin und verwischt sie; sie müssen von jenem Gedanken lassen und es ertragen, von den Nordamerikanern überschnellt zu werden und in nordamerikanische Sitten, Sprache und Verfassung sich übersetzen und einverleiben zu lassen. Dies wird also der endliche Aussprung und das unvermeidliche Ergebniß der Vorrückung und Ueberfließung von Nordamerika sein, das fremdartige aus Europa stammende Gepräge der Franzosen, Spanier, Portugiesen wird von den germanischen Stämmen auf dem natürlichen Wege der Herrschaft und der Zeugung weggezeugt und ausgelöscht werden: auch der Rest der Rothhäute, die alten Eingebornen, werden verschwinden durch diese Ueberfluthung und Verdrängung; sie werden mit jedem Jahrzehend dünner. Aber ein Theil ist da, der die Aussichten in die amerikanische Zukunft etwas trübt; dies ist die dem Welttheile, der Art und der Farbe nach ganz fremde aus Afrika eingeführte Negermenge. Dieser sind in dem Welttheil, jedoch mehr im Süden als im Norden, wohl acht bis zehn Millionen da; sie sind eine Art, die sich rasch mehrt, und werden also an Zahl fortwachsen. Sie und ihre Stellung, zumal wenn sie allmälig aus Sklaven Freie geworden sind, werden dem Welttheil manche nicht kleine Verlegenheiten und wahrscheinlich schlimmes Unheil bereiten.

Amerika besteht aus zwei, durch die Meerenge von Panama, wenn man nur die erste beste Landkarte ansieht, durch Lage und Gestalt von der Natur getrennten Hälften. Die nördliche Hälfte stellt gleichsam ein zweites Europa dar durch seine Gestalt und sein Klima, man möchte sagen durch den ganzen Athem der aus seiner Natur weht; die zweite südliche ist selbst an Gestalt ein anderes Afrika, hat auch in seiner ganzen Natürlichkeit, in der Fülle seiner südlichen tropischen Erzeugungen afrikanische Aehnlichkeiten, aber doch viele Lande, die der menschlichen Entwickelung nicht so feindselig sind als manche Gebiete Afrikas. Dieser ganze Welttheil, in welchem das kleine Europa fünfmal stecken kann, wird also einst englisch sprechen, und mehr oder weniger nicht nur englisch sprechen sondern auch englisch empfinden, denken und handeln müssen. Wir Deutsche werden mit einem guten Theil von uns mit dabei sein, aber nicht mitherrschen. Welch ein anderes Leben, welche mächtigere, geschwindere Bewegungen und Entwickelungen, welche Ausbeutung der Naturgüter und Gaben des Landes, wenn der Angelsachse über den so reich und schwelgerisch von der Natur ausgestatteten Süden kommt und ihn auszubeuten beginnt! Aber hier wird er nicht allein, er wird überhaupt nicht lange hier stehen bleiben; er wird von hier auch das junge Australien und das alte Asien anstoßen und dort eine neue Lebenswirthschaft beginnen. Ich bitte euch, steigt nur über die Kordilleren und Anden, und schaut von ihren Gipfeln in die Wasser des Stillen und Australischen Meers hinüber; betrachtet euch zuvörderst nur die Küsten des Oregongebietes, Kaliforniens und Mexikos mit ihren Häfen, Metallen und Wäldern und allen andern reichsten Erdengütern, und denkt euch den gewaltigen unternehmenden Kerl, den verwegenen Schiffer, der trotzig durch alle Weltstürme sein Siegeslied pfeift, als Herrn darin — bedenkt auch nur, was da vor seinen lüsternen Augen gegen Westen und Südwesten weit ausgebreitet liegt, und was er, der kühne und gescheidte Mensch, leicht überzählen und überrechnen kann — und dann messet und zählet und erzählt euch das Uebrige. Japan kann er mit den Flügeln seiner Segel in acht Tagen, China in vierzehn Tagen, Indien in drei Wochen erreichen. Wahrlich bei einem ersten großen ernsthaften Stoß mit England, wovor sich freilich beide Völker fürs Erste noch hüten werden, wird schon die Frage um die Herrschaft in jenen Südmeeren entstehen; die Engländer und Holländer könnten darin eher, als sie fürchten, von ihm abgelöst werden. In Australien, gleichsam dem jüngsten der fünf Welttheile, dessen dem Menschen bequeme und brauchbare Theile wenigstens der guten Hälfte Europas gleich sind, machen die Engländer den Nordamerikanern gleichsam die Vorarbeit. Auf jeden Fall wird in Neuholland, Neuseeland, Vandiemensland und in den Südseeinseln in zwei bis vier Menschenaltern die englische Sprache eine Weltsprache werden.

So liegt die Zukunft vor meinen Blicken, wenn ich nicht ganz verkehrt sehe. Es erinnert mich mit Lächeln, wie ich vor einem halben Jahre einen wackern holländischen Grafen erschreckt habe, der mir über Indien erzählen mußte und dem ich zum Schlusse unsrer Gespräche sagte: Aber bei allem dem, Herr Graf, wenn Sie Pflanzungen in Java haben, so verkaufen Sie sie bald, denn die Amerikaner werden sich bei der ersten besten Gelegenheit in den Südseewassern mit ihren Flotten lustig machen. Was ich hier in einzelnen leichten Strichen der Betrachtung nur als einen Blick und Ueberblick, als Wink und Andeutung hingeworfen habe, diese Weltweite und Weltbestimmung Nordamerikas und des Staates der Angelsachsen, steht in meinem Geiste als eine so feste Gewißheit, als irgend eine geschichtliche Wahrheit. Nordamerika und sein mit dem Schwerdt und dem Schiffe fortwandelndes und fortfliegendes Volk wird sich über die Welt verbreiten und uns die Welt und ihre Güter und Schätze öffnen und mitgenießen helfen. Ich meine hier nicht bloß jene eben genannten rohen Gebiete, sondern auch die alten zum Theil erstarrten, verstockten und verwelkten oder durch einen wüsten Despotismus und ein dumpfes Heidenthum erstarrten und verdorbenen Länder Asiens: ich meine das alte einst nur durch Fabeln gekannte Ostasien, welches zum Theil noch heute dem Europäer mit vielen Schlössern und Riegeln versperrt ist: Japan, China, Indien, Persien. Die stockende faule Luft dieser schönen Länder wird von Osten her einst von den nordamerikanischen Sturmwinden, damit neues Leben entstehe, zerweht werden. Ja hier werden die alten Stumpen längst vergangener Geschlechter von dem lebenslustigen Volke, das von den Ufern des St. Lorenz und Mississippi übers Meer kommt, ausgerodet werden, hier werden auf die Stämme, die noch treibenden Lebenssaft in sich haben, Pfropfreiser der Verjüngung gepfropft werden, und so wird schließlich von Amerika her europäische und christliche Gesittung und Bildung, so viel von unsern besten und edelsten Gaben jene Klimate empfangen und ertragen können, ausgestreut und für neue Schöpfungen und Erblühungen gepflanzt werden.

Welche Ansichten und Aussichten der Zukunft! werdet ihr mir zurufen. Ich sage: wir fühlen davon nicht bloß Anhauche wie einen Athem der Prophezeihung, sondern schon die Anfänge der Wirklichkeit. Diese Wirklichkeit blüht nicht bloß in New-York und Neu-Orleans und San Francisko, sie pulst schon durch die Adern von ganz Europa, und wird in Liverpool und Havre wie in unserm Bremen und Elberfeld empfunden, und wird durch die Theilnahme an den großen so unendlich erweiterten Weltgeschäften von Handel und Schiffahrt und Gewerben unsre Städte eben so wie die englischen und amerikanischen von Jahr zu Jahr frischer und schöner wieder aufblühen lassen. Wie viele Menschenalter hindurch sind in jenen eben genannten Welttheilen und Ländern Jahrhunderte lang noch die rohen und rohesten Arbeiten der Entwilderung und ersten Rohzeugung zu thun! Dies wird allen den Ländern, welche die feineren Künste und

Gewerbe, ich sollte sagen die verfeinernden Künste und Gewerbe, in der Hand haben, für eine sehr lange Zeit einen mächtigen Handel und Gewinn sichern. Für solchen Gewinn und seine Genüsse sollen die strebendsten europäischen Völker (Engländer, Deutsche, Franzosen) gerüstet sein, überhaupt sollen sie die Albernheit nicht nachbeten, welche so oft von den Fremden zu uns herüberklingt: Europa sei ein welker, dürrer, abgelebter Greis, und in dem Nordamerikaner stehe der lebensfrische, muthvolle, waffengerüstete Jüngling vor ihm, der ihn ablösen und sein dürres Gebein zu Grabe tragen werde. O diese dummen Schrecken jage ich weit von mir. Europa,. das kleinste Stückchen Welttheil, ist durch seine Erdlage, sein herrliches Klima, das nur muthige Menschen zeugen und die mürben und weichlichen nicht lange leben lassen kann, durch seine Meere und seine von Meeren und Strömen wunderbar durchschnittenen Lande, durch seine Wissenschaft und Kunst und vor allem durch sein heitereres und freieres Christenthum, das sich mit jeder geistigen Erhebung und Belebung verträgt und in ihm selber Belebung, Reinigung, Verjüngung und Vergeistigung unsers Geschlechts ist, doch die schönste Perle der Welten, die alle auch für sein göttliches Leben zeugen und arbeiten müssen.

Nun zum Schluß noch ein Wort mit dem, der mir sagt: Wie wunderbar und sonderbar hältst du uns die Amerikaner so hin? Sie werden ja nicht bleiben, wie sie jetzt sind, die große Republik des neuen Strebens und Lebens, welche du von Neufundland und Terra di Labrador bis zum Feuerlande der Pescheräs hin so leichtfertig fortfantasirt hast, als würde die eine glückselige Ewigkeit haben, wie ihre übermüthigen Gimpel sie sich träumen. Warte nur und steh mir ein wenig still! — Und ich stehe ein wenig still, und antworte ihm ungefähr also:

Nordamerika, dieser von Vielen allerdings unwirrsch begriffene und wenig verstandene Freistaat, von welchem französische und deutsche meinen Nachbilder schaffen zu können, ist in seinen ersten Anfängen durch Gottes Weltbestimmung auf eine viel schönere und edlere Weise entstanden, als die spanischen, französischen und portugiesischen Kolonieen des Welttheils. In der unseligen englischen Verwirrung und Umwälzung des siebenzehnten Jahrhunderts gingen viele der edelsten und besten Engländer, tugendfeste und glaubensfeste Helden, welchen Freiheit und Gesetzlichkeit lieber war als Knechtschaft und Pfafferei, über das Weltmeer, und trugen freie Gesetze, christliche Sitten und Gewohnheiten und Künste und Wissenschaften mit sich hinüber und pflanzten sie sogleich dort an; wackere Holländer, Schweden, Deutsche, fast aus denselben Gründen ausgewandert, sind dort in Neuengland mit ihnen allmälig zu Einem Volk zusammengewachsen und haben in den beiden folgenden Jahrhunderten immer neue Nachzüge und Zuzüge erhalten. Aus diesen Samen und Keimen ist das erste Nordamerika erwachsen, und sein Nachwuchs, mit angelsächsischer germanischer Tapferkeit, Rüstigkeit, Frömmigkeit und Ehrbarkeit immer noch leidlich gut versehen und ausgerüstet, hält den großen ungeheuren Bau, an welchem man auch Mängel und Gebrechen genug finden und tadeln kann, mit einem ganz eigenthümlichen altenglischen Geist, den man einen Geist guter Gewohnheit ja fast einen Geist guten Instinkts nennen kann, bis heute wundersam zusammen und treibt die ungeheure Maschine in frischester freudigster Lebendigkeit über Berge und Meere noch immer glücklich und siegreich vorwärts. — Wie lange das noch? Wer wagt es hier Weissager zu sein? — Wie dem immer sei, es wird noch ziemlich lange als diese wunderbare Einheit zusammenhalten, und wenn es auch auseinander fällt, diese Menschen werden auf ihren Abtheilungen des Erdballs nicht verschwinden noch vergehen, sie werden ihre Bestimmung, Welttheile zu gestalten, umzugestalten und zu verjüngen doch erfüllen. Als sogenannte Weltrepublik — hierin stimme ich meinem Frager ganz bei — als die große Musterrepublik, welche nach der Meinung Vieler alle Könige und Fürsten auf Erden abschaffen soll, ist sie wahrlich für keine Ewigkeit geschaffen. Diese sechsundzwanzig Millionen Republikaner unsrer Tage, welche in einigen Menschenaltern vielleicht sechszig siebenzig Millionen stark sein werden, werden wahrlich keine Republik China stiften; die verschiedenen Länder, Meere, Ströme, Klimate dieses großen Welttheils mit allen ihren Ziehungen und Beziehungen werden das Naturrecht ihrer Verschiedenheit gewiß geltend machen: es wird einst Sultaneien, Königreiche, Freistaaten — wer weiß welche andre Gestalten von Staaten sonst noch? — am Skt. Lorenz, Mississippi, Oronoko, Silberstrom u. s. w. geben. Wartet! Gott läßt seine Zeit wandeln.

g. Skandinavien.

Willst du denn von deinem Scythiod hin lilla des alten Oloff Rudbeck, dem Bruderlande, dem Lande deiner Väter, nicht auch Etwas weisen und weissagen?

Ich kann nicht und mag nicht, kann ihnen auch jetzt keine Bruderhand geben. Ich habe so oft und so viel beide in Lob und Tadel von diesen Kleinscythen erzählt und geredet, daß ich heute nichts weiß. Darum ein letzter langer —— Strich.

FSC
www.fsc.org
MIX
Papier | Fördert gute Waldnutzung
FSC® C083411

Kolibri 360 GmbH
Ferdinand-Jühlke-Straße 7
99095 Erfurt, Deutschland
produktsicherheit@kolibri360.de